Idries Shah

DER GLÜCKLICHSTE MENSCH

Idries Shah

DER GLÜCKLICHSTE MENSCH

Das große Buch der Sufi-Weisheit

Herder

Freiburg · Basel · Wien

Titel der englischen Originalausgabe:
THE WAY OF THE SUFI
The Octagon Press London 1980
Copyright by Idries Shah 1968
Aus dem Englischen von Thomas Poppe

Alle Rechte vorbehalten – Printed in Germany
Für die deutsche Ausgabe:
© Verlag Herder Freiburg im Breisgau 1986
Herstellung: Freiburger Graphische Betriebe 1986
ISBN: 3-451-20477-0

Ein Sufi zu sein bedeutet, sich von
fixen Ideen und vorgefaßten Meinungen
zu lösen und dem eigenen Schicksal
nicht zu entfliehen suchen.
Abu-Said, Sohn des Abi-Chair

Betrachte nicht meine äußere Form,
sondern ergreife, was ich in der Hand halte.
Dschalaludin Rumi

Inhalt

Einführung 9

Erster Teil:
Das Studium des Sufismus im Westen 11
Anmerkungen und Bibliographie 35

Zweiter Teil:
Klassische Autoren 47

1. Al Ghasali 48
2. Omar Chaijám 55
3. Attar von Nischapur 58
4. Ibn El-Arabi 70
5. Saadi von Schiras 76
6. Hakim Dschami 86
7. Hakim Sanai 91
8. Dschalaludin Rumi 93

Dritter Teil:
Die vier großen Orden 101

Der Hintergrund 102
1. Der Chischti-Orden 105
2. Der Qadiri-Orden 115
3. Der Suhrawardi-Orden 122
4. Der Naqshbandi-Orden 128

Vierter Teil:
Bei den Meistern 145

Fünfter Teil:
Lehrgeschichten 175

Sechster Teil:
Themen für die Einzelmeditation 193
1 Einzelmeditationsthemen 194
2 Ein Sufi-Notizbuch 203

Siebter Teil:
Vortrag in der Gruppe 209

Achter Teil:
Briefe und Vorlesungen 225

Neunter Teil:
Die Sufi-Tradition in Frage und Antwort 249
1 Sufismus und Islam
   (Mohammed Ali El-Misri) 251
2 Tiefe Erkenntnis
   (Rais Tschaqmaqsadeh) 253

Einführung

Sufi ist jemand, der tut, was andere auch tun – wenn es nötig ist. Er ist jemand, der tut, was andere nicht tun können – wenn es angezeigt ist.

Nuri Modschudi

Viele Menschen gestehen sich ihre Verwirrung durch die Sufi-Lehre ein – so viele, daß sich der Schluß aufdrängt, sie *wollen* verwirrt sein. Andere vereinfachen die Dinge aus einsichtigeren Gründen so sehr, daß aus ihrem „Sufismus" ein Liebes- oder Meditationskult, oder etwas ähnlich Einengendes wird.

Aber wenn jemand die Sufi-Tradition in ihrer vielfältigen Praxis vorurteilslos betrachtet, werden die gemeinsamen Charakteristika augenfällig.

Die Weisen der Sufi-Tradition, ihre Schulen, Schriftsteller und Lehren, ihr Humor, ihre Mystik, ihre Ausformungen und Manifestationen – sie alle befassen sich mit der gesellschaftlichen und psychologischen Bedeutung bestimmter Vorstellungen des Menschen.

Als Mensch des „Zeitlosen" und des „Nicht-Örtlichen" läßt der Sufi seine Erfahrung innerhalb der Kultur, innerhalb des Landes und innerhalb des Klimas, in denen er lebt, zur Wirkung kommen. Die Sufi-Arbeit ausschließlich anhand vergangener Kulturen zu studieren ist nur im engumgrenzten Bereich wissenschaftlicher Gelehrsamkeit von Nutzen. Wer Sufi-Aktivitäten als ausschließlich religiöse, literarische oder philosophische Phänomene betrachtet, erzeugt nur ein entstelltes Bild des Sufi-Weges. Ebenso nutzlos bleibt der Versuch, eine Theorie oder ein System herauszudestillieren oder ihn isoliert zu studieren.

Dieses Buch will Sufi-Idee, -Aktion und -Zeugnis vorstellen; nicht für das Mikroskop oder als Museumsstücke, sondern in ihrer Bedeutung für eine Gemeinschaft von heute für das, was wir die Welt der Gegenwart nennen.

Idries Shah

Erster Teil

DAS STUDIUM DES SUFISMUS IM WESTEN

Das Studium des Sufismus im Westen

Theorien über den Sufismus

Nehmen wir an, ein fiktiver Student, der kürzlich vom Sufismus gehört hat, besäße keinerlei Vorinformationen über Sufi-Ideen und -konzepte. Dieser hätte dann drei Möglichkeiten, um an Quellen heranzukommen. Den ersten Weg würden Nachschlagewerke bilden, bzw. Bücher, von Menschen geschrieben, die sich auf dieses Thema spezialisiert haben. Der zweite Weg würde über Organisationen führen, die sich den Anschein geben, als würden sie den Sufismus lehren oder praktizieren oder seine Terminologie verwenden. Als dritte Möglichkeit blieben ihm einzelne, vielleicht auch Gruppen von Menschen – nicht immer nur in Ländern des Mittleren Ostens –, die im Ruf stehen, Sufis zu sein. Es mag sein, vielleicht aber auch nicht, daß dieser Student zu der Annahme verleitet würde, der Sufismus sei als „Mohammedanische Mystik" oder als der „Kult der Derwische" zu klassifizieren.

Was erfährt dieser Mensch nun? Mit welchen Problemen sieht er sich konfrontiert?

Eine seiner ersten Entdeckungen könnte sein, daß das Wort „Sufismus" selbst ein neues Wort ist, ein aus Deutschland stammender Neologismus[1], der 1821 geprägt wurde. Höchstwahrscheinlich würde es kein westlicher Sprachen unkundiger Sufi auf den ersten Blick erkennen. Statt mit Sufismus müßte sich unser Student mit Ausdrücken wie „Die Qadiris" befassen, so benannt nach dem Begründer eines Regelwerks, der 1166 starb. Oder er stößt auf Verweise wie: die „Menschen der Wahrheit", die „Meister" oder vielleicht auf die „Nahen". Eine weitere Möglichkeit wäre der arabische Ausdruck *Mutassawif*: „der, der sich müht, ein Sufi zu werden." Es gibt Gruppen, die sich „die Baumeister", „die Tadelnswerten" nennen und die in ihrem Aufbau und manchmal sogar in ihrem Symboldenken westlichen Kulten und Gesellschaften z. B. der Freimaurerei[2] gleichen.

Für moderne westliche Ohren könnten diese Namen etwas seltsam und nicht unbedingt erfolgverheißend klingen. Dies ist für sich genommen schon ein echtes, wenn auch verdecktes, psychologisches Problem.

Da es keine festgelegte Bezeichnung für die Sufi-Tradition gibt, könnte sich unser Fragesteller nun dem Wort *Sufi* selbst zuwenden. Dabei wird er entdecken, daß es ganz plötzlich vor etwa tausend Jahren[3] sowohl im Nahen Osten als auch in Westeuropa[4] aufkam und daß es immer noch allgemein in Gebrauch ist, um die besten Resultate bestimmter Vorstellungen und Praktiken zu beschreiben. Dabei beschränkt sich der Begriff keineswegs auf das, was man landläufig als „religiös" bezeichnet. Der Interessierte wird viele Definitionen für das Wort erhalten – aber jetzt verkehrt sich sein Problem ins Gegenteil: statt mit einem bloßen Etikett (jüngeren Datums) sieht er sich mit so vielen verschiedenen Beschreibungen von *Sufi* konfrontiert, daß er genauso gut ohne sie auskommen könnte.

Nicht wenige Autoren führen den Begriff *Sufi* auf das arabische Wort „Suf" zurück. Dies bedeutet wörtlich „Wolle" und bezeichnet das Material, aus dem die einfachen Gewänder der frühen Muslim-Mystiker gefertigt waren[5]. Diese, so wird weiter gesagt, bestanden aus Wolle in Nachahmung der Kleidung christlicher Anachoreten, die in den Wüsten Syriens und Ägyptens und auch an anderen Orten des Nahen und Mittleren Osten lebten.

So plausibel diese Definition auch klingen mag, sie löst weder unser Problem in bezug auf Begriffe, noch erhellt sie Ziele und Vorstellungen im Sufismus. Andererseits jedoch haben ebenso bedeutende Lexikographen betont, daß „Wolle die Tracht der Tiere"[6] sei und daß die Sufis die Vervollkommnung oder Vollendung des menschlichen Geistes zum Ziel haben, nicht aber die Nachahmung eines Herdenverhaltens. Darüberhinaus sei es ausgeschlossen, daß die Sufis bei ihrem ausgeprägten Symbol-Bewußtsein einen solchen Namen annehmen würden. Des weiteren gibt es da noch eine andere, etwas unhandliche Tatsache: Nach der Überlieferung nämlich hält man die „Gefährten der Bank"[7] – die *Ashab as-Safa* – für die Sufis der Zeit Mohammeds (er starb 632 n. Chr.). Man nimmt an, daß sie im Jahre 623 eine esoterische Gruppe bildeten und ihr Name eine Ableitung der Phrase *Ashab as-Safa* sei. Obgleich einige Sprachforscher hervorhoben, daß „Wolle" als Ursprung etymologisch wahrscheinlicher sei – wohl auch als die Ableitung von *safwa* („Frömmigkeit"), oder gar *saff* (Abkürzung von „Vorderste Reihe der Verdienstvollen") –, haben andere diese Auffassung mit dem Hinweis darauf in Frage gestellt, daß Spitznamen keinen orthographischen Regeln zu gehorchen brauchen.

Wie wir gleich sehen werden, ist der Name jedoch als Hinführung zu den Ideen und Vorstellungen von Bedeutung. Werfen wir zunächst einmal einen Blick auf die Begleitumstände. Die Sufis behaupten, daß eine bestimmte Art geistiger und anderer Aktivität, unter besonderen Bedingungen und mit einer besonderen Art von Anstrengung, das hervorrufen kann, was man als höhere Funktion des Geistes bezeichnet, eine Funktion, die dann zu einer beim gewöhnlichen Menschen latent als Anlage schlummernden besonderen Wahrnehmungsfähigkeit führt. Sufismus ist also das Transzendieren der vertrauten, alltäglichen Begrenztheiten [8]. Es überrascht nicht, daß das Wort Sufi in diesem Zusammenhang von einigen mit dem griechischen Wort für göttliche Weisheit *(sophia)* und auch mit dem hebräischen Wort aus der Kabbala *Ain Sof* („Das absolut Unendliche") in Verbindung gebracht worden ist. An diesem Punkt nun würde es die Probleme unseres Studenten kaum verringern, wenn er erführe, daß mit der ganzen Autorität der *Jüdischen Enzyklopädie* behauptet wird, die Experten des Hebräischen betrachteten die Kabbala und die Chassidim, die jüdischen Mystiker, als aus dem Sufismus entstanden, bzw. als mit ihm identische Tradition [9]. Es würde ihn auch nicht ermutigen zu hören, daß die Sufis zwar andeuten, ihr Wissen existiere schon seit tausenden von Jahren und sei ein Äquivalent zu hermetischen, pythagoräischen und platonischen Strömungen [10], daß sie aber gleichzeitig verneinen, daß es ein *abgeleitetes* Wissen sei.

Unser immer noch uneingeweihter Schüler mag nun ganz und gar konfus geworden sein; aber er beginnt jetzt wohl zu ahnen, mit welchen Schwierigkeiten das Studium der Sufi-Tradition verbunden ist, wenn auch nur dadurch, daß er zum Zeugen der fruchtlosen Bemühungen von Gelehrten wird.

Ein möglicher Ausweg könnte es sein, die Thesen eines Spezialisten – wie Professor R. A. Nicholson – zu übernehmen, oder einen Sufi selber zu befragen.

Nicholson sagt: „Einige europäische Gelehrte identifizierten das Wort Sufi mit Sophos im Sinne von *Theosoph*[11]. Aber Nöldeke ... konnte überzeugend nachweisen, daß der Name von *suf* (Wolle) abstammt und ursprünglich auf jene moslemischen Asketen angewandt wurde, die sich in Nachahmung christlicher Einsiedler in grob-wollene Gewänder hüllten, zum Zeichen der Bußfertigkeit und der Entsagung von weltlichen Eitelkeiten." [12]

Diese charakteristische, um nicht zu sagen gewagte Meinung wurde im Jahre 1914 publiziert. Vier Jahre zuvor hatte Nicholson seine Übersetzung der *Offenbarung* aus dem 11. Jahrhundert vorgestellt, der frühesten verfügbaren Abhandlung über die Sufi-Tradition in persischer Sprache, und zugleich eine der maßgeblichen Sufi-Schriften. In ihr stellt der Autor, der ehrwürdige Hujwiri, ausdrücklich fest – und der Professor übersetzt das brav, nur um es später zu ignorieren –, daß das Wort *Sufi* keine Etymologie besitzt [13].

Nicholson zeigt sich nicht besonders neugierig auf diese Behauptung. Hätte er über sie nachgedacht, wäre er auf einen wichtigen Gedanken im Sufismus gestoßen. Es ist ganz klar: für ihn *muß* jedes Wort eine Etymologie haben. In der unbewußten Annahme, „ein Wort ohne Etymologie" sei absurd, sucht er nicht weiter in dieser Richtung, sondern forscht unbeeindruckt nach etymologischen Ableitungen. Sein Denken, wie das von Nöldeke und vieler anderer, wird das Wort „Wolle" dem scheinbaren Paradox „keine Etymologie" vorziehen.

Dies ist bestimmt auch der Grund dafür, warum der gelehrte Dominikanerpater Cyprian Rice (ein Bewunderer und Schüler von Nicholson) in seinem neuen Buch – ein halbes Jahrhundert nach der Veröffentlichung der englischen Übersetzung von Hujwiris Schrift (eine Version, die er sehr lobt) – über den Sufismus sagt: „... durch ihre Gewohnheit, grobe Gewänder aus Wolle *(suf)* zu tragen, wurden sie als Sufis bekannt." [14]

Bekanntschaft mit Sufis jedoch, und erst recht fast jeder Grad von Zugang zu ihren Praktiken und mündlichen Überlieferungen, hätte jeden augenscheinlichen Widerspruch auflösen können zwischen der Existenz eines Wortes und der Tatsache, daß es keine handliche etymologische Ableitung besitzt. Die Antwort ist ganz einfach die, daß die Sufis den unterschiedlichen *Klang* der Buchstaben S, U und F (arabisch: die Zeichen für *Soad, Wau* und *Fa*) für bedeutsam in ihrer Wirkung auf die menschliche Geistesaktivität halten, und dies in genau dieser Reihenfolge.

Die Sufis sind demnach „die Menschen von SSSUUUFFF".

Die Lösung dieses Rätsels nun (das nebenbei bemerkt die Schwierigkeit des Verständnisses von Sufi-Konzepten beleuchtet, wenn man nur in bestimmten Bahnen denkt) öffnet unmittelbar den Blick auf ein weiteres, charakteristisches Problem, das das erste ablöst. Ein zeitgenössischer Denker wird sich für diese Erklärung – für die Vorstellung, ein Klang könnte das Gehirn beeinflussen – nur innerhalb ganz bestimmter selbstgesteckter Grenzen interessieren. Vielleicht wird er sie als theoretische Möglichkeit akzeptieren, wenn sie ihm in Bezügen präsentiert wird, die im Augenblick der Vermittlung als zulässig gelten [15].

Wenn wir z. B. sagen: „Schallwellen üben eine Wirkung auf den Menschen aus – gleichwertig anderen Dingen –, die ihm Erfahrungen jenseits des Normalen ermöglichen", dann kann es durchaus passieren, daß er überzeugend vorbringt, das sei „reiner Okkultismus, primitiver Unsinn auf der selben Stufe wie Om-Mani-Padme-Hum, Abrakadabra etc. etc." Stattdessen können wir auch sagen: „Das menschliche Gehirn, wie Sie zweifellos erkannt haben, kann mit einem elektronischen Computer verglichen werden. Es reagiert auf Anstöße und Schwingungen von Licht, Schall, Berührung etc. in determinierter oder ‚programmierter' Weise. Manche sind der Ansicht, daß Klänge, wie die der Zeichen S, U und F, zu jenen zu zählen sind, auf die das Gehirn zu reagieren programmiert ist oder aber programmiert werden kann." Höchstwahrscheinlich wird er diese armselige Vereinfachung in seine schon bestehenden Denkmuster einbauen können.

In Anbetracht dieser Verfassung unseres Gegenübers stellt sich die besondere Schwierigkeit beim Studium der Sufi-Tradition hier so dar: In Wirklichkeit sind viele Menschen, die höchst lernbegierig erscheinen, nicht willens, sich bestimmte Feststellungen über den Sufismus – getroffen von Sufis selber – vor Augen zu führen und im Gedächtnis zu behalten, und dies aufgrund systematischer psychologischer Vorurteile und Bindungen. Diese Situation finden wir weit häufiger, als dieses eine Beispiel uns glauben macht.

Das Problem wird für beide Teile nicht gerade einfacher durch die verbreitete Tendenz des betreffenden Individuums, Sufi-Denken schlichtweg zurückzuweisen. Häufig bekommt man dann Antworten wie diese zu hören: „In den von Ihnen angedeuteten Bahnen zu denken würde meine etablierten und verwurzelten Denkmethoden zerstören." So jemand liegt mit seiner Vermutung ganz falsch; für den Sufi wäre diese Person ein Mensch, der seine Fähigkeiten unterbewertet. Eine andere Reaktionsweise besteht darin, die ihm nahegebrachten Ideen auf der Basis irgendeines Systems zu rationalisieren oder umzuinterpretieren (sei es anthropologisch, soziologisch, sophistisch, psychologisch), das seinen Neigungen mehr entspricht. Dies könnte sich vielleicht in folgender Feststellung niederschlagen: „Ja, natürlich, diese Theorie von der Schallwirkung ist ganz offensichtlich in die Welt gesetzt worden, um der eher säkularen Ableitung des Begriffs Sufi (= Wolle) einen esoterischen Touch zu verleihen."

Diese Art zu denken wird jedoch letztlich ohne großen Erfolg bleiben. Denn Sufi-Gedankengut ist keine Sache primitiver Volksstämme oder von Büchern in toten Sprachen. Es ist im geistigen Hintergrund und im geistigen Bemühen von heute über fünfzig Millionen Menschen enthalten: von all jenen, die auf irgendeine Weise mit dem Sufismus verbunden sind.

Begrenztheiten heutiger Annäherungsversuche an den Sufismus

Den Hauptteil dieses Problems bildet in der heutigen Zeit die starke Neigung, alle Menschen, Dinge und Vorstellungen in Fachkategorien zu zwängen. Kategorien sind ganz in Ordnung – wer käme schon ohne sie aus? Wenn jedoch beim Studium irgendeiner Sache nur eine beschränkte Zahl von Einordnungsmöglichkeiten zur Verfügung steht, dann kann es so sein wie bei Henry Ford, der sagt: „Ihr Auto können Sie in jeder Farbe bekommen, vorausgesetzt Sie wollen ein schwarzes." Dieses Problem, dessen sich der Fragesteller womöglich nicht einmal bewußt ist – seine Voreingenommenheit durch eine relativ geringe Zahl von Kategorien –, ähnelt dem Problem des Sufi, der sein eigenes Denken unter nicht gerade idealen Umständen zu vermitteln sucht.

Dafür ein erhellendes Beispiel, ausgewählt aus Erfahrungen in neuerer Zeit.

In einem vor kurzem erschienenen Buch [16] erwähnte ich unter anderem, daß Sufi-Gedankengut und sogar wörtliche Texte äußerlich gesehen so verschiedenen Theoriegebäuden, Organisationen und Lehren entlehnt wurden oder ihnen zugrundelagen, wie dem Rittertum und seinen Idealen vom heiligen Johannes vom Kreuz [17], der heiligen Theresa von Avila [18], Roger Bacon [19], Geber, dem Vater der westlichen Alchimie [20] mit dem Beinamen „der Sufi", von Ramon Lull aus Mallorca [21], von Guru Nanak, dem Gründer der Sikh-Religion [22], den *Gesta Romanorum* [23], wie auch der Vedanta-Lehre der Hindus [24]. Bestimmte entartete psychologische Prozeduren haben in westliche okkulte und magische Literatur [25] Eingang gefunden, aber auch offiziell anerkannte psychologische Konzepte und Techniken, die man manchmal für Neuentdeckungen hält [26]. Dieses Buch rief bei Rezensenten und anderen eine recht bemerkenswerte und vielschichtige Reaktion hervor [27]. Einige ließen sich fesseln, nicht immer aus den besten Gründen; aber es sind die anderen, von denen ich hier spreche. Ich hatte nichts anderes getan, als die Ergebnisse anderer zu sammeln, oft in ganzen Lebensspannen wissenschaftlicher Forschung erarbeitet, oft vergraben in Monographien und selten gelesenen Büchern, aber stets verfaßt von hochangesehenen Orientalisten und Spezialisten. Ich steuerte auch „lebendiges" Material aus sufischen Quellen bei. Aber obwohl die zitierten Quellen keineswegs eine vollständige Auswahl des zur Verfügung stehenden Materials darstellten, war sie für einige Leser bei weitem zu reichhaltig. Dennoch hätten einige von ihnen eigentlich viel vertrauter mit der Arbeit sein müssen, die in ihrem eigenen Arbeitsfeld schon geleistet worden ist, als ich es war. Ein berühmter Experte wußte unhöfliche Dinge über mich zu sagen, ganz zu schweigen von jenen, die Angriffe ritten auf das, was sie in meiner Arbeit zu finden *glaubten!*

Kurz nach Ablauf dieser Phase erwähnte ich im Verlauf einer Unterhaltung mit einem dieser „Spezialisten", daß ich mich bei meinen Thesen nicht nur auf solche Autoritäten wie die Professoren Miguel Asîn, Landau, Ribera, Tara Chand, Guillaume und andere gleichermaßen unangreifbarer Integrität gestützt, sondern daß ich in meiner Schrift auch vorbehaltlos ihre Namen und Werke zitiert hatte; und daß ich in anderen Fällen die Bücher der Großen wie Lull, Bacon, Geber angeführt hatte, die allesamt namentlich die Sufis, Sufi-Bücher oder speziell den Sufismus erwähnen. Seine Reaktion darauf bestand nicht etwa darin, mir zuzustimmen, daß sich die Experten besser in ihrer eigenen Arbeit auskennen sollten, sondern er wiederholte den Namen meines Kritikers. Kichernd lehnte er sich in seinen Armsessel zurück und sagte: „Jetzt haben Sie ihn in der Tasche, mein Junge. Entscheiden Sie sich: Wollen Sie ihn nur in Mißkredit bringen, oder wollen Sie seinen Job?"

Mein „Irrtum", was den Umgang mit dem Thema betraf, hatte darin bestanden, daß ich, – statt Autoritäten zu zitieren und Schritt für Schritt einen unanfechtbaren „Fall" zu konstruieren –, angenommen hatte, das Buch würde gründlich gelesen werden und die Tatsachen würden für sich selbst sprechen.

Mein Freund wiederum hatte automatisch angenommen, ich wäre an einem Spiel beteiligt, eine Autoritätsperson aus ihrer Stellung zu verdrängen. Der ursprüngliche Kritiker hatte sich aufgrund einer ebenso falschen Annahme in den Angriff gestürzt: daß es mir an überzeugendem Material fehle, weil ich es nicht triumphierend genug auf den Tisch gebracht hatte.

Vielleicht noch erstaunlicher, wenn wir einen Blick auf die Probleme beim Studium der Sufi-Tradition werfen, ist die Behandlung, die sie von denen erfährt, die sich, wenngleich keine Experten auf diesem Gebiet, mit dem verfügbaren wissenschaftlichen Quellenmaterial hätten vertraut machen können. Typisch dafür ist jener Professor, der ein Buch über Philosophen des Ostens[28] schreibt; von den fast hunderttausend Worten in diesem Werk befassen sich gerade dreihundert mit den Sufis (eine Seite von über dreihundert). Dies wiederum der Tatsache zum Trotz, daß der gleiche Autor ein Buch über die Philosophen des Westens[29] veröffentlicht hatte und daß beide Denkrichtungen von Sufi-Quellen beeinflußt sind. Dieser Einfluß findet an keiner Stelle Erwähnung. Auch der formidable englische Philosoph Bertrand Russell hat ein dickes Buch geschrieben, *Wisdom of the West*[30], in dem westliche Denker, deren Verbindungen mit Sufi-Gedankengut offensichtlich sind, zwar aufgezählt werden, aber Sufis oder der Sufismus an keiner Stelle erwähnt werden.

Man könnte dagegenhalten, diese Bücher seien populärwissenschaftlich und für eine allgemeine Leserschaft bestimmt; aber immerhin führen sie die Namen von Gelehrten, und es fehlt ihnen wichtige Information.

Die allgemeine Leserschaft, oder die Angehörigen nichtorientalistischer Fachbereiche, die sich aus diesen Büchern Rat holen, würden kaum erkennen können, was aus ihnen ausgelassen ist.

Überprüfung schriftlich fixierter Materialien durch den direkten Kontakt mit dem Sufismus

Ganz typisch für die Probleme, denen sich jeder gegenübersieht, der die Sufi-Tradition untersuchen möchte, ist eine konstante Wiederholung unbewiesener Theorien, die von „Spezialisten" und anderen, die selbst nur wenig Sachverstand besitzen, als „Tatsachen" präsentiert werden.

Da das Sufi-Studium hauptsächlich mit Hilfe unmittelbarer Methoden durchgeführt wird (so weiß man, daß es sogar ausschließlich durch Gesten, Symbole und Demonstration vermittelt worden ist), wird uns der Verlust dieses Elements bei unseren Studien und der Zwang, sich auf Bücher verlassen zu müssen, auf Gedeih und Verderb jenen ausliefern, die alle Arten subjektiver Theorien [31] vorbringen. Da gibt es jene, die behaupten, der Sufismus habe sich aus dem historischen Islam entwickelt; eingeschlossen sind hier einige Sufi-Apologeten, die aus guten Gründen in dieser Richtung schreiben. Einige sagen das Gegenteil: er sei eine Reaktion gegen islamische Einstellungen. Einige vertreten die Ansicht, er stamme aus dem Christentum, so wie sie es kennengelernt haben; oder daß er ganz oder teilweise dem persischen Dualismus zuzuschreiben sei; oder daß er aus China stamme, oder aus Indien; schließlich auch, daß er nicht-indischen Ursprungs sei. Wieder andere favorisieren die neoplatonische Theorie, oder die schamanistische – die Liste ließe sich endlos fortführen. Die Szene ähnelt inzwischen der Debatte darüber, ob Eisen nun aus Schweden oder aus Japan stamme.

Wir könnten das Sufi-Gedankengut „eine Psycho-Logie" nennen, nicht deshalb, weil dieser Ausdruck den Sufismus angemessen beschreibt, sondern weil „Weisheit" heutzutage kein besonders populäres Wort ist. Anzumerken wäre hier jedoch, daß die Möglichkeit, Sufi-Denken überhaupt zu verstehen, nicht schon deshalb ausgeschlossen ist, weil die Wörterbuchmacher uns nicht verstehen.

Was zulässige Kategorien des Studiums betrifft, so sehen wir, daß der Sufismus sich über viele von ihnen hinwegsetzt. Wir finden Materialien, als Ganzes dem Sufismus entnommen, Ideen, die für ihn charakteristisch sind, Methoden, Geschichten, Legenden und sogar Lyrik der Sufis im Phänomen der Troubadoure [32], in der schweizerischen Wilhelm-Tell-Legende [33], im nahöstlichen „Pfauenengel"-Kult [34], bei Gurdjieff und Ouspensky [35], bei Maurice Nicoll, bei dem Schweden Dag Hammarskjöld [36], bei Shakespeare [37], in der Psychologie Kenneth Walkers [38], in den Märchen des Dänen Hans Christian Andersen [39], in den Arbeiten Sir Richard Burtons (der selbst ein Qadiri-Derwisch war) [40], in einer kürzlich herausgegebenen Reihe von Textbüchern zum Englischlernen der Oxford University Press [41], in Kinderbüchern der Gegenwart[42], in der „religiösen" Praxis des „Hexenwesens"[43], in der Symbollehre der Rosenkreuzer[44] und der Illuminaten[45], bei vielen mittelalterlichen Gelehrten des Westens[46], im Bhakti-Kult der Hindus[47] – obwohl dieser im Westen als traditionelle Lehre des Hinduismus verbreitet wird –, in den geheimen Büchern der Ismailiten[48], in der Organisation, im Namen und in den Techniken der sogenannten Assassinen[49], in Geschichten und Techniken, deren Ursprung man im japanischen Zen vermutete[50], oder die angeblich mit Yoga in Verbindung zu bringen sind[51], in Materialien, die Bezug nehmen auf den Orden der Templer[52], in psychotherapeutischer Literatur, bei Chaucer[53] und Dante Alighieri[54] – und alle diese Quellen zähle ich fast willkürlich auf.

Mißverständnisse in bezug auf Sufi-Denken und seine Formulierungen

Was ist Sufi-Denken, wie drückt es sich aus, wo kann man ihm begegnen?

Viele Vorstellungen sind unschwer als von den Sufis abgeleitet zu identifizieren: entweder ist dies aus ihrem Kontext ersichtlich, oder sie werden im Text ausdrücklich den Sufis zugeschrieben. Doch das Problem besteht hier darin, daß es keine Aufzeichnung irgendeiner anderen Ideen- oder System-Gesamtheit gibt, die auf so breiter Front und so tief in so viele Bereiche des Lebens und des Denkens im Osten wie im Westen eingedrungen ist. Kein Geist wurde dafür ausgebildet, etwas derartiges zu erwarten – mit Ausnahme dem des Sufi, der dieses Material nicht braucht. Folge davon ist, daß wir auf diese Fragen stoßen: Ist der Sufismus nun eine Serie schamanistischer Kulte, eine Philosophie, eine Religion, eine Geheimgesellschaft, ein okkultes Lehrsystem, die Haupttriebfeder weiter Bereiche der Literatur und Dichtung, oder ein militärisches System, ein ritterlicher, oder gar ein kommerzieller Kult?

Ernsten Problemen bei der Lokalisierung echter und relevanter Sufi-Konzepte und Sufi-Praktiken sieht sich jeder gegenüber, dem schon einmal eine verwässerte, verallgemeinerte oder partielle Spielart des Sufismus begegnet ist, gleich ob im Osten oder im Westen. In Europa und in Amerika praktizieren viele hundert Menschen „Derwischtanz, -wirbeln oder -drehen", und dies obwohl leicht zugängliche Derwischliteratur[55] ausdrücklich betont, diese Technik sei aus lokal beschränkten Gründen von Rumi speziell „verordnet" worden, für die Menschen der Gegend um Iconium (dem heutigen Konia) in Kleinasien[56]. Ähnlich verhält es sich in einem anderen Fall: Wenn man den Menschen, die sich im Einfluß der „Arbeit" oder des „Systems" befinden, das Gurdjieff oder Ouspensky zu folgen versucht – von ihnen gibt es viele Tausende –, geradeheraus aufzeigt, daß ihre Übungen und Methoden in bestimmten Sufi-Schulen wohlbekannt sind und angewandt werden, daß sie aber auf andere Weise eingesetzt werden müssen, auf verständlichere Weise und zugeschnitten auf die jeweilige Gemeinschaft, dann erweisen sie sich häufig als unfähig, diese Feststellung zu verdauen. Aufgrund von Mißverständnissen und falschen Anwendungen werden die Sufi-Gewinne in diesen Fällen allmählich von den Verlusten übertroffen.

Ein weiteres, und bis vor kurzem noch rasch wachsendes, Phänomen, das sich einiger Sufi-Ideen und -praktiken bedient, ist vielen Tausenden im Westen unter dem Namen „Subud" bekannt. Seine Technik basiert in der Hauptsache auf Naqshbandi-Qadiri-Methoden[57], aber so wie sie hier präsentiert werden, hat man sie auf den Kopf gestellt. Bei den Subud-Zusammenkünften, genannt *Latihan*[58], warten die Teilnehmer auf eine bestimmte Erfahrung, die sie für das Wirken Gottes in ihrem Inneren halten. Einige werden nur leicht beeinflußt, einige sind tief berührt, einige gar nicht. Interessant ist hier, daß das Subud-System diese Erfahrung hoch bewertet. Viele Menschen, die nicht von ihr berührt werden oder die aufhören, sie wahrzunehmen, wandern wieder ab. Die übrigen werden dann zum Eckpfeiler der Bewegung. Gemäß Sufi-Idee und -praxis sind jedoch gerade die, die keinerlei subjektive Zustände fühlen oder einmal von ihnen berührt wurden und sie jetzt nicht mehr erleben, geeignete Anwärter für die nächste Stufe[59]. Dem Sufi erscheint ein Mensch, der dies nicht weiß, wie ein Mann, der seine Muskeln trainiert und jetzt vermutet, daß seine Übungen nutzlos sind, weil er keinen Muskelkater mehr hat. Der Gewinn bei Subud wird – zumindest teilweise – durch die Nachteile wieder aufgehoben.

Das ist das eigentliche Problem bei dem Versuch, das ursprünglichen Sufi-Denken mit Hilfe solcher Verallgemeinerungen zu studieren. Da bei dieser verdrehten Aktivität Sufi-Terminologie beschworen wird, kann es durchaus sein, daß der Schüler die Subud-Bande nicht löst, wenn er sich dem Sufismus nähert.

Viel Opposition weckt ein weiteres Problem, das zu den besonderen Eigentümlichkeiten des Sufismus zählt. Es ließe sich auf folgende Weise ausdrücken: Sufi-Literatur enthält Materialien, die ihrer Zeit voraus sind. Bestimmte Sufi-Bücher, einige davon in westliche Sprachen übersetzt und somit der Nachprüfung zugänglich, enthalten Bestandteile, die nur dann verständlich werden, wenn „neue" psychologische oder gar wissenschaftlich-technische Entdeckungen gemacht und der Allgemeinheit vertraut werden. Eine Nachprüfung der Behauptungen, die einst bizarr und unglaubhaft wirkten, wird dann möglich. Westliche Orientalisten und andere haben beispielsweise vermerkt, daß der Afghane Dschalaludin Rumi († 1273)[60], Hakim Sanai von Chorassan (14. Jh.)[61], Al Ghasali von Persien († 1111)[62], und Ibn

El-Arabi von Spanien († 1240)[63] von psychischen Zuständen, psychologischen Theorien und psychotherapeutischen Verfahren sprechen, die für die Leser ohne die gegenwärtige „Infrastruktur", die wir im Westen erst vor kurzem geschaffen haben, unverständlich gewesen wären. Als Folge davon nennt man diese Vorstellungen nun „Jungianisch" oder „Freudianisch" und so weiter. Sufi-Behauptungen, der „Mensch habe sich aus dem Meer erhoben" und befinde sich im Zustand der Evolution, wobei er eine gewaltige Zeitspanne hinter sich gebracht habe, wirkten wie phantastischer Unsinn, bis die Darwinisten des 19. Jahrhunderts sich mit Freuden dieser Materialien bemächtigten[64].

Häufig sind Verweise auf die Kräfte, die im Atom enthalten sind[65], auf eine „Vierte Dimension"[66], auf die Relativität[67], auf die Raumfahrt[68], auf Telepathie und Telekinesis anzutreffen; manchmal werden diese Dinge wie Tatsachen behandelt, manchmal als Ergebnis von bestimmten Techniken, manchmal als gegenwärtige oder zukünftige Fähigkeiten des Menschen. Berichte von hellseherischen Wahrnehmungen und andere Phänomene dieser Art müssen ausschließlich im Licht vergleichsweise neuer Kenntnisse beurteilt werden, oder sie warten noch auf die Bestätigung durch die konventionelle Wissenschaft. Vor über 700 Jahren erklärte Ibn El-Arabi, daß der denkende Mensch über 40 000 Jahre alt sei, während der orthodoxe jüdische, christliche und moslemische Glaube immer noch auf Schrift-„Datierungen" der Schöpfung fixiert war, die sie auf vier- bis sechstausend Jahre zuvor ansetzten. Neuere Forschungen weisen dem „modernen" Menschen ein Alter von etwa 35 000 Jahren zu[69].

Ein Teil des gröbsten Spotts, dem sich die Sufis ausgesetzt sahen und der in einigen Kreisen heute noch nicht verstummt ist, verdanken die Sufis der Tatsache, daß sie in ihren Klassikern die Gefahren von fixen Ideen, die den Menschen eingepflanzt werden, hervorgehoben haben und daß sie zum Schrecken religiöser Schwärmer die schädlichen Wirkungen betonten, die eine Verwechslung von Indoktrination und gefühlsmäßiger Erregung einerseits mit spirituellen Gaben anderseits mit sich bringt. Erst seit einigen Jahrzehnten sind ein paar Menschen besser informiert als klerikale Enggeister[70].

Ein besonderes Sekundärproblem besteht hier auch darin, daß die Wissenschaft zwar zu Recht die Verifikation dieser Materialien abwarten oder sie untersuchen wird, daß sich aber leichtgläubige Okkultisten um den Sufi scharen werden, der davon spricht, daß diese Dinge sich vom Sufismus ableiten, und, als ob dies ihr gutes Recht wäre, nachdrücklich nach magischem Wissen, Selbst-Überwindung, höherem Bewußtsein, verborgenen Geheimnissen und so weiter verlangen. Für den Sufi können diese vertrauensseligen und manchmal unausgeglichenen Menschen ein noch größeres Problem darstellen als die

Skeptiker. Nachdem ihnen leichterrungenes magisches Wissen vorenthalten wird, bringen solche Gläubigen ein weiteres Problem mit sich: rasch schwenken sie über zu jenen Organisationen (wohlmeinenden oder auch nicht), die ihren Durst nach dem Unbekannten und dem Ungewöhnlichen zu stillen versprechen oder „Abkürzungen" anbieten. Es soll nicht verhehlt werden, daß wir – jedoch immer unter Beachtung aller Vorbedingungen – diesen Satz verwenden: „Die Wissenden haben jedoch Abkürzungen zur Erlangung des Wissens von Gott ersonnen. Es gibt so viele Wege zu Gott, wie es Seelen (Selbste) der Menschen gibt."[71] Es gibt mehrere solcher Körperschaften in England und Amerika. Auf Literatur-Anfragen werden sie bei einer von ihnen beispielsweise eine Publikation erhalten, in der die Behauptung aufgestellt wird, Sufis zögen eine vegetarische Diät vor und Schüler müßten „frei von Standes-, Rasse- und Glaubensbindungen" sein, bevor sie „okkulte Kräfte" entwickeln könnten.

Andere Bewegungen, die sich den Namen Sufi geben, idealisieren ihre Gründer und versehen ihre Mitglieder mit einer Art synkretistischer Zeremonie. Mehr als eine unter ihnen praktiziert musikalische Darbietungen, die den Suchenden in eine vorteilhafte Ekstase stürzen sollen – der Tatsache zum Trotz, daß die Sufi-Lehre an vielen Stellen schriftliche niedergelegt hat, Musik könne schädlich sein[72] und das hervorstechende Merkmal des Sufismus sei der Lehrinhalt – und nicht der Lehrer selbst. Der Gewinn an Sufi-Information wird hier auch durch die Nachteile fehlerhafter Praxis und selektiv voreingenommenen Lesens aufgehoben.

Einwanderungen nach England aus Asien – durch Araber (hauptsächlich aus Somaliland und Aden), Inder und Pakistanis – haben eine weitere Form von „Sufismus" mit sich gebracht. Sie zentriert sich um einige Gruppen religiöser Muslim-Eiferer, die zu gemeinsamen Gebets-Übungen zusammenkommen und sich von ihnen emotional stimulieren lassen, wobei es manchmal zu kathartischen Effekten kommen kann. Sie verwenden Sufi-Begriffe und Äußerlichkeiten der Sufi-Organisation, und besitzen Ableger in vielen Industrie- und Hafenstädten.

Hier besteht das Problem nicht nur darin, daß viele der Teilnehmer Sufi-Gedankengut nicht mehr studieren können (weil sie glauben, daß sie es schon kennen). Jeder – Soziologe, Anthropologe oder Laie – kann auf Anhieb feststellen, daß es sich hier nicht um Sufismus handelt, genauso wenig wie Schlangenbeschwören das Christentum repräsentiert, oder das „Bingo"-Spiel etwas mit Mathematik zu tun hat. Wieder bewegt sich der Gewinn auf niedrigem Niveau; die Nachteile freilich sind nicht gering.

Wie ihre indoktrinierten Kollegen in der gesamten islamischen Welt von Marokko bis Java, sind diese Klüngel oft in Wirklichkeit nur

Gruppen von Fanatikern, die sich der äußeren Form des Sufismus bedienen. Einige sind schlicht Hysteriker. Andere haben noch nie von einer anderen Form des Sufismus gehört[73]. In ihren Ohren würde eine Behauptung wie die von Ibn El-Arabi – „Engel sind nichts anderes als die Kräfte, die sich in den Fähigkeiten und Organen der Menschen verbergen" – wie die pure Blasphemie klingen. Und dennoch verehren sie Ibn El-Arabi![74] Es erscheint nicht unmöglich, daß diese Gruppierungen (wegen ihres reinen Enthusiasmus, durch wirkungsvollen Einsatz von Geldmitteln und modernen Massenmedien) von Außenstehenden allgemein für echte Sufis oder als repräsentativ für ihre Ideen gehalten werden. Man kann mit Fug und Recht behaupten, daß Religion eine zu bedeutende Sache ist, um sie nur spekulativen, unverständigen Intellektuellen oder aktivistischen Klerikern zu überlassen. Dem liegt ein uralter Irrtum zugrunde. Man hat Ghasali im Westen lange Zeit für einen katholischen Theologen des Mittelalters gehalten. Der „heilige Jehosaphat" wurde als Gautama Buddha identifiziert und der „heilige Charalambos" der Griechen erwies sich als niemand anderes als der Derwischmeister Hadschi Bektasch Wali, der die Bektaschis[75] gegründet hatte. Der christliche Heilige des 15. Jahrhunderts Sankt Therapion ist der Derwisch-Poet Turabi[76].

Solche Entwicklungen lassen sich heute in Ländern des Ostens beobachten, wo Enthusiasten, oft ganz liebenswürdige Charaktere, die Sufis überschreien und ihre eigene Possen für die wahre Sufi-Tradition ausgeben. Dies wiederum hat viele Menschen des Westens, die am Erbe der Sufis interessiert sind, vor ein ernstes und weithin unerkanntes Problem gestellt. Vor die Wahl des Akzeptierens oder des Zurückweisens gestellt, und in der Überzeugung, daß dies der Sufismus sein müsse, weil so viele ortsansässige Menschen ihn dafür halten, reagieren viele dieser Studenten entweder mit heftiger Abneigung oder mit totaler, unkritischer Annahme. In England, um gar nicht erst von anderen westlichen Ländern zu sprechen, gibt es Beispiele für das „Sufi-Bekehrungssyndrom" – manchmal sogar im Fall nicht unwichtiger Persönlichkeiten, die nur allzu gerne „beweisen" wollen, daß dieser Kult, wie sie ihn bei Ekstatikern kennengelernt haben, auch bei uns im Westen übernommen werden müsse[77].

Man kann schon ein fast unheimliches Gefühl bekommen, wenn man diesen Stand der Dinge mit der hypothetischen Situation in einem unterentwickelten Land vergleicht, in das fortgeschrittene Ideen eingedrungen sind, die aber nun – aufgrund eines Mangels an genauer und geeignet systematisierter Information – von den Eingeborenen in oberflächlicher oder unangemessener Weise übernommen werden. Man ist versucht, in den Begriffen der „Cargo-Kulte"[78] weniger fortgeschrittener Gesellschaften zu denken, deren Mitglieder kleine Blechbüchsen-Nachbildungen von Flugzeugen bauten, um so durch

Zauberei die wundersame Versorgung mit guten Dingen aus dem Himmel zu wiederholen[79].

Trotzdem existiert kein echter Mangel an grundlegenden Informationen über die Sufi-Arbeit. Die Information ist da, aber ein großer Teil davon wird von denen, die dazu fähig wären, nicht studiert oder assimiliert. Hier gibt es noch eine weitere charakteristische Schwierigkeit: das Problem, das durch die speziellen Gegebenheiten des Ortes entsteht, an denen das Material zutage tritt.

Viel Material über den Sufismus und die Sufis erscheint von Zeit zu Zeit in der allgemeinen Presse, darunter einige Resultate exzellenter Beobachtungsgabe, Forschung und Außenarbeit in Asien, Afrika und Europa. Aber weil diese Arbeiten nicht immer von „anerkannten Spezialisten" stammen, oder weil sie das Licht des Tages in Medien erblicken, die nicht als maßgebend für „dieses Fach" gehalten werden, können sie übersehen werden.

Hier ein paar Beispiele aus neuerer Zeit:

In zwei brillianten Artikeln in *Blackwood's Magazine*[80] 1961 und 1962 beschrieb Omar Michael Burke die Vorstellungen und Praktiken der Sufis in Pakistan, Tunesien, Marokko und anderswo. Er umriß in der Sufi-Praxis wohlbekannte Theorien und Übungen, die aber in ihrer öffentlich zugänglichen Literatur nicht immer wortgetreu so dargestellt werden. 1961 brachte eine Zeitung in Delhi[81] einen guten Bericht von Sufi-Vorstellungen und Überlegungen in Paris. 1962 erschien in einem wissenschaftlichen Fachblatt[82] ein wichtiger Beitrag eines ägyptischen Arztes, in dem Ideen und psychotherapeutische Prozeduren einer zentralasiatischen Derwisch-Gemeinschaft mit internationalen Verästelungen beschrieben wurden. Normalerweise wird keiner dieser Beiträge in der Literatur der Orientalisten, oder gar der Okkultisten, zitiert.

Nirgendwo scheint bisher auch aus einem wichtigen Artikel eines weiteren Forschers zitiert worden zu sein, der sich mit der lebendigen, mündlichen Tradition der „Geheimen Lehre" des Mittleren und Fernen Ostens befaßt und 1960 im *Contemporary Review* publiziert worden war[83]. Der Wunsch, Sufi-Ideen und Praktiken zu verbreiten und auch die besondere Weise, in der dies geschieht, sowie symbolische Demonstrationen von Sufi-Gedankengut in einer großen Gemeinschaft im Hindukusch mit Ablegern in Europa, sorgte für ein weiteres erstklassiges Dokument. Zweifellos muß es als für Forschungszwecke verloren betrachtet werden[84], weil es in *Lady*[85], einem wöchentlich erscheinenden Frauen-Magazin, abgedruckt worden war.

Ein entschlossener Korrespondent der Londoner *Times*[86] übermittelte 1964 einen Bericht über Vorstellungen und Praktiken in Afghanistan und über ihre Verzweigungen in der arabischen Welt. Es ist nicht sehr wahrscheinlich, daß dieser wertvolle Artikel jemals in die offizielle Literatur über den Sufismus aufgenommen werden wird. Ein Artikel in *She* 1963, und ein weiterer 1965[87], enthielten zumindest einiges Material von Interesse und einige bis dahin unbekannte Fakten.

Formen der Sufi-Aktivität

Worin besteht weiter die Lehre der Sufis, wie wird sie vermittelt und vor welche besonderen Probleme stellt dieses Studium jene, die den Wunsch haben, etwas über dieses Gedankengut aus verläßlicher Quelle zu erfahren?

Die Sufis behaupten, es gebe eine für den Menschen erreichbare Form von Wissen, die so beschaffen ist, daß sie im gleichen Verhältnis zu wissenschaftlicher Gelehrsamkeit steht wie das Erwachsenendasein zur Kindheit. Man vergleiche dazu einmal Al Ghasali: „Ein Kind besitzt keinerlei echtes Wissen um die Leistungen eines Erwachsenen. Ein gewöhnlicher Erwachsener kann die Errungenschaften eines Gelehrten nicht verstehen. In gleicher Weise kann ein Gelehrter die Erfahrungen erleuchteter Heiliger oder Sufis nicht verstehen."[88] Zuerst einmal ist dies bestimmt kein Konzept, das sich augenblicklich einem Gelehrten anempfiehlt. Das ist keineswegs ein neues Problem. Im elften Jahrhundert war es Mohammed Al Ghasali (Algasel), der die islamischen Theologen vor den Angriffen der griechischen Philosophie rettete, indem er sie durch eine Neuinterpretation islamischer Schriften zurückwies; gleichzeitig aber teilte er den Gelehrten mit, daß ihr Wissens-Modus dem durch die Sufi-Praxis gewonnenen untergeordnet sei. Sie erklärten ihn zu ihrem Helden, und ihre Nachfolger lehren seine Auslegungen immer noch als orthodoxen Islam, trotz seiner Feststellung, daß die akademisch-wissenschaftliche Methode unzureichend und gegenüber wirklichem Wissen minderwertig sei.

Dann gab es Rumi, den großen Mystiker und Dichter, der seinen Zuhörern mitteilte, daß er ihnen als guter Gastgeber Dichtung zu Gehör brachte, weil sie es so verlangten; er stellte zur Verfügung, was gefragt war. Aber, so fuhr er fort, Dichtung sei Kitsch verglichen mit einer bestimmten, hochwertigen Entwicklung des Individuums. Noch fast 700 Jahre später konnte er die Menschen mit dieser Bemerkung verletzen. Vor nicht allzu langer Zeit zeigte sich ein Rezensent in einer angesehenen englischen Zeitung von dieser Passage (die er in einer Übersetzung vorfand) so beleidigt, daß er doch tatsächlich solches zu Papier brachte: „Rumi mag Dichtung für Kitsch halten. Ich denke, daß seine Dichtung in dieser Übersetzung Kitsch ist."

Aber Sufi-Ideen, die auf solche Weise in die Welt gesetzt werden, beabsichtigen niemals eine Herausforderung des Menschen. Sie dienen ausschließlich dem Zweck, ihn mit einem höheren Ziel zu versehen und in ihm die Vorstellung zu nähren, es könne eine Funktion des

Geistes geben, die beispielsweise die Größen der Sufi-Tradition hervorgebracht hat. Rechthaberei muß unausweichlich mit dieser Vorstellung zusammenprallen. Daß diese Reaktion allerdings vorherrscht, hat die Sufis zu der Aussage veranlaßt, die Menschen *wollten* das Wissen, dessen Vermittlung der Sufismus beansprucht, in Wirklichkeit gar nicht: tatsächlich suchten sie nur die Selbstbefriedigung innerhalb ihrer eigenen Denkschablone[89]. Aber der Sufi besteht darauf: „Eine kurze Zeit in der Gegenwart der *Freunde* (der Sufis) ist besser als hundert Jahre aufrichtige und gehorsame Hingabe." (Rumi)

Der Sufismus stellt auch fest, daß der Mensch objektiv *werden* kann, und daß Objektivität dem Individuum erlaubt, „höhere" Dinge zu begreifen. Der Mensch ist deshalb dazu eingeladen, seine Evolution voranzutreiben in Richtung auf das, was im Sufismus „wahrer Intellekt"[90] genannt wird.

Die Sufis behaupten, daß ein großer Teil dieses Gedankenguts – weit davon entfernt, in Büchern verfügbar zu sein – persönlich mit Hilfe der Interaktion zwischen Lehrer und Lernendem vermittelt werden muß. Zu viel Konzentration auf das geschriebene Wort, betonen sie nachdrücklich, kann sogar schädlich sein. An dieser Stelle entsteht eine weitere Schwierigkeit; diese Behauptung nämlich tritt dem Gelehrten kaum weniger entgegen als dem Mitglied einer großen, gebildeten und belesenen Gesellschaft der heutigen Zeit, der das Gefühl hat, wenn auch zeitweise nur unbewußt, daß alles Wissen sicherlich in Büchern zu finden sein muß.

Die Sufis haben dennoch lange und hart daran gearbeitet, das geschriebene Wort so zu bearbeiten, daß es als Träger bestimmter Teile ihrer Lehre dienen kann. Dies führte zur Verwendung bearbeiteten oder verschlüsselten Materials – nicht immer oder speziell konzipiert, eine wahre Bedeutung zu verbergen, sondern in der Absicht geschrieben, nach der Entschlüsselung zu demonstrieren, daß das, was ursprünglich von außen wie ein komplettes Gedicht, ein Mythos oder eine wissenschaftliche Abhandlung erschien, einer anderen Interpretation zugänglich wird: eine einem kaleidoskopischen Effekt analoge Demonstration. Und wenn die Sufis für Zwecke wie diese Diagramme zeichnen, werden sie von Nachahmern meist nur kopiert und auf deren eigener Verständnisebene verwendet[91].

Eine andere Sufi-Technik sorgt für eine weitere Schwierigkeit. Viele Passagen in Sufi-Büchern, manchmal ganze Bücher oder Zyklen von Feststellungen, sollen dazu dienen, das Denken zu stimulieren, zuweilen sogar mit Hilfe der Methode, gesunde Kritik zu wecken. Nur zu oft werden diese Dokumente von jenen, die sie Buchstabe für Buchstabe studieren, für getreue Wiedergaben der Überzeugung ihrer Autoren gehalten[92].

Allgemein besitzen wir im Westen eine Vielzahl von Übersetzungen. Meistens handelt es sich dabei um wörtliche Übertragungen von nur einer Facette eines vielschichtigen Texts. Tatsächlich wissen westliche Studenten, daß die inneren Dimensionen existieren, sie haben sie jedoch noch nirgendwo in ihrer Arbeit angewandt. Fairerweise muß gesagt werden, daß einige zugegeben haben, dies nicht tun zu können [93].

Das Beharren der Sufis darauf, daß der Sufismus mit Hilfe vieler äußerer Formen gelehrt werden kann, bildet eine weitere Sufi-Vorstellung; sie bringt ein Problem mit sich, das viele nicht in ihr Denken integrieren konnten. Mit einem Wort: Sufis halten sich an keinerlei Konvention [94]. Einige sind ganz zufrieden bei der Verwendung religiöser Formen, andere mit romantischer Lyrik, einige befassen sich mit Witzen, Erzählungen und Legenden, wieder andere verlassen sich auf Kunstformen und die Ergebnisse handwerklicher Fertigkeiten. Ein Sufi nun kann aus Erfahrung bestätigen, daß alle diese Darstellungsformen ihre Berechtigung haben. Aber unser buchstabengetreuer und pedantischer Außenstehender wird – wie aufrichtig er auch sein mag – oft gereizt fordern, daß man ihm mitteilt, ob die Sufis (oder diese oder jene Gruppe von Sufis) nun Alchimisten, Mitglieder einer Zunft, religiöse Geisteskranke, Witzbolde [95], oder Wissenschaftler sind – oder was denn nun. Dieses Problem ist keineswegs neu, wenn es auch für die Sufis in besonderer Weise gelten mag. Sufis wurden auf Gerichtsbeschluß ermordet [96], aus ihren Häusern gejagt, ihre Bücher wurden verbrannt, weil sie nichtreligiöse oder andere Formulierungen gewählt hatten, die an bestimmten Orten unannehmbar waren. Einige der größten klassischen Sufi-Schriftsteller wurden der Gotteslästerung, der Abtrünnigkeit oder gar politischer Verbrechen angeklagt. Sogar heute noch liegen sie in der Schußlinie der verschiedensten Interessengruppen, nicht nur religiöser Natur [97].

Sogar eine nur flüchtige Überprüfung der angeblichen Anfänge des Sufismus wird enthüllen, daß die Sufis zwar behaupten, der Sufismus sei eine esoterische Lehre innerhalb des Islam (mit dem er deshalb für voll und ganz vereinbar angesehen wird), daß er sich aber auch hinter Formulierungen verbirgt, die von vielen Menschen für völlig verschieden voneinander gehalten werden. So kommt es, daß die „Kette der Übertragung" von namentlich erwähnten Lehrern in dieser oder jener von einer Schule oder einem Lehrer verwendeten Linie bis auf den Propheten Mohammed zurückgehen mag, daß aber auch davon gesprochen wird – von den gleichen Autoritäten –, er stamme von Uwais el-Qarni (gestorben im 7. Jh.), der Mohammed in seinem Leben nie begegnet ist [98]. Die Autorität Suhrawardi, gemeinsam (jedoch schon viel früher) mit den Rosenkreuzern und anderen, stellt ausdrücklich fest, daß es sich hierbei um eine Form von Weisheit handelte, die einer Reihe von Weisen bekannt war und von ihnen praktiziert wurde, den geheimnisvollen Hermes von Ägypten[99] eingeschlossen. Ein anderer Autor von nicht geringerem Ruf – Ibn el-Farid (1181–1235) – betont, daß der Sufismus jenseits der Systematisierung liegt, bzw. noch vor ihr kommt; daß „es unseren Wein schon gab, bevor das kam, was Du *Traube und Weinstock* (die Schule und das System) nennst":

Wir tranken auf den *Freund,*
berauschten uns
schon lange vor der Erschaffung der Rebe[100].

Es besteht kein Zweifel daran, daß sich traditionsgemäß Derwische, zukünftige Sufis, versammelten, um jegliche Überreste dieser Lehre, die sie finden konnten, zu studieren und um auf den Augenblick zu warten, in dem vielleicht ein Vertreter der Lehre unter ihnen erscheinen würde, der die Prinzipien und Praktiken, deren aktive Bedeutung ihnen verlorengegangen war, zur Wirkung bringen würde. Diese Theorie findet sich natürlich im Westen bei den Freimaurern (mit ihrer Vorstellung vom „verlorenen Geheimnis"). Als Technik wird sie beispielsweise in dem Textbuch *Awarif-ul-Maarif* gebührend bestätigt und wurde von Leuten, die sich für solche Dinge interessieren, als ein Zeichen für das Auftauchen eines messianischen Erwartungselementes im Sufismus erachtet. Wie auch immer die Dinge liegen mögen (und sie gehören nur zu einer „vorbereitenden Phase", nicht zum eigentlichen Sufismus): es gibt Beweise, daß Menschen in Europa und im Mittleren Osten, gleich welcher psychologischer Bindungen und welcher Bekenntnisse, von Zeit zu Zeit von Lehrern, die sich unter sie mischten und manchmal von geheimnisvoller Herkunft waren, ausgemacht und zur Sufi-Lehre hin inspiriert wurden. Jahrhundertelang hat man auf sie verwiesen als die Universellen oder Vollendeten Menschen *(Insan-i-Kamil).* Dies war der Fall bei Rumi und Schams von Täbris; bei Bahaudin Nakshband (14. Jh.) von Buchara; bei Ibn el-Arabi, der mit religiösen Begriffen, Figuren aus dem Altertum und Liebeslyrik lehrte; und es gilt für viele in der westlichen Literatur weniger bekannte Menschen.

Das Problem mag für den Studenten hier nicht darin bestehen, ob diese „irrationale" Form des Handelns oder der Auffrischung einer Tradition nun tatsächlich stattgefunden hat oder nicht; vielmehr gibt es die psychologische Schwierigkeit, zu akzeptieren, daß solche Menschen tatsächlich die besondere Aufgabe haben, „die Quecksilberperlen wieder zu vereinen" oder „die innere Strömung im Menschen neu zu beleben, zu erwecken."

Aber wir haben noch nicht einmal damit angefangen, all jene Bereiche aufzuzählen, in denen Sufis oder Unternehmungen, von denen bekannt ist, daß sie von ihnen aufgebaut worden waren (wobei letztere im Vergleich zur Gesamtzahl in der Minderheit sind, denn Sufismus ist Aktion, nicht Institution), gesellschaftliche, philosophische und andere Aktionsformen während der letzten tausend Jahre zum Einsatz brachten. So unterschiedliche Charaktere wie Rumi, der Aufrechte, wie der heiligmäßige Chischti, wie der „von Gott berauschte" Halladsch [101] und die Staatsmänner der Mudschaddiden, haben jahrhundertelang daran gearbeitet, die echte Einigung scheinbar unwiderruflich verzwisteter Gemeinschaften zu fördern.

Zu ihrem Leidwesen, und wiederum mit den unzureichenden und oft fehlerhaften Maßstäben ihrer Kritiker gemessen, wurden diese Menschen häufig angeklagt, geheime Christen, Juden, Hindus, Apostaten und Sonnenanbeter zu sein. Als die Bektaschis die Zahl zwölf verwendeten und wie Arabi und als Rumi christlichen Mythen in ihrer Lehre einen hervorragenden Platz einräumten, nahm man an (sogar heute noch), daß sie dadurch Kapital aus der örtlichen Vielzahl von Christen schlagen wollten, die ohne effektive Führung dastanden. Dagegen muß man freilich die Antwort der Sufis halten, daß christliche wie auch zahlreiche andere Formulierungen ein wertvolles Quantum an Einsichten enthalten, das unter geeigneten Umständen auf den Menschen angewandt werden kann.

Die Anhänger von Hadschi Bektasch († 1337) wurden und werden in einigen Gegenden heute noch für unmoralisch gehalten, einfach weil sie zu ihren Treffen Frauen zulassen. Niemand konnte oder würde sie verstehen, als sie vorbrachten, es sei nötig gewesen, das soziale Gleichgewicht einer Gesellschaft wiederherzustellen, die auf männlicher Vorherrschaft beruhe. „Gesellschaftliche Wiedereinsetzung der Frauen" klang damals ganz schlicht wie ein Deckmäntelchen für Orgien – bis es vor kurzem zum „achtbaren" Ziel erklärt wurde.

Kaum eine einflußreiche Persönlichkeit, sogar noch im 19. und frühen 20. Jahrhundert, machte sich die Mühe, die Behauptung zu prüfen, die unter anderem Männer wie der bedeutende türkische Sufi und Gelehrte Zia Gökalp [102] machten: nämlich daß Sufi-Schriftsteller schon vor Jahrhunderten Theorien umrissen und angewandt hatten, die später mit den Namen von Berkeley, Kant, Foullée, Gruyeau, Nietzsche und William James in Verbindung gebracht wurden.

Dies führt uns zu einer weiteren wichtigen Sufi-Auffassung, eine die bei bestimmten Typen von Menschen Verblüffung – und manchmal gar Wut – erzeugt, der man sich aber nichtsdestoweniger stellen sollte. Es handelt sich um die Behauptung, daß die Sufi-Arbeit, wenn sie sich an einem bestimmten Punkt oder in einer bestimmten Gemeinschaft konzentriert, dort nur für eine begrenzte Zeit und für eine spezielle Aufgabe in Funktion gesetzt wird. Es ist jene Art Mensch, die sagt: „Ich will es jetzt und hier oder gar nicht", der diese Feststellung mißfällt. Dieser Gedanke, anders ausgedrückt, lautet: eine Gesellschaft ist weder jemals vollendet, noch sind ihre Bedürfnisse jemals genau die gleichen wie die anderer Gesellschaften. Kein Sufi gründet eine Institution, die auf Dauer angelegt ist. Die äußere Form, in der er seine Lehre vermittelt, ist ein vergängliches Vehikel, das für örtlich begrenzte Unternehmungen geschaffen wurde. Das Ewige, sagt er, befindet sich auf einer anderen Ebene.

Schwierigkeiten beim Verständnis von Sufi-Materialien

In dieser Zeit schleichender Institutionalisierung ist es mindestens so schwer wie in allen früheren Epochen, diesen Punkt wirksam zu vertreten. Dennoch hat der Derwischwanderer Niffari schon vor tausend Jahren in Ägypten in seinem immer noch einflußreichen Klassiker *Muwaqif* („Haltepunkte") mit Vehemenz die Gefahr hervorgehoben, das Vehikel mit dem Zweck, mit dem Zielpunkt zu verwechseln.

Diesem Problem hart auf den Fersen ist das der Anleitung oder der Existenz eines Lehrers. Der Sufi-Lehrer ist ein Leiter und ein Ausbilder – kein Gott. Personenkult ist im Sufismus verboten [103]. Deshalb sagt Rumi: „Betrachte nicht meine äußere Form, sondern nimm, was ich in der Hand halte"; und Gurgani: „Meine Demut, die Du erwähnst, existiert nicht, damit Du Dich von ihr beeindrucken läßt. Sie existiert aus ihren eigenen Gründen." [104] Dennoch ist die Anziehungskraft von Persönlichkeit auf den gewöhnlichen Menschen so groß, daß die Nachfolger von Sufi-Lehrern dazu tendierten, Hagiographien und bizarre, mangelhafte Systeme hervorzubringen, statt die Prinzipien der Lehre zur lebendigen Anwendung kommen zu lassen. Bequemerweise ist der Aspekt der zeitlich begrenzten Natur des „Kokons" in Vergessenheit geraten. Daher rührt auch das kontinuierliche Verlangen nach neuen Vorbildern.

Ein weiteres Problem für den Studenten, der sich der oben geschilderten Situation nicht bewußt ist, besteht in der Existenz von dem, was man „Erläuternde Biographien" genannt hat. Diese enthalten Materialien, die dem Studium dienen sollen, zur Provokation bestimmter Effekte – auf ganz ähnliche Weise wie Mythen dramatisierte Fakten enthalten können. Im Lauf der Zeit überlebt sich ihr Nutzen, man hält sie dann entweder für Lüge oder buchstäbliche Wahrheit. Wo findet sich der Historiker, der freiwillig solches Quellenmaterial aufgibt? So kommt es, daß beispielsweise in einer Biographie Maulana Dschalaluddin Rumis [105] festgestellt wird, er habe lange Zeit in Türkischen Bädern zugebracht– Tatsache ist, daß darauf Sucher nach höherem Bewußtsein und Möchtegern-Erleuchtete diesem Bericht so viel Bedeutung beigemessen haben, daß sie jetzt ihre eigenen Dampfbäder gebaut haben und besuchen. Diese wiederum fanden ihre eigenen Nachahmer...

Wer sich an die Reime seiner Kinderzeit erinnert, ist vielleicht in der

Lage, einen bestimmten Aspekt des Sufi-Studiums zu begreifen, wenn er an den unglücklichen Humpty-Dumpty denkt*. Wie Humpty ist das Sufi-Gedankengut tief gefallen – als es auf seinem niedrigsten Niveau übernommen wurde. Als Folge davon fiel dieses Denken in alle möglichen seltsamen Winkel und Ecken. Wenn man Humptys einzelne Teile betrachtet, könnte man die auf Stimulation des Gefühls ausgerichteten Menschen die „Pferde des Königs" und die orthodoxen Gelehrten die „Männer des Königs" nennen. Hier wie dort liegt in der Hilflosigkeit, mit dem Problem fertigzuwerden, etwas Unvermeidliches. Ein Mensch und ein Pferd – in welcher Anzahl auch immer –, ob sie nun einem König gehören oder nicht, eignen sich für bestimmte Aufgaben nicht mehr. Wie in dem Kinderreim fehlt etwas: und so können sie „Humpty nicht mehr zusammenflicken" – es sei denn sie sind Sufis oder benützen sufische Methoden. Sie haben die Pferde, und sie haben die Männer; aber sie besitzen nicht das Medium, das Wissen.

Wenn es wahr ist, daß Sufi-Vorstellungen, wie es in Büchern und in vorbereitenden oder „verwaisten" Gemeinschaften gesagt wird, und wie sie durch die Lehre und die Existenz eines menschlichen Vorbildes Form erhalten, tatsächlich dazu dienen, eine Form der Geistesarbeit zu bewirken, die wertvoller ist als mechanisches Denken, dann könnte der Student argumentieren, daß er ein Recht auf Kenntnis der Resultate habe. Er mag vielleicht erwarten, daß Sufis ausnahmslos einen bedeutenden oder gar entscheidenden Anteil an den Dingen des Lebens haben müßten. Während ein Sufi nicht akzeptieren könnte, daß er nach öffentlicher Anerkennung strebe (die meisten fliehen davor), und daß es ihm nicht im geringsten darum gehe, eine Art Mischung aus Albert Schweitzer mit Napoleon und Einstein zu werden, so gibt es doch nichtsdestoweniger deutlichste Beweise eines starken Sufi-Erbes. Überraschender noch als dies, zumindest für alle jene, die den Sufismus schlicht als diesen oder jenen Kult zu etikettieren und begrenzen suchen, ist das Ausmaß und die Vielfalt des Sufi-Einflusses, wobei wir die Behauptung der Sufis, ihre bedeutendsten Persönlichkeiten seien fast immer anonym, einmal außer acht lassen wollen.

In den hauptsächlich monarchistischen Epochen des letzten Jahrtausends waren Sufis des Ostens Könige oder sie standen diesen als Berater zur Seite. Gleichzeitig, unter anderen Bedingungen, haben Sufis gegen eben diese Institution des Königtums gearbeitet oder mitgeholfen, ihren Mißbrauch zu lindern. Die Namen von vielen dieser

---

* Gemeint ist ein alter englischer Kinderreim: „Humpty-Dumpty sat on a wall, Humpty-Dumpty had a great fall, All the King's horses and all the King's men, couldn't put Humpty together again. Humpty-Dumpty saß auf einer Mauer, Humpty-Dumpty fiel tief herab; alle Pferde des Königs und alle Männer des Königs konnten Humpty nicht mehr zusammenflicken. Anm d. Übers.

Männer und Frauen sind wohlbekannt. Der Mogul-Kaiser Darah Shikoh von Indien versuchte, eine esoterische Brücke zwischen seinen muslimischen, hinduistischen und andersgläubigen Untertanen zu bauen [106]. Sufi-Patrioten haben gegen fremde Tyrannei gekämpft, gleichwie Sufi-Soldaten für die Erhaltung existierender Staaten gekämpft haben – manchmal in großem Maßstab wie an den Beispielen der sufi-inspirierten Janitscharen der Türkei, des Widerstandsführers Shamyl aus dem Kaukasus, der Senussi von Libyen und der Derwische des Sudan. Fast die gesamte klassische persische Literatur ist sufischen Ursprungs, wie auch zahllose wissenschaftliche, psychologische und historische Schriften.

Die angeführten Zitate sind geschichtlich belegt, sie könnten an Zahl und Vielfalt um ein mehrfaches erweitert werden.

Während die bruchstückhaften, unvollständigen Forschungsarbeiten ideologisch gebundener Gelehrter, auf die ich mich in meinen Ausführungen oft bezogen habe, ihren unschätzbaren Wert bei der Festhaltung von Fakten haben, bleibt es einem neuen Lerngeist vorbehalten, das Ausmaß und die Bedeutung der Sufi-Aktivität in der menschlichen Gesellschaft zusammenzutragen und zu vergleichen. Wir wären dann in der Lage, die Gewinne zu bewahren und die Verluste zu reduzieren.

Solche Schüler müßten nicht nur – hier gibt es schon eine weitere Schwierigkeit – weniger anfällig für Indoktrination sein als ihre Vorfahren, sie müßten auch die Behauptung der Sufis selbst berücksichtigen, wenn sie sagen: „Der Sufismus muß mit einer bestimmten Haltung, unter bestimmten Bedingungen und auf eine bestimmte Weise studiert werden." [107] Eine große Zahl von Menschen, in allzuvielen Fällen gedankenlos, hat sich gegen diesen Ausspruch aufgelehnt. Genau betrachtet jedoch: unterscheidet er sich denn so sehr von folgender Aussage: „Betriebswirtschaft muß mit einer bestimmten Haltung (dem Wunsch, zu Verstehen), unter bestimmten Bedingungen (der wissenschaftlichen Disziplin und den richtigen Büchern) und auf eine bestimmte Weise (indem man einem Lehrplan folgt, der von Menschen ausgearbeitet wurde, die das Fach kennen) studiert werden"?

Man kann das Studium der Sufi-Tradition zum Beispiel nicht von dem alleinigen Standpunkt aus angehen, es handele sich um ein mystisches System, das Ekstase hervorrufen soll und auf theologischen Vorstellungen basiert. So stellt ein Sufi-Gedicht von Omar Chaijám [108] fest:

> In der Zelle und im Kloster, in der Kirche und in der Synagoge:
> Hier fürchtet einer die Hölle, dort träumt er vom Paradies.
> Wer die wahren Geheimnisse seines Gottes erkennt,
> Versenkt derlei Samen nicht in sein Herz.

Es ist unwahrscheinlich, daß ein größerer Fortschritt in Richtung eines breiten Verständnisses von Sufi-Gedankengut gemacht wird, solange sich nicht mehr Wissenschaftler sufischer Untersuchungsmethoden bedienen. Wenn sie dies nicht tun, werden sie weiterhin ihre Anstrengungen an Phänomene von zweitrangiger Bedeutung verschwenden. Das wiederum stellt den Sufi selbst vor ein besonderes Problem. Wie Ibn el-Arabi es ausdrückte: „Der Sufi muß in einer Weise handeln und sprechen, die das Verständnis, die Beschränktheit und die vorherrschenden versteckten Vorurteile seiner Zuhörerschaft mit in Betracht zieht."[109]

Das korrekte Studium des Sufi-Denkens ist von der Versorgung mit Literatur und ihrem rechten Gebrauch sowie vom Kontakt mit dem Sufi-Lehrer abhängig.

Was die Versorgung mit Literatur betrifft, kann das die Zeit im normalen Ablauf der Dinge durchaus in Ordnung bringen. Zwei Erfahrungen aus neuerer Zeit jedoch deuten an, daß auch hier ernstzunehmender Schaden angerichtet werden kann.

Eines meiner Bücher sah sich der Kritik durch einen hervorragenden Gelehrten und Experten des Sufismus im Mittleren Osten ausgesetzt, mit der Begründung, der Spaßmacher Mulla Nasrudin sei keine Figur der Sufi-Lehre. Zu dieser Zeit – und wahrscheinlich bis zum heutigen Tag – wußte er nicht, daß in jenem Augenblick ein europäischer Student tatsächlich in einer Derwisch-Gemeinschaft in Pakistan lebte, die Mulla Nasrudin, und sonst nichts anderes, als Lehrmaterial verwendete. Ein Bericht von diesen Studien wurde kürzlich in einem englischen Religions-Journal veröffentlicht[110].

Aber es reicht nicht, immer noch mehr Information über die Sufi-Tradition vorzulegen. Es ist noch nicht so lange her, als ich auf einer griechischen Insel einen westlichen Intellektuellen über Urlaubsaussichten befragte, worauf er mit einigen Schmähungen über mich herfiel. Ein Exemplar von einem meiner Bücher zückend, sagte er: „Sie verschwenden hier ihre Zeit mit Gedanken an Urlaub, und sie verschwenden die Zeit eines Mannes, der dieses Buch hier liest: etwas viel Wichtigeres als jeder Urlaub!"

Wir sollten jene Menschen, die meinen, sie interessierten sich für Sufismus, oder die glauben, sie seien Sufis, nicht verwechseln mit Menschen, die die Sufi-Tradition tatsächlich studieren und von ihr profitieren können. Der Sufismus konnte noch nie durch jene Menschen beurteilt werden, die den Anspruch erheben, seine Freunde zu sein.

Ein erfolgreiches Studium des Sufismus heute, vor allem im Westen, wo das Interesse daran bemerkenswert weit verbreitet ist, verlangt vom Schüler in spe die Beachtung folgender Punkte[111]:

1. Er muß einsehen, daß der Großteil der zur Verfügung stehenden Übersetzungen ungeeignet ist. In der Hauptsache ist dies darauf zurückzuführen, daß die ursprünglichen Texte auf bestimmte Gemeinschaften und örtlich begrenzte Zuhörerschaften und Kulturen zugeschnitten waren, die jetzt in dieser Form nicht mehr bestehen.
2. Er muß sich an maßgebliche schriftliche und mündliche Materialien und Unternehmungen halten, die von den Sufis für das Operieren in der Kultur, der Zeit und den besonderen Umständen des Studenten entwickelt worden sind.
3. Er muß erkennen, daß alle Organisationen mit Ausnahme der Sufi-Tradition zu jeder Zeit Werkzeuge der Konditionierung sind, ob bewußt oder unbewußt.
4. Er muß bereit sein, vorgefaßte Meinungen über das, was er für „Studium" hält, aufzugeben. Er muß darauf gefaßt sein, Gegenstände und Materialien zu studieren, die kein „esoterisches" Äußeres besitzen.
5. Er muß herausfinden, ob seine Suche nicht in versteckter Form eine Suche nach gesellschaftlicher Integration, Ausdruck bloßer Neugier, oder der Wunsch nach emotionaler Anregung oder Befriedigung ist.
6. Er muß anerkennen, wenn auch vorerst nur als Arbeitshypothese, daß es tatsächlich zur Zeit eine effiziente, wohlüberlegte Quelle legitimer Sufi-Aktivität gibt, die im Westen operiert.

Dieses Buch soll einer allgemeinen Leserschaft etwas vom Reichtum und der Vielfalt des Sufi-Denkens vermitteln.

Seine Texte wurden so ausgewählt und vorgestellt, daß sie sich an die Menschen unserer Gegenwartskultur wenden und einen einführenden Studiengang bieten.

ANMERKUNGEN UND BIBLIOGRAPHIE

Wo dies möglich war, stammen die Zitate aus europäischen, amerikanischen und anderen vergleichsweise verfügbaren Werken. Alle Zeitangaben beziehen sich auf christliche Zeitrechnung.

[1] Thöluck, F. A. G., *Ssufismus sive Theosophia Persarum pantheistica* (Berlin, 1821), lateinisch.
[2] Rituale, Begriffe, Worte etc. der Freimaurer können oft mit Hilfe sufischer Systeme „entschlüsselt" werden. Für Beispiele und Querverweise siehe mein Buch *Die Sufis* (Köln, 1981), S. 52, 160, 161, 164, 165, 166, 167, 168, 171. Nach der Überlieferung (vgl. J. P. Brown, *The Darvishes*, London, 1927, S. 229) besitzen die Sufi-Baumeister eine Vollmacht der Großloge von Tiberias, deren Mitglieder vor der Zerstörung Jerusalems dorthin flohen. Durch Sunnun (Dhun-Nun, gest. 860) wurden sie im ganzen Nahen Osten bekannt.

³ Nach dem Dichter und Sufi-Meister des 15. Jahrhunderts, Mulla Dschami (in seinem *Nahfat ul-Uns*). Scheich Suhrawardi datiert das Wort ins neunte Jahrhundert, und es war noch nicht genügend eingeführt, um sich in Lexika solch vergleichsweise frühen Datums zu finden. Iman Qushairi legt in seinem *Rasail* das Auftauchen des Wortes auf ungefähr 822 v. Chr. fest. Frühere Sufis verwendeten viele Namen, u. a. „Die Verwandten", „Die Einsiedler", „Die Tugendhaften", „Die Nahen".

⁴ Z. B. bei Ibn Masarra von Córdoba (Spanien, 833–931). Was Sufi-Einfluß in Europa angeht vgl. u. a. Garcin de Tassy, Einführung zum *Mantiq Ut-Tair* („Parlament der Vögel") (Paris, 1864).

⁵ *Suf= Wolle*. Menschen, die sich, in Ost und West gleichermaßen, gerne auf Äußerlichkeiten stützen, haben sich häufig dieser Etymologie bedient; sie erscheint daher oft in Sekundärliteratur als Ableitung.

⁶ „Wolle ist die Tracht der Tiere" – „As-Suf libas al-Inam": Arabisches Zitat aus Hujwiris *The Revelation of the Veiled*. Siehe Sirdar Iqbal Ali Shah, *Islamic Sufism* (London, 1933), S. 17.

⁷ Diese und andere Ableitungen wurden von den Sufis selbst verwendet, wobei sie erklären, daß es sich bei „Bank" nicht um das ursprüngliche Wort handelt, sondern um ein Äquivalent, das demjenigen Wort am nächsten gekommen war, das die Gefährten sich gegeben hatten.

⁸ Höhere Funktionen des Geistes: z. B. in dem Gedicht „Ba Murshid beshudi Insan/Be Murshid mandi Haiwan" („Mit einem Meister kannst Du ein wahrer Mensch werden, ohne Anleitung wirst Du ein Tier bleiben"); und bei Rumi: „Von Reich zu Reich wanderte der Mensch, bis er seinen gegenwärtigen vernunftbegabten, robusten und intelligenten Zustand erreicht hat – wobei er frühere Formen der Intelligenz vergaß. In gleicher Weise wird er die ihm jetzt geläufigen Formen der Wahrnehmung hinter sich lassen... Noch tausend weitere Formen des Geistes gibt es..." und „Der Grad von Notwendigkeit bestimmt die Ausbildung von Organen im Menschen... vergrößere daher Deine Notwendigkeit." (*Mathnawi-i-Maanawi*: Reime der Inneren Bedeutung).

⁹ *Jewish Encyclopaedia*, Bd. XI, S. 579, 580, 581 *et passim*. Jüdische Weise, die nach Ansicht westlicher Gelehrter spanischen Sufi-Schulen folgten, schließen ein: Juda Halevi von Toledo, in seinem *Cuzari;* Moses ben Ezra von Granada; Josef ben Zadiq von Córdoba, in seinem *Microcosmus;* Samuel ben Tibbon; Simtob ben Falaquera.

¹⁰ Die Identität von Sufi-Ideen mit alten ägyptischen, pythagoräischen und platonischen Schulen wurde u. a. bemerkt von M. A. Ubicini, *Letters on Turkey* (London, 1856).

¹¹ Siehe Thöluck, op. cit. Dieses Buch erschien zehn Jahre, bevor Mme. Blavatsky geboren wurde, und neun Jahre vor der Geburt von Col. Olcott, dem Mitbegründer der Theosophischen Gesellschaft.

¹² R. A. Nicholson, *The Mystics of Islam* (London, 1914), S. 3 f. Zu seiner Zeit hielt man Professor Nicholson für eine große Autorität des Sufismus; er veröffentlichte mehrere nützliche Bücher und Übersetzungen. „Nicholson war die größte Autorität der islamischen Mystik, die dieses Land je hervorgebracht hat; in seinem eigenen beachtenswerten Gebiet war er die höchste Autorität in der Welt." (*The Times*, 27. August 1945).

¹³ R. A. Nicholson (Übersetzer), *The Kashf al-Mahjub* („Revelation of the Veiled") (London, 1911), S. 34.

¹⁴ P. Cyprian Rice, *The Persian Sufis* (London, 1964), S. 9. Das wachsende Interesse der römisch-katholischen Kirche am Sufismus, dessen bedeutender Einfluß

auf katholische Mystiker und Akademiker bereits aufgezeigt wurde, bewies sich an der Tatsache, daß dieses Buch seinerzeit das *Nihil Obstat* und das *Imprimatur* der Zensurbehörde sowohl des Dominikanerordens wie auch der Diözese von Rom erhalten hat. Sein Autor glaubt, daß die zukünftige Aufgabe des Sufismus darin bestehen werde, „ein Verschmelzen des religiösen Denkens zwischen Ost und West zu ermöglichen, ein lebensnotwendiges Vermischen und gegenseitiges Verstehen, das sich letztendlich und im wahren Sinne – und auf beiden Seiten – als eine Rückkehr zum Ursprung, zur ursprünglichen Einheit erweisen wird" (ibid., S. 10).

[15] Zusammengefaßt vom Sufi-Meister Abdul-Aziz Mekki (gest. 652) als: „Wenn Du einem Esel Salat anbietest, wird er Dich fragen, was für eine Art Distel das sei."

[16] *Die Sufis* (New York, 1964; Köln, 1981).

[17] Prof. Miguel Asín y Palacios, „Un precurso hispanomusulman de San Juan de la Cruz", *Andalus*, I (1933), S. 7 ff. Siehe auch P. Nwyia, „Ibn Abbad de Ronda et Jean de la Croix", *Andalus*, XXII (1957), S. 113 ff.

[18] Asín, „El Simil de los Castillos y moradas del alma en la mística islámica y en Santa Teresa", *Andalus*, II (1946), S. 263 ff.

[19] Shah, *Die Sufis*, S. 208; vgl. auch Baron Carra de Vaux im *Journal Asiatique*. XIX, S. 63. Der Franziskaner Roger Bacon (gest. 1294) trug arabische Gewänder, lehrte in Oxford, zitierte dabei aus dem *Hikmat el-Ishraq* („Wissenschaft der Erleuchtung") und wurde mit der Sufi-Schule Scheich Shahabudin Suhrawardis in Verbindung gebracht, der 1191 als Apostat und Lehrer der „Alten Philosophie" hingerichtet worden war. Zur Verbindung der Franziskaner mit dem Sufismus siehe *Die Sufis*.

[20] Shah, *Die Sufis*, S. 140, 171, 173, 174, 175, 177, 178–183, 211.

[21] Asín, *Abenmasarra;* und Shah, *Die Sufis*, S. 45, 128, 181–183, 212–215, 223. Siehe auch J. Ribera, *Origines de la filosofia de Raimondo Lulio*.

[22] C. F. Loehlin, „Sufism and Sikhism", *Moslem World*, XXIX (1939), S. 351 ff.; vgl. auch Shah, *Die Sufis*, S. 285 ff.

[23] C. Swan, *Gesta Romanorum*, (London, 1929 ff.) Das erste bekannte Manuskript dieser Sammlung im Westen stammt aus dem Jahre 1324. Seine Geschichten bilden die Quelle von Shakespeares *König Lear, Der Kaufmann von Venedig, Perikles, Der Raub der Lukretia*. Chaucer, Lydgate und Boccaccio übernahmen Materialien aus dieser Quelle.

[24] A. Barth, *Religions of India;* Dr. Tara Chand, *The Cultural History of India* (Hyderabad, 1958), S. 153; vgl. auch Shah, *Die Sufis*, S. 284 ff.

[25] Siehe Shah, *The Secret Lore of Magic* (London, 1957). Zur Haltung der Sufis gegenüber Magie vgl. *Die Sufis*, S. 261 ff.; und Shah, *Destination Mecca* (London, 1957), S. 169 ff. Bezüglich paranormaler Fähigkeiten, die von Sufis ausgeübt werden siehe E. Scott, *The People of the Secret* (London, 1984), J. P. Brown, *The Darvishes* (London, 1927), L. M. J. Garnett, *Mysticism and Magic in Turkey*, (London, 1912), S. A. Salik, *The Saints of Gilan*, (Lahore, 1953), J. A. Subhan, *Sufism, its Saints and Shrines*, (Lucknow, 1939).

[26] Freuds psychologische Methode der Interpretation von Symbolen wird in der *Nische* des Sufi El-Ghasali verwendet, neunhundert Jahre vor Freud. Siehe Gairdners Übersetzung der *Nische* (Royal Asiatic Society, London, 1924). Die „Jung'sche Archetypentheorie" war den Sufis schon zu alter Zeit bekannt: Siehe R. Landau, *The Philosophy of Ibn Arabi* (New York, 1959), S. 4 f. Freuds Anleihen bei der Kabbala und der jüdischen Mystik, die jüdische Autoritäten als vom Sufismus abgeleitet oder mit ihm identisch erachten, wird behandelt in Prof. D. Bakan, *Sigmund Freud and the Jewish Mystical Tradition* (New York, 1958).

[27] In Unkenntnis der Tatsache, daß Sufi-Bücher selten einen Index besitzen (damit

der Leser das Buch nicht nur selektiv liest), haben u. a. Rezensenten das Fehlen eines Index zu *Die Sufis* beklagt. Die Coombe Springs Press gab 1965 einen unabhängigen Index zur englischen Ausgabe heraus.

[28] E. W. F. Tomlin, F. R. A. S., *Great Philosophers of the East* (London, 1959), S. 295.

[29] E. W. F. Tomlin, *Great Philosophers of the West* (London, 1959).

[30] 1959 und 1960 in London veröffentlicht.

[31] Einige Expertenmeinungen zum „Ursprung" des Sufismus: „Der Einfluß christlicher Mystik überwiegt stark" (Tomlin, *Great Philosophers of the East*, S. 295); „Eine Reaktion auf die Last eines trockenen Monotheismus, starrer Gesetze und steifer Rituale" (Rev. Dr. Sell, *Sufism*, Madras, 1910, S. 11); „Der Sufismus, wie die islamische Mystik genannt wird, ist aus frühen asketischen Bemühungen entstanden. Das Wollgewand der Asketen ... hat der Bewegung ihren Namen gegeben." (Annemarie Schimmel, *Gärten der Erkenntnis*, Köln, 1982); „... besitzt seine Wurzeln in den religiösen Vorstellungen Indiens und Griechenlands." (J. P. Brown, op. cit., S. v); „Es scheint sich um eine Art Gnostiker zu handeln" (J. W. Redhouse, *The Mesnevi*, London, 1881, S. xiv); „... der emotionale Charakter des Sufismus, so verschieden von den kalten und blutleeren Theorien der indischen Philosophien, wird hier deutlich" (E. G. Browne, *A Literary History of Persia*, London, 1909, S. 442); „... eine kleine persische Sekte" (F. Hadland Davis, *The Persian Mystics:* Jalaludin Rumi, London, 1907, S. 1); „Gewaltige Perversion der Lehren Mohammeds" (Frau G. L. Bell, *Poems from the Divan of Hafiz*, London, 1928, S. 51); „Teilweise von Plato, dem ‚attischen Moses', aber in der Hauptsache vom Christentum abgeleitet" (E. H. Whinfield, *Masnavi I ma'anavi, The Spiritual Couplets*, London, 1887, S. xv); „Tatsächlich haben Orientalisten ... die Ursprünge des Sufismus persischen, hinduistischen, neoplatonischen und christlichen Quellen zugeschrieben. Ihr Schicksal wurde dann, daß sie sich gegenseitig aufhoben" (T. Burckhardt, *An Introduction to Sufi Doctrine*, Lahore, 1959, S. 5).

[32] R. A. Nicholson, Auszüge aus dem Diwan-i-Shams-i-Tabriz (Cambridge, 1898; rev. 1952), S. xxxvi ff. Professor Edward Palmer hat für westliche Studenten aufgezeichnet, daß *mutrib,* das arabische Äquivalent für Troubadour, auch „Sufi-Lehrer" bedeutet (*Oriental Mysticism*, S. 80). Professor Hitti ist da noch expliziter: „In Südfrankreich tauchen die ersten provençalischen Dichter auf breiter Front gegen Ende des 11. Jahrhunderts auf, die ihr starkes Liebesempfinden mit einem fantastischen Bildreichtum zum Ausdruck bringen. Die Troubadoure (*tarab:* Musik, Lied), deren Blütezeit das 12. Jahrhundert war, ahmten ihre südlicheren Zeitgenossen, die *Zajal*-Sänger nach. Im Gefolge seines arabischen Vorgängers taucht in Südwest-Europa plötzlich der *Kult der Dame* auf. Das *Rolandlied,* ehrwürdigstes Monument der frühen europäischen Literatur, dessen Erscheinen vor 1080 den Beginn einer neuen Zivilisation markiert – jene Westeuropas –, wie auch die Gedichte Homers den Beginn Griechenlands der Klassik, verdankt seine Existenz militärischen Berührungen mit dem muslimischen Spanien.(P. K. Hitti, *History of the Arabs*, 1951, S. 562).

[33] Siehe Robert Graves' Einführung zu Shah *The Sufis*, S. xvii (englische Ausgabe, 1968). Die zugänglichste englische Version von Attars *Parlament der Vögel* ist die Übersetzung einer französischen Ausgabe von C. S. Nott 1954, neu aufgelegt 1978 (Weiser, New York). Zu viktorianischen Zeiten hat Rev. Baring-Gould bewiesen, daß die Tell-Legende des historischen Rückhaltes ermangelt. Haydns *Lexikon der Daten* sagt: „Die populären Tell-Geschichten wurden von Professor Knopf aus Luzern 1872 ins Reich der Mythologie verwiesen."

[34] Pfauenengel-Kult: Gegründet vom Sufi-Meister Scheich Adi ben Musafir (gest. 1162). Ein Bericht über diese Vereinigung findet sich in Kap. 15 von Arkon Darauls

Secret Societies (London, 1961), 1961 in New York veröffentlicht als *A History of Secret Societies*. Der Symbolismus dieses Kultes läßt sich unter Anwendung des Abjad-Verschlüsselungssystems beschrieben in Shah, *Die Sufis*, aufschließen; Sufis und Dichter bedienten sich seiner in großem Umfang. Siehe dort auch Anmerkung 93.

35 G. I. Gurdjieff hinterließ eine Fülle von Hinweisen auf die sufischen Ursprünge von buchstäblich jedem Element seines „Systems", wenn es auch offensichtlich speziell der Khajagan (Naqshbandi)-Form der Derwisch-Lehre zuzurechnen ist. Zusätzlich zu den Praktiken der „Arbeit" quellen Bücher wie Gurdjieffs *Beelzebub* (auch unter dem Titel *All und Alles* bekannt, New York, 1950) und *Begegnung mit bemerkenswerten Menschen* (2. Auflage 1963) über von oft nur halbverdeckten Verweisen auf das Sufi-System. Namentlich zitiert er 1923 im „Prospekt" einer öffentlichen Präsentation (*The Echo of the Champs-Élysées*, I, 37, Teil 2, Paris: 13–25 Dez. 1923) die Naqshbandis, Kubravis und andere Sufis, wobei er als Quelle u. a. Naqshbandi-, Qadiri-, Qalandar-, Kubravi- und Mevlevi-Derwischpraktiken zitiert. Maurice Nicolls *Psychological Commentaries* (London, 1952) und *The New Man* (London, 1950) sind angefüllt mit Beispielen für Sufi-Methoden zur Interpretation religiöser und anderer Dokumente. Diese Arbeiten entfernen sich insofern von der Sufi-Methode, als sie sich ziemlich planlos mit den Themen befassen und eher an eine „zufällige", statt präzise ausgewählte Schülergemeinde gerichtet sind.

Zu P. D. Ouspensky: Hauptsächlich durch seinen Kontakt mit Gurdjieff benennt dieser russische Philosoph die Sufis als Quelle einer alten Psychologie, z. B. in seiner *Psychologie der möglichen Evolution des Menschen* (dt. Berlin, 1981) S. 9. Ouspensky jedoch hatte keinen direkten Kontakt mit Derwischen und konnte die notwendige Übertragung sufischer Vorstellungen von ihren buchstabengetreuen Quellen in östlicher und sonstiger Literatur in die Terminologie, die er in seinem „System" verwendete, nicht durchzuführen. Wäre ihm dies gelungen, so hätte er feststellen müssen, daß sein „System" die Sufi-Forderung des „Zur rechten Zeit, am rechten Ort, mit den geeigneten Menschen" außer acht gelassen hätte. In seinem Werk *Auf der Suche nach dem Wunderbaren* (München, 1981), in dem er Gespräche mit Gurdjieff niederlegte, unternimmt er den Versuch, Gurdjieffs Materialien zu systematisieren. Sowohl die Naqshbandi-Sufis wie auch die Anhänger Gurdjieffs-Ouspenskys nennen ihre Studien den „Vierten Weg". Siehe Ouspensky *The Fourth Way* (London, 1957).

(Den Bericht eines mit den indoktrinierenden Aspekten der modernen „Gurdjieff-Gruppen" unzufriedenen Studenten auf der Suche nach den Sufi-Lehrern Gurdjieffs bringt das Buch *Die Lehrer Gurdjieffs* von Rafael Lefort (Südergellersen, 1981). Diese erfolgreiche Reise bildet heute eines der wichtigsten Dokumente und Arbeitsmaterialien der Sufi-Arbeit im Westen. Anm. d. Übers.)

36 Hammarskjöld und Sufis: Dschalaludin Rumi wird von ihm wörtlich zitiert (Hammarskjöld, *Markings*, London, 1964) S. 95 *et passim;* siehe auch – in *Reader's Digest, Dagens Nyheter* (Stockholm 1962) zitierend – sein Exemplar des Sufi-Gedichtes, übersetzt von Sir William Jones (1746–94):

On parent knees, a naked new-born child,
Weeping thou sat'st, while all around thee smiled.
So live, that sinking in thy last long sleep,
Calm thou may'st smile while all around thee weep.

Auf den Knien der Eltern, als nacktes Neugeborenes,
saßest Du weinend, während alles um Dich herum lächelte.
So lebe denn, auf daß Du versinkend in Deinen letzten langen Schlaf,
friedlich lächeln kannst, während alles um Dich herum weint.

³⁷ Shakespeares Schauspiele enthalten nicht nur viele Geschichten persischen, arabischen und anderweitig östlichen Ursprungs, sondern auch Auszüge aus der Sufi-Literatur, die fast wörtlich zitiert sein könnten. Professor Nicholson vermerkte einige Entsprechungen im *Diwan-i-Shams-i-Tabriz* in seiner Übersetzung dieses Buches (siehe oben Anmerkung 32 S. 290, 291, *et passim*. Siehe auch Garcin de Tassy, *Philosophical and Religious Poetry of the Persians* (Paris, 1864).

³⁸ Professor Kenneth Walker zitiert in seinem Werk *Diagnosis of Man* (London, 1962) die Verwendung der „Legende vom Elefanten im Dunkeln" in der Sanai-Rumi-Sufischule, um zu demonstrieren, wie unbeholfen der moderne Mensch mit den einzelnen Bestandteilen eines Problems hantiert, statt zum Kern der Sache vorzudringen. Walker ist ein Anhänger Gurdjieffs; vgl. auch Walker, *Study of Gurdjieffs Teachings* (London, 1957). (Die Legende vom Elefanten im Dunklen ist wiedergegeben in: Shah, *Die Hautprobe*, Freiburg, 1984. Anm. d. Übers.)

³⁹ Wie in der „Geschichte vom häßlichen Entlein"; siehe Shah, *Die Sufis*.

⁴⁰ F. Hitchman, *Burton*, I, S. 286.

⁴¹ Von L. A. Hill.

⁴² Z. B. J. G. Saxe, *The Blind Men and the Elephant* (London, 1964); und C. Downing (Übers.), *Tales of the Hodja* (London, 1964).

⁴³ Shah, *Die Sufis*, S. 186 ff., 211. Was die östlichen Anfänge der „Hexen" betrifft, siehe L. Bracelin, *Gerald Gardner – Witch* (London, 1960) S. 75; und A. Daraul, *Witches and Sorcerers* (New York, 1966) S. 20, 23–24, 73, 204 f., *et passim*.

⁴⁴ Siehe Shah, *Die Sufis*, S. 167, 168, 171, 196, 305; und A. Daraul, *Secret Societies* (London, 1961). Rosenkreuzer behaupten, daß ihr Gründer sein Wissen aus Arabien, Fez und Ägypten mitbrachte. Seine Ursprünge wurden von Daraul (ibid., S. 195) auf den Qadiri-Orden der Sufis zurückverfolgt.

⁴⁵ Daraul, *Secret Societies*, Kap. 22; E. J. Jurji, *The Illuministic Sufis, JAÓS* 57, S. 90 ff., 1937; und Brown *Darwishes*.

⁴⁶ Siehe Shah, *Die Sufis*, für Verweise auf Al Ghasalis Einfluß auf Westeuropa u. a. Die meisten Bücher über die mittelalterliche Scholastik und die Geschichte ihres Denkens enthalten Verweise auf diese Quelle. U. a. Hitti, *History of the Arabs;* und G. Leff, *Mediaeval Thought* (London, 1958).

⁴⁷ Leff, ibid.; und O. B. Kapor, „Research Thesis on the Mystic Philosophy of Kabir" (Allahabad University Studies, 10, 1933) S. 166.

⁴⁸ W. Ivanov, *The Truth Worshippers of Kurdistan* (Leiden, 1953), S. 57 ff. *et passim*.

⁴⁹ Die Menschen, die unter dem Namen „Assassinen" bekannt geworden sind, waren eine Sufi-Organisation mit dem Namen *Asasin* („Die Menschen der Grundfeste, die Fundamentalen"); einer ihrer Zweige wurde im zehnten Jahrhundert von Hassan, Sohn von Sabah, übernommen, auch bekannt unter dem Namen Großer Assassin oder Alter Mann vom Berg. Dieser Name ist eine fehlerhafte Übersetzung seines usurpierten Titels *Scheich El-Jabal* (Meister der Berge), der im Westen irrtümlicherweise in seiner alternativen Bedeutung (Scheich) als „Senex del Monte", wie ihn die Kreuzritter nannten, übertragen wurde. Die „Aga Khane" stehen in dem Ruf, von diesem Hassan abzustammen. Ein weiterer rivalisierender Anführer dieses Kults ist in Bombay zu finden. Der ursprüngliche „Orden" jedoch fährt mit seiner Arbeit unabhängig davon fort. Siehe Sirdar Iqbal Ali Shah, „The General Principles of Sufism" (*Hibbert Journal*, Bd. 20, 1921–2, S. 523–535). Große Verwirrung löste im Westen die buchstabengetreue Übersetzung der Bedeutung arabischer Namen aus. So kommt es, daß man zwar „Algasel" als Al Ghasali identifizieren kann, daß aber nicht jeder den „Doctor Maximus" („Größter Lehrer") als El-Scheich El-Akbar (Ibn El-Arabi) erkennt; oder „Basil Valentine" („Der Triumphierende König")

als El-Malik El-Fatih, den Alchimisten; oder, was das nun betrifft, die Anti-Hexen-Schrift *Errores Gaziorum* als „Ghulat aljazair" („Algerische Sekte").
⁵⁰ Shah, *Die Sufis,* S. 247, 289–291.
⁵¹ ibid., S. 247. Heutzutage neigen Yoga- und Zen-Materialien dazu, die besonderen Anforderungen bei der Auswahl der Schüler und der Art des Lehrers zu ignorieren.
⁵² ibid., S. 198–199, 312.
⁵³ ibid., S. 52, 98, 100, 108, 147, 150, 197, 307.
⁵⁴ Professor M. Asín Palacios: *Islam and the Divine Comedy* (Ibn El-Arabi, 1165–1240), Übers. H. Sunderland (London, 1926). (*La Escatologia Musulmana en la Divina Comedia,* Madrid, 1961).
⁵⁵ Siehe u. a. Shamsudin Ahmad El-Aflaki, *Munaqib El-Arifin:*Übers. Redhouse als *The Acts of the Adepts* (London, 1881); Neuausgabe im Faksimile als *Legende of the Sufis* (Ed. Kingston, London, 1965). Siehe auch Al Ghasali, *Alchemy of Happiness* (London, 1981).
⁵⁶ Rumi (1207–1273) wurde in Balkh, Afghanistan geboren und starb in Konia (Iconium), Türkei, wo der „Derwischtanz" heute außer bei Touristenvorführungen verboten ist.
⁵⁷ Abdul Qadir von Dschilan („Sultan der Freunde") (1077–1166); Hadrat Bahaudin Naqshband (El-Shah) (1318–89).
⁵⁸ „Subud" wurde von einem Indonesier, Mohammed Subuh, 1934 gegründet. Kritikloses Verfallensein an die *Latihan*-Übung hat manchmal zu Zuständen geführt, die die medizinische Fachliteratur heute als „Subud-Psychose" bezeichnet.
⁵⁹ „Die Wahrheit kommt erst nach den ‚Zuständen' und der Ekstase, und nimmt ihren Platz ein." (Kalabadhi, *Kitab El-Taaruf,* Dschunaid von Baghdad (gest. 910) zitierend). In A. J. Arberrys Version *The Doctrine of the Sufis* (Cambridge, 1935), S. 106 heißt es: „Aber wenn die Wahrheit kommt, wird die Ekstase vertrieben."
⁶⁰ In *Fihi Ma Fihi* (übersetzt von A. J. Arberry als „Vorträge von Rumi", London 1961); *The Mathnawi* (Übers. R. A. Nicholson, London, 1926; J. W. Redhouse, London, 1881; E. H. Whinfield, London, 1887; C. E. Wilson, London, 1910, etc.).
⁶¹ Erstes Buch der *Hadiqa* (Übers. J. Stephenson als „Walled Garden of Truth", Calcutta, 1910); *Karnama* („Buch der Arbeit"); und Diwan.
⁶² *Mishkat El-Anwar* (Übers. W. H. T. Gairdner als *Niche for Lamps,* Royal Asiatic Society, London 1924; Lahore, 1952). *Ihya El Ulum El-Din* („Neubelebung der religiösen Wissenschaften")
⁶³ *Futuhat Al-Makkia* („Reden in Mekka"); *Fusus El-Hikam* („Facetten der Weisheit"); *Kimia-i-Sadat* („Alchimie des Glücks"); *Tarjuman El-Ashwaq* („Deuter der Wünsche", Übers. Nicholson).
⁶⁴ Vgl. Dietrici, *Der Darwinismus im 10. und 19. Jahrhundert* (Leipzig, 1878); und Rumi, *Mathnawi.*
⁶⁵ Shabistari, *Garten der Geheimnisse / Geheimer Garten* (13. u. 14. Jh.); Sayed Ahmad Hatif Isfahani, *Tarjiband;* und andere.
⁶⁶ Z. B. „In der Verborgenen Welt gibt es Wolken und Regen von anderer Art ... nur für die Augen der Geläuterten sichtbar, die sich nicht von der scheinbaren Vollständigkeit der gewöhnlichen Welt täuschen lassen." (Rumi, *Mathnawi*):
  Ghaib ra abri wa abi digar ast
  Asman wa aftar-i-digar ast.
  Nayad an illa ki bar pakan padid
  Barqyian fi labs min khalkin jadid.
⁶⁷ Z. B. in Hujwiris (11. Jh.) *Enthüllung des Verhüllten,* dort: „Aufzählung ihrer Wunder".

⁶⁸ Siehe z. B. Nr. IX in Nicholsons *Diwan-i-Shams-i-Tabriz,* S. 32 (persischer Text des 13. Jh.).
⁶⁹ Professor Mohammed Ali Aini, Übers. A. Rechid, *La Quintessence de la philosophie de Ibn-i-Arabi* (Paris, 1926), S. 66–7.
⁷⁰ Dschunaid von Baghdad (gest. 910) antwortete konditionierten Gehirnen auf diese Weise: „Niemand wird zur Stufe der Wahrheit aufsteigen, bevor nicht tausend aufrichtige Menschen bezeugen, er sei ein Ketzer."
⁷¹ Auf arabisch: „Al-turuqu illahi na kufusi bani Adama" (siehe Sirdar Iqbal Ali Shah, *Islamic Sufism,* S. 211).
⁷² Siehe z. B. Saadi (1184–1263), *Gulistan* („Rosengarten"), „Über die Gebräuche der Derwische", Agha Omar Ali Shah's Übersetzung, *Gulistan* (Scheikh Muslihuddin Saadi Shirazi, *Le Jardin de Roses),* Paris, 1966. Vgl. Ibn Hamdan, zitiert in Hujwiris *Kashf:* „Sorge dafür, daß Du Dich zur Musik hin abrichten läßt für den Fall, daß Dich das von noch subtilerer Wahrnehmung abhält." Zeitgenössische Derwische des „Ordens" der Chischti haben sich von den Anordnungen ihres eigenen Gründers in dieser Sache sehr weit entfernt; sie geben sich mit einem losgelösten oder ekstatischen, durch das Hören oder Spielen von Musik induzierten Zustand zufrieden. Muinudin Chischti selbst wandte sich gegen diese Praxis: „Sie wissen, daß wir Musik hören und daß wir daraufhin bestimmte ‚Geheimnisse' erkennen. Also spielen sie Musik und verfallen in ‚Zustände'. Wisset jedoch, daß bei jeder Form von Lernen alle Bedingungen und Notwendigkeiten erfüllt sein müssen, nicht bloß Musik, Denken, Konzentration. Erinnert Euch: Was nützt die viele schöne Milch, die eine Kuh gibt, wenn sie am Ende immer den Eimer umstößt?" *(Risalat,* Briefe an Schüler).
⁷³ Obwohl sie alle ein Lippenbekenntnis für die Lehren Ibn El-Arabis abgegeben haben – Worte wie diese, wo er sich auf den Sufismus bezieht, haben es zum Beispiel nicht aufgenommen:

> Alle Gelehrten des Islam hat sie in Verwirrung gestürzt,
> Auch jene, die die Psalmen studierten,
> Jeden jüdischen Rabbi,
> Jeden christlichen Priester.

Oder der berühmte Ausspruch von Abu-Said ibn Abi-Khair (1040):

> Solange Schule und Minarett nicht zu Staub zerfallen,
> Ist unser heiliges Werk nicht getan.
> Solange nicht aus Bekenntnis Zurückweisung wird,
>   und aus Zurückweisung Glaube,
> Solange wird es keinen wahren Muslim geben.

Über die Begrenztheit religiöser „Vehikel": „Was kann ich tun, Oh Muslim? Ich kenne mich selbst nicht. Ich bin weder Christ, noch Jude, noch Magier, noch Muselman. Weder vom Osten, noch vom Westen", *Divan-i-Shams-i-Tabriz,* xxxii, p. 124 (Persische Ausgabe).
⁷⁴ Ibn El-Arabi, *Fusus el-Hikam* („Facetten oder Abschnitte der Weisheiten"), daraus: *El-Fas El-Adamia* („Abschnitt Adam"): umschrieben in S. A. Q. Husaini, *Ibn El-Arabi* (Lahore, 1931); Französische Version: Burckhardt T., *La Sagesse des Prophètes* (Paris, 1955), S. 22 f.
⁷⁵ J. K. Birge, *The Bektashi Order of Dervishes* (London, 1937), S. 39, Nr. 3.
⁷⁶ Brown, *The Darwishes,* S. 475.
⁷⁷ Bei diesen Kulten handelt es sich manchmal um Entartungen von Gemeinschaften wie ich sie in meinem Buch *Destination Mecca* beschreibe, S. 169 ff.

⁷⁸ Eine scharfsichtige Erkenntnis der Tatsache, daß viele Sufi-Vorstellungen in primitive Gemeinschaften eingesickert sind, hat der bekannte Dichter Ted Hughes zu Papier gebracht: „Fast wäre man geneigt zu sagen, daß der Schamanismus ein ungesitteter, vagabundierender Abkömmling des Sufismus sei." (*The Listener*, 29. Oktober 1964, S. 678).

⁷⁹ P. Lawrence, *Road Belong Cargo*, (London, 1964), enthält eine Beschreibung dieses Kultes und eine exzellente Bibliographie.

⁸⁰ Bd. 290, Nr. 1754, S. 481–595; und Bd. 291, Nr. 1756, S. 123–35.

⁸¹ *Siraat* (engl. Ausgabe), Delhi, Bd. 1, Nr. 5, 1. Januar 1961, S. 5, Spalten 1–3, „Sufismus in einer Welt in Wandlung", von Selim Brook-White („Murid").

⁸² *International Journal of Clinical and Experimental Hypnosis*, Bd. 10, Nr. 4 (Oktober), S. 271–4: J. Hallaj, „Hypnotherapeutische Techniken in einem zentralasiatischen Gemeinwesen." Nachdruck in R. E. Shor und M. T. Orne, *The Nature of Hypnosis* (Ausgewählte grundlegende Materialien) (New York, 1965) Bd. 6, S. 453 ff.

⁸³ Bd. 197, Nr. 1132, Mai 1960: W. Foster „Die Hashemiten-Familie", S. 269–71.

⁸⁴ Einige dieser Artikel wurden in R. W. Davidsons *Documents on Contemporary Dervish Communities* nachgedruckt (London 1966–7).

⁸⁵ Bd. CLXII, Nr. 4210, 9. Dezember 1965: D. R. Martin, „Am Fuß des Hindukusch", S. 870.

⁸⁶ *The Times*, Nr. 55955, 9. März 1964. „Verborgene Hüter uralter Geheimnisse", S. 12, Spalten 6–8.

⁸⁷ *She* (März 1963), S. 58: („*She* wirft einen Blick auf die Religion – Nr. 11"); und auch (September 1965) „Das harte Leben in der Höhe" von Mir S. Khan, S. 68–70. (Beide Artikel bebildert).

⁸⁸ Aus Al Ghasalis monumentalem Werk *Die Wiederbelebung der religiösen Wissenschaften*.

⁸⁹ Aussprüche früher klassischer Sufi-Meister über die Sufis und und den Sufismus:

Dhun-Nun, der Ägypter (gest. 860): „Ein Sufi ist jemand, dessen Rede mit seinen Taten in Einklang steht, dessen Schweigen seinen Zustand anzeigt und der die weltlichen Bande abwirft." Die Sufi-Meisterin Rabia El-Adawia (gest. 717): „Der Sufi – weder fürchtet er die Hölle noch begehrt er das Paradies."

Abul-Hasan Nuri (gest. 907): „Sufismus bedeutet Verzicht auf alle Freuden der (vergänglichen) Welt."

Hujwiri (11. Jh.): „Ein Anhänger des Sufismus ist jemand, der mit Hilfe von Anstrengung die Stufe des Sterbens gegenüber dem Selbst und des Lebens im Angesicht der Wahrheit zu erlangen sucht. Wer dieses Ziel erreicht hat, wird Sufi genannt."

Dschunaid von Baghdad (gest. 910): „Der Sufismus ist ein Attribut, in dem der Fortbestand des Menschen enthalten ist."

Nuri: „Der Sufi hat keinen Besitz, noch ist er von irgend etwas besessen."

Ibn El-Lalali (11. Jh.): „Sufismus ist Wahrheit ohne Formulierung."

⁹⁰ Rumi, „AQL" = wahrer Intellekt. Er sagte auch: „Das Buch des Sufi besteht nicht aus Buchstaben und Belesenheit" (*Mathnawi*).

⁹¹ Auf diese Weise werden psychologische und andere Diagramme zu „Mandalas" und „Magischen Figuren".

⁹² Deshalb haben Sufi-Meister die Ereignisse in verschiedenen Versionen der Derwisch-Geschichten aus meinem Buch *Geheimnis der Derwische* (Freiburg, 1982) als Geschehnisse ausgegeben, die ihnen tatsächlich passiert sind.

⁹³ Um mit den Worten von Professor A. J. Arberry von Cambridge zu sprechen: die

Lehre liegt um Dunkeln verborgen, weil sie „größtenteils auf Erfahrungen basiert, die nicht mittelbar sind" (*Tales from the Masnavi*, London, 1961, S. 19). Der technische Ausdruck für eine dieser Formen – die Verwendung von Worten gleicher Schreibweise, jedoch mit verschiedenen Bedeutungen – ist *Jinas-i-Mukharif;* es wird in der Lyrik häufig verwendet. Gibb (*History of Ottoman Poetry,* 1900, I, 118) zeigt sich mit diesem System vertraut, wendet es jedoch bei seinen Studien nicht an.

⁹⁴ Mahmud Shabistari (1317) spricht im Verein mit vielen Sufi-Lehrern von vergänglichen Wesen der äußeren Form:

> Wüßte der Moslem, was ein Götzenbild ist,
> Er würde erkennen, daß im Götzendienst Religion steckt.
> Wüßte der Götzendiener, was Religion ist,
> Er würde erkennen, wo er fehlgegangen ist.
> Er sieht im Idol nichts als das offenkundige Geschöpf:
> Das ist der Grund, warum er nach dem Gesetz des Islam ein Heide ist.
>
> (*Gulshan-i-Raz,* „Garten der Geheimnisse")

Das persische Original lautet:

> Musulman gar bi-danist ki but chist
> Bi-danisti ki din dar butparasti'st.
> Agar mushrik zi din agah gashti
> Kuja dar din i khud gumrah gashti.
> Na did u dar but illa khalqi zahir:
> Badan illat shud an dar Shara, Kafir.

⁹⁵ Wie wenig bekannt dieses wichtige Element der Sufi-Lehre in der „Feld-Literatur" ist, wird durch die Tatsache deutlich, daß der einzige Verweis auf den Humor im Sufismus der Gegenwart von einem amerikanischen Studenten stammt (Birge, *The Bektashi Order of Dervishes,* S. 88); und sogar er betrachtet ihn als eine „charakteristische Eigenheit" des Ordens, den er studiert. Siehe auch Shah, *Die fabelhaften Heldentaten des vollendeten Narren und Meisters Mulla Nasrudin* (Freiburg, 1984).

⁹⁶ Der bekannteste Fall ist der des Husain ibn Mansur El-Halladsch, des großen Sufi-Märtyrers. Er wurde 922 auf Befehl des Kalifen El-Muqtadir aus dem Hause Harun Al Raschids bei lebendigem Leibe zerstückelt und getötet, weil er angeblich behauptet hatte, Gott zu sein. Professor Louis Massignon hat sich auf die Halladsch-Literatur spezialisiert (vgl. auch Anm. 101). Auch der große Lehrer Suhrawardi wurde im 12. Jahrhundert (siehe Anm. 19) hingerichtet, weil er die „Alte Philosophie" lehrte.

⁹⁷ Zum Problem konditionierter und indoktrinierter Gruppen und Bewegungen: siehe R. J. Liftan, *Thought Reform* (London, 1961); J. Mann, *Changing Human Behaviour* (New York, 1965); W. H. J. Sprott, *Human Groups* (London, 1958); M. Phillips, *Small Social Groups in England* (London, 1965); D. Winn, *The Manipulated Mind* (London, 1983).

⁹⁸ Die Geschichte vom Besuch der Gefährten Mohammeds nach dessen Tod bei Uwais findet sich in vielen Büchern, einschließlich des bekannten „Berichts der Freunde" (*Lives of the Saints*) von Fariduddin Attar, übers. von A. Pavet de Courteille als *Le Mémoire des saints* (Paris, 1889), S. 11f. Siehe Dr. B. Beharis englische gekürzte Ausgabe *(Fariduddin Attar's Tadhkiratul-Auliya)* (Lahore, 1961).

⁹⁹ Siehe das *Awarif-l-Ma'rif,* verfaßt im 13. Jh. von Scheich Schahabudin Umar ibn Mohamed Suhrawardi (Mahmud ibn Ali Alkashanis Version, übers. aus dem Persischen ins Englische von Lt. Col. H. Wilberforce Clarke, London, 1980).

¹⁰⁰ Auf Arabisch liest sich diese Passage wie folgt: „Sharibna ala dhikri alhabibi mu-

damatu/Shakirna bi ha min qabli an yukhlaka alkarmu." Professor Hitti (op. cit., S. 436) bezeichnet Ibn El-Farid als den einzigen mystischen Dichter Arabiens.
[101] Siehe Prof. Massignon, *Le Diwan d'Al Hallaj* (Paris, 1955), etc.
[102] Siehe sein *Turkish Nationalism and Western Civilisation* (London, 1959).
[103] Z. B. Ibn El-Arabis Diktum: „Die Menschen glauben, ein Scheich müsse Wunder wirken und Erleuchtung manifestieren. Die einzige Anforderung an einen Lehrer jedoch besteht darin, daß er alles besitzen muß, was der Schüler braucht."
[104] Verzeichnet in Hujwiri, *Revelation of the Veiled*.
[105] *Munaqib*, siehe Anmerkung 55.
[106] Er schrieb das *Majma el-Bahrain* („Zusammenfluß der Zwei Meere"), in der Übersetzung veröffentlicht von der *Asiatic Society of Bengal*.
[107] In einem Sufi-Kreis wird ein einziges ungeeignetes Mitglied der Anstrengung der Gesamtheit Schaden zufügen; dies wird zum Beispiel von Saadi in seinem Gulistan bestätigt (in „Über die Gebräuche der Derwische").
[108] Omar Chaijám (gest. 1123): Zu den Betrachtungen der Sufi-Lehre Omar Chaijáms siehe Swami Govinda Tirtha, *The Nectar of Grace – Omar Chaijáms Leben und Werk* (Allahabad, 1941); und Shah, *Die Sufis*, S. 148–154. Das zitierte Gedicht ist Vierzeiler Nr. 24 des Bodleischen Manuskripts, herausgegeben von E. Heron-Allen (*The Ruba'iyat of Omar Khayyam*, London, 1898), S. 141. Im Original lautet er so:

> Dar sauma'a wa madrasa wa deir wa kanisht –
> Tarsinda zi dozakhand wa juya-i-bihisht.
> Ankas ki zi astar-i-khuda ba-khabar ast:
> Z'in tukhm dar andarun-i dil hich nakasht.

Chaijáms Rúbaiat wurde 1967 von Robert Graves und Agha Omar Ali Shah neu übersetzt und herausgegeben, zusammen mit einem ausführlichen Vorwort und kritischen Kommentaren.
[109] Siehe die englische Version von Maulvi S. A. Q. Husaini, in *Ibn Al Arabi* (Lahore, 1931), VI, I, S. 38.
[110] R. Simac „In einem Naqshbandi-Kreis", *Hibbert Journal* (Frühling 1967), Bd. 65, Nr. 258. Siehe auch Shah, *Die fabelhaften Heldentaten des vollendeten Narren und Meisters Mulla Nasrudin* (Freiburg, 1984) und *Karawane der Träume* (Basel, 1983).
[111] Authentisches Studienmaterial für „Anfänger" im deutschsprachigen Raum sind neben den Büchern von Idries Shah u. a.: Rafael Lefort, *Die Sufi-Lehrer Gurdjieffs* (München, 1985) und Luis Ansa, *Der Mensch – Das Gedächtnis des Universums* (München, 1984), Anm. d. Übers.

Zweiter Teil

KLASSISCHE AUTOREN

I
Al Ghasali

Al Ghasali, Sufi und Philosoph des 12. Jahrhunderts, zitiert in seinem *Buch der Erkenntnis* eine Zeile von El-Mutanabbi: „Im Mund des Kranken schmeckt süßes Wasser bitter." Dieser Satz ist so etwas wie Al Ghasalis Leitmotiv. Achthundert Jahre vor Pawlow machte er auf das Problem der Konditionierung aufmerksam (oft mit Hilfe fesselnder Gleichnisse, manchmal mit überraschend „moderner" Wortwahl) und arbeitete es klar und deutlich heraus.

Trotz Pawlow und Dutzender von Büchern und Berichten, die sich seit dem Koreakrieg mit der klinischen Erforschung des menschlichen Verhaltens befaßten, ist dem durchschnittlichen Studenten geistiger Dinge die Macht der Indoktrination nicht bewußt*In totalitären Gesellschaften ist Indoktrination durchaus sanktioniert, vorausgesetzt sie dient den Überzeugungen dieser Gemeinschaften. In anderen Gruppierungen dagegen schöpft man häufig nicht einmal den Verdacht, sie könnte zugegen sein. Genau dies ist der Grund, wieso fast jeder Mensch für sie anfällig ist.

Ghasali ist nicht nur seiner Zeit voraus, seine Arbeit übertrifft sogar noch die heutigen Erkenntnisse auf diesem Gebiet. Zum Zeitpunkt der Entstehung dieses Buches gehen die Expertenmeinungen darüber auseinander, ob Indoktrination (ob offen oder verdeckt) wünschenswert sei oder nicht, oder auch ob man ihr entrinnen könne oder nicht.

Ghasali betont nicht nur, daß es sich bei dem, was die Menschen Überzeugung nennen, um einen Zustand von Besessenheit handeln kann; er stellt ganz klar in Übereinstimmung mit Sufi-Prinzipien fest, daß dieser Zustand nicht unausweichlich ist, aber er beharrt darauf,

---

* Eine der augenfälligsten Eigenheiten des heutigen Menschen zeigt sich bei folgender Beobachtung: Zwar besitzt er wissenschaftliche Beweise im Überfluß für das Gegenteil, dennoch fällt es ihm ungeheuer schwer zu verstehen, daß seine Überzeugungen keineswegs immer auf seiner Intelligenz, seiner Kultur oder seinen Wertbegriffen beruhen. Er ist deshalb geradezu exorbitant anfällig für Indoktrination.

daß die Fähigkeit, ihn als solchen zu identifizieren, für die Menschen von wesentlicher Bedeutung ist.

Von Spanien bis Syrien wurden im Bereich des Mittelmeerraums seine Bücher von engstirnigen Frömmlern verbrannt. Heutzutage überantwortet man sie nicht mehr den Flammen, aber ihre Wirkung, außer unter den Sufis, ist vielleicht noch geringer geworden: man liest sie kaum.

Er betrachtete die Unterscheidung zwischen Meinung und Wissen als ein leicht verlierbares Gut. Wenn das geschieht, so seien diejenigen, die den Unterschied kennen, verpflichtet, ihn hervorzuheben, soweit es in ihren Kräften steht. Obwohl Akademiker aller Couleur Ghasalis wissenschaftliche und psychologische Entdeckungen anerkannten, haben sie jedoch nicht die ihnen zustehende Aufmerksamkeit erhalten, weil er ausdrücklich bestreitet, ihre Herkunft sei in der Anwendung wissenschaftlicher oder logischer Methodik zu suchen. Er sei zu diesen Erkenntnissen gelangt durch seine Erziehung und Schulung im Sufismus, unter Sufis, und durch eine Form direkter Wahrnehmung der Wahrheit, die nichts mit mechanischer Erkennensweise zu tun habe. Damit wird er natürlich augenblicklich untragbar für die Wissenschaftler. Ein wenig seltsam mutet jedoch die Tatsache an, daß seine Entdeckungen so erstaunlich sind, daß man doch vermuten möchte, die Ghasaliforscher würden gerne herausfinden, wie er sie denn nun gemacht hat.

Wenn man den „Mystizismus", nachdem man ihn in Verruf gebracht hat, schon nicht aufhängen kann wie den Hund im Sprichwort*, so kann man ihn doch wenigstens einfach nicht zur Kenntnis nehmen. Für die wissenschaftliche Psychologie ist das zum Maßstab geworden: Wenn sich die Entdeckungen des Mannes nicht mehr verleugnen lassen, akzeptiere sie, aber ignoriere seine Methode, wenn sie sich nicht mit deinen eigenen Überzeugungen in Sachen Methodik vereinbaren läßt.

Wenn Ghasali nichts Brauchbares zustandegebracht hätte, wäre er natürlich als Mystiker abgetan worden, und Mystik hätte sich vom gesellschaftlichen und erzieherischen Standpunkt aus wieder einmal als unproduktiv erwiesen. Al Ghasalis Einfluß auf das westliche Denken wird allgemein als gewaltig angesehen. Aber dieser Einfluß selbst kann als Beispiel für das Wirken von Konditionierung dienen; die Philosophen des christlichen Mittelalters, die viele seiner Ideen übernahmen, taten dies selektiv, indem sie jene Bestandteile, die peinlich für

---

* „First give a dog a bad name, then hang it / Bring den Hund zuerst in Verruf, dann kannst du ihn aufhängen." Engl. Sprichwort. Anm. d. Übers.

ihre eigenen, indoktrinierenden Aktivitäten waren, völlig außer acht ließen.

Ghasalis Denkweise versuchte, einem breiteren Publikum als der vergleichsweise kleinen Sufi-Gemeinschaft die definitive Unterscheidung zwischen Glaube und krankhafter Ideenfixierung nahezubringen. Er hob die Rolle der Erziehung bei der Einimpfung religiöser Überzeugungen hervor und lud seine Leser dazu ein, den Mechanismus zu beobachten, der dabei im Spiel ist. Er beharrte darauf, daß die Gebildeten gleichzeitig töricht und religiös engstirnig und voll fixer Ideen sein können – und oftmals auch sind. Er bekräftigt, daß es Erkenntnis über den Besitz von Information sowie über die Fähigkeit zu ihrer Wiedergabe hinaus gibt, und daß solche Erkenntnis eine höhere Form des menschlichen Denkens darstellt.

Die Gewohnheit, Meinung mit Wissen zu verwechseln, eine Gewohnheit, mit der man sich heutzutage allerorten konfrontiert sieht, betrachtet Ghasali als seuchenartige Krankheit.

Dadurch, daß er all diese Dinge konstatiert, angesichts einer Fülle illustrativen Materials und in einer Atmosphäre, die für wissenschaftliche Vorgehensweisen höchst ungeeignet war, hat Ghasali nicht nur die Rolle des Diagnostikers gespielt. Er hat sich sein Wissen in sufischer Art und Weise erworben und dabei erkannt, daß eine höhere Verständnisebene – ein Sufi zu sein, genauer gesagt – nur für jene Menschen zugänglich wird, die fähig sind, die von ihm beschriebenen Phänomene zu erkennen und zu meiden.

Ghasali hat zahlreiche Bücher geschrieben und viele Lehren veröffentlicht. Sein Beitrag zum menschlichen Geistesleben und die Bedeutung seiner Ideen nach hunderten von Jahren stehen außer Frage. Laßt uns wenigstens teilweise die Versäumnisse unserer Vorgänger wiedergutmachen, indem wir uns ansehen, was er über Methodik zu sagen hat. Worin bestand der *Weg* des Al Ghasali? Was muß der Mensch tun, um so zu werden wie er, der anerkanntermaßen einer der ganz Großen der Philosophie und Psychologie in der Welt war?

Ghasali über den Pfad

Ein Mensch ist kein menschliches Wesen, solange Sichgehenlassen, Begierde, Reizbarkeit und Aggression gegen andere Menschen zu seinen Charakterzügen zählen.

Ein Schüler muß die Aufmerksamkeit gegenüber gewohnten Dingen, seine Mitmenschen und seine Umgebung etwa, auf ein Mindestmaß reduzieren, weil die Fähigkeit zur Aufmerksamkeit begrenzt ist.

Der Schüler muß seinen Lehrer wie einen Arzt betrachten, der das Heilmittel für den Patienten kennt. Er soll seinem Lehrer dienen. Suqfis lehren oft auf unerwartete Weise. Ein erfahrener Arzt wird bestimmte Behandlungsweisen so verschreiben wie es angebracht ist. Ein außenstehender Betrachter jedoch mag recht erstaunt sein über das, was er sagt und tut; es wird ihm nicht gelingen, die Notwendigkeit bzw. die Bedeutung der im Einzelfall angewandten Verfahren einzusehen.

Das ist auch der Grund dafür, warum es unwahrscheinlich ist, daß der Schüler die richtigen Fragen zum richtigen Zeitpunkt stellt. Aber der Lehrer weiß, was ein Mensch zu welchem Zeitpunkt verstehen kann.

Gleichnis von den Menschen mit höheren Zielen

Imam Al Ghasali verweist auf eine Überlieferung aus dem Leben Isas, des Sohnes der Maryam: Jesus, Marias Sohn.

Eines Tages sah Isa einige Menschen trübsinnig an einer Mauer entlang der Straße sitzen. Er fragte: „Was ist euer Kummer?" Sie antworteten: „Durch unsere Angst vor der Hölle sind wir so geworden."

Er machte sich auf den Weg und begegnete einer Gruppe von Menschen, die freudlos und untröstlich in verschiedenen Körperhaltungen entlang der Straße lagerten. Er sagte: „Was ist euer Kummer?" Sie antworteten: „Das Verlangen nach dem Paradies hat uns zu dem gemacht, was wir sind."

Er machte sich wieder auf den Weg und begegnete einer dritten Gruppe von Menschen. Sie wirkten, als ob sie schon viel durchgemacht hätten, aber ihre Gesichter leuchteten vor Freude.

Isa fragte sie: „Was hat Euch in diesen Zustand versetzt?" Und sie antworteten: „Der Geist der Wahrheit. Wir haben die Wirklichkeit erschaut, und das ließ uns geringere Ziele vergessen."

Isa sagte: „Dies sind die Menschen, die zur Vollendung gelangen. Am Tag des Gerichts werden es jene sein, die in der Gegenwart Gottes stehen."

Die Anziehungskraft von Berühmtheiten

Einem Menschen, der vor einem gefährlichen, wilden Löwen gerettet wird, ist es ganz gleich, ob ihm dieser Dienst von einem Unbekannten oder von einer illustren Persönlichkeit erwiesen wird. Warum suchen dann die Menschen bei Berühmtheiten nach Erkenntnis?

Das Wesen der Göttlichen Erkenntnis

Die Frage der Göttlichen Erkenntnis ist so tiefgründig, daß nur jene wahrhaft um sie wissen, die sie besitzen.

Ein Kind besitzt kein echtes Wissen um die Kenntnisse eines Erwachsenen. Ein gewöhnlicher Erwachsener kann den Kenntnisstand eines Gelehrten nicht verstehen.

In gleicher Weise kann ein gebildeter Mensch die Erfahrungen erleuchteter Heiliger und Sufis noch nicht verstehen.

Liebe und Eigeninteresse

Wenn man einen anderen Menschen liebt, weil es Vergnügen bereitet, soll niemand annehmen, man würde diesen Menschen tatsächlich lieben. In Wirklichkeit ist die Liebe, wenn man dies auch nicht wahrnimmt, auf das Vergnügen gerichtet. Die Quelle des Vergnügens ist nur das zweitrangige Objekt für die Aufmerksamkeit; es wird nur deshalb wahrgenommen, weil die Wahrnehmung des Vergnügens noch nicht gut genug entwickelt ist, um das tatsächliche Gefühl zu identifizieren und zu beschreiben.

Du mußt vorbereitet sein

Du mußt Dich auf die Übergangszeit vorbereiten, in der es keines der Dinge mehr geben wird, an die Du Dich gewöhnt hast, sagt Ghasali. Nach dem Tod wird Deine Identität auf Anstöße reagieren müssen, von denen Du hier die Gelegenheit hast, einen Vorgeschmack zu erhalten. Wenn Du den wenigen Dir vertrauten Dingen verhaftet bleibst, wird Dich das nur unglücklich machen.

Unwissen

Die Menschen bekämpfen die Dinge, weil sie sie nicht kennen.

Die unfruchtbare Frau

Ein Mann ging zum Arzt und erklärte ihm, seine Frau bekäme keine Kinder. Der Doktor suchte die Frau auf, fühlt ihren Puls und sagte: „Ich kann Deine Unfruchtbarkeit nicht behandeln, weil ich herausgefunden habe, daß Du sowieso innerhalb von vierzig Tagen sterben mußt."

Als sie das hörte, regte sich die Frau so sehr auf, daß sie die nächsten vierzig Tage keinen Bissen zu sich nehmen konnte.

Sie starb jedoch nicht zum vorausgesagten Zeitpunkt. Ihr Mann brachte beim Arzt die Angelegenheit zur Sprache. Er antwortete: „Ja, das wußte ich. Sie wird jetzt fruchtbar sein."

Der Ehemann fragte, wie das denn zuginge.

Der Doktor sagte: „Ihre Frau war zu dick, das verhinderte ihre Fruchtbarkeit. Ich erkannte, daß allein die Angst vor dem Sterben sie vom Essen abhalten würde. Deshalb ist sie jetzt geheilt."

Die Sache mit der Erkenntnis ist eine sehr gefährliche Angelegenheit.

Der Tanz

Ein Schüler hatte um Erlaubnis gebeten, am „Tanz" der Derwische teilnehmen zu dürfen.

Der Scheich sagte: „Faste drei Tage lang. Dann lasse Dir köstliche Speisen kochen. Wenn Du dann immer noch den ‚Tanz' vorziehst, darfst Du daran teilnehmen."

Eine Eigenschaft muß ein Vehikel besitzen

Geschwindigkeit mag bei einem Pferd eine Tugend sein. Für sich allein betrachtet besitzt sie keinerlei Vorzüge.

Das närrische Selbst

Wenn Sie kein geeignetes Vorbild für Hingabe unter den Menschen finden, dann befassen Sie sich mit den Lebensläufen der Sufis. Der Mensch sollte auch zu sich selbst sagen: „Oh meine Seele! Du hältst dich für schlau, gleichwohl bringt es dich aus der Fassung, wenn man dich närrisch nennt. Aber das bist du doch in Wahrheit, oder? Du bist wie ein Mensch zur Winterszeit, der sagt: ‚Ich werde keine warme Kleidung tragen, sondern vielmehr auf die Güte Gottes vertrauen, die mich vor der Kälte schützen wird.' Er merkt nicht, daß Gott nicht nur die Kälte geschaffen, sondern auch den Menschen mit den Mitteln versehen hat, sich vor ihr zu schützen."

Der Mensch wurde zum Lernen erschaffen

Ein Kamel ist stärker als der Mensch; der Elefant ist größer; der Löwe besitzt größere Tapferkeit; das Vieh frißt mehr als der Mensch; Vögel sind potenter. Zum Lernen wurde der Mensch erschaffen.

Der Preis für das Wissen

„Gewißlich hat dieses Wissen einen Preis. Es darf nur an jene übermittelt werden, die es bewahren können und nicht mehr verlieren."

Buch der Erkenntnis, Ikrima zitierend

Kommentar von Junubi:

Natürlich handelt es sich bei diesem Wissen um das Sufi-Wissen. Hier ist nicht Buchwissen gemeint, etwas, das niedergeschrieben und in Form von Tatsachen aufbewahrt werden kann; denn solche Materialien würden ihren Wert nicht verlieren, wenn man sie jemandem vorlegte, der keinen Gewinn aus ihnen zieht. Es handelt sich um jenes Wissen, das zu einem Zeitpunkt und auf eine Weise vermittelt wird, die Buchwissen verifiziert und zum Leben erweckt. „Wissen zu vermitteln, das verlorengeht" bezieht sich darauf, das Aufkommen bestimmter „Zustände" bei einem Individuum zuzulassen, bevor dieser Mensch in der Lage ist, den Zustand aufrechtzuerhalten; so verliert er gewonnenen Boden, er geht verloren.

Kommentar von Ahmad Minai:

Aufgrund der Schwierigkeit, diese Tatsache zu begreifen, und aufgrund verständlicher Faulheit haben Intellektuelle beschlossen, jede Form von Lernen zu „beseitigen", die man nicht in Büchern aufbewahren kann. Das bedeutet natürlich nicht, daß es nicht existiert. Es wird nur schwerer, es zu entdecken und zu lehren, weil die oben erwähnte Sorte Mensch (die Intellektuellen) die Menschen dazu angeleitet hat, nicht danach zu suchen.

Besitztümer

Dein einziger Besitz ist das, was bei einem Schiffbruch nicht verlorengeht.

Gewinn und Verlust

Mich würde interessieren, was ein Mensch, der kein Wissen besitzt, wirklich gewonnen hat, und was ein Mann des Wissens nicht gewonnen hat.

2
Omar Chaijám

Omar Chaijám war ein bedeutender Philosoph, Wissenschaftler und praktischer Lehrer des Sufismus. Sein Name ist der europäischen Literatur wohlvertraut, besonders weil Edward Fitzgerald in viktorianischer Zeit einige Vierzeiler Omars in englischer Sprache veröffentlichte. Fitzgerald – im Verein mit vielen Gelehrten des Ostens freilich – nahm an, daß Chaijám das Opfer einer Art Bewußtseinsspaltung sei, weil er manchmal von sehr weit auseinandergehenden Standpunkten aus sprach. Diese Haltung ist typisch für viele Akademiker. Sie ist jedoch so tiefgehend wie die eines Menschen, der meint, wenn ihm jemand etwas vor Augen führe, müsse dieser betreffende auch selbst daran glauben; und zeige er ihm mehrere Dinge, müsse er zwangsläufig einer Identifikation mit ihnen unterworfen sein.

Fitzgerald hat sich jedoch weit Schlimmeres zu Schulden kommen lassen als nur mangelnde Denkfähigkeit. Die Einschiebung von Anti-Sufi-Propaganda in seine Chaijám-Übersetzung kann nicht einmal von seinen glühendsten Anhängern entschuldigt werden. Konsequenz davon ist, daß bei ihnen die Neigung besteht, diese erstaunliche Unaufrichtigkeit zu ignorieren und stattdessen über andere Streitpunkte herzufallen.

Omar Chaijáms Lehrgedichte, und auch die anderer Mitglieder seiner Schule, die zu einem anerkannten Bestandteil dieses Materials geworden sind, gründen in der besonderen Terminologie und Allegorik der Sufi-Tradition. Swami Govinda Tirtha unternahm 1941 eingehende Forschungen und verfertigte eine Übersetzung, die unter dem Titel *Der Nektar der Gnade* veröffentlicht wurde.

Dieses Buch ist buchstäblich das letzte Wort in der Frage was den Sinn (soweit dieser in westliche Sprachen übertragbar ist) dieser Materialien angeht. Interessant ist noch die Feststellung, daß nur wenige Experten im Westen sich dieser wesentlichen Arbeit bei ihren Chaijám-Expositionen bedient haben. Ergebnis ist, daß Chaijám nahezu unbekannt bleibt.

Das Geheimnis

Allen Nicht-Menschen muß das Geheimnis vorenthalten werden:
Vor allen Narren muß das Mysterium verborgen bleiben.
Sieh nur, was Du den Menschen antust –
Das *Auge* muß vor allen Menschen verborgen werden.

Die Menschheit

Dieser Weltenkreis ist wie ein Ring:
Es gibt keinen Zweifel daran, daß wir das
Naqsh, das Muster, auf seiner Einfassung sind.

Samen wie diese

In der Zelle und im Kloster, in der Kirche und in der Synagoge:
Hier fürchtet einer die Hölle, dort träumt er vom Paradies.
Wer die wahren Geheimnisse seines Gottes erkennt,
Versenkt derlei Samen nicht in sein Herz.

Der Feind des Glaubens

Ich trinke Wein, und meine Gegner zur Linken und Rechten sagen:
„Laß ab vom Trunke, denn er ist mit dem Glauben nicht vereinbar."
Weil ich wohl weiß, daß Wein mit dem Glauben nicht vereinbar ist,
Bei Gott, laßt mich trinken – meiner Feinde Blut zu vergießen ist rechtmäßig.

Meditationen

Obwohl „Wein" verboten ist, ist das abhängig davon, wer ihn trinkt,
wieviel getrunken wird, und auch mit wem getrunken wird.
Sind diese drei Bedingungen erfüllt: Sprich aufrichtig –
Wenn *dann* die Weisen keinen „Wein" trinken dürfen – wer sonst?

Jene, die die Verbannung herbeiwünschen,
Und jene, die die Nacht im Gebet verbringen,
Keiner unter ihnen steht auf festem Grund, alle sind auf hoher See.
Einer ist wach, und alle anderen schlafen.
Ich schlief ein, und die Weisheit sprach zu mir:

„Niemals erblühte die Rose der Glückseligkeit im Schlaf.
Warum tust du etwas, das nächst dem Tode kommt?
Trink ‚Wein‘, denn du hast noch einen langen Schlaf vor dir."

Freunde, wenn ihr zusammenkommt,
Erinnert Euch stark an den *Freund.*
Und wenn ihr gemeinsam trinkt im Erfolg,
Ist die Reihe an mir, „stellt mein Glas auf den Kopf".

Jene, die vor uns gegangen sind, oh Mundschenk,
Schlafen im Staub ihres Hochmuts.
Geh, trink „Wein", und vernimm von mir die Wahrheit:
Wovon sie nur *redeten,* halten wir in Händen, oh Mundschenk.

Unter der Erde

Du bist nicht wie Gold, oh Unwissender und Unachtsamer:
    Das – einmal in die Erde versenkt – von
    jedem wieder herausgeholt wird.

Der Mensch

Weißt du, was ein aus Erde geformter Mensch sein könnte, Chaijám:
Eine Laterne aus Einbildungen und in seinem Inneren eine Leuchte.

Ich bin

Jedes Grüppchen besitzt eine Theorie über mich –
Ich bin meine eigene; was ich bin, bin ich.

3
Attar von Nischapur

Obwohl Attar zu den größten der klassischen Sufi-Schriftsteller zählt und zur Inspiration für Rumi wurde, mußte sein Werk *Überlieferungen der Heiligen*, Geschichten und Lehren von Sufi-Meistern, fast siebeneinhalb Jahrhunderte auf eine Übersetzung ins Englische warten. Trotz eines immer größer werdenden Interesses an der Sufi-Tradition im Westen war es der Hindu-Einsiedler Dr. Bankei Behari, der 1961 zweiundsechzig Auszüge aus diesem Buch veröffentlichte.

Im ganzen schrieb Attar 114 Bücher, die berühmtesten unter ihnen das sufische *Göttliche Buch*, das *Parlament der Vögel* und das *Buch der Ratschläge*.

Er vermittelte seine Lehre mit Hilfe beispielgebender Biographien, Fabeln, Spruchweisheiten und Lehrgeschichten, die nicht nur Morallehren enthielten, sondern auch Allegorien, die charakteristische Stufen der menschlichen Entwicklung beschreiben. Im *Parlament der Vögel* beispielsweise skizziert er individuelle Phasen der menschlichen Bewußtwerdung, wenn auch so, als würden sie von verschiedenen Personen oder einer ganzen Gemeinschaft erlebt werden.

Als Analogie für die aufeinanderfolgenden Etappen der Menschenseele bei ihrem Streben nach Vervollkommnung verwendete Attar das Motiv der „Reise" oder der „Suche".

Es wird überliefert, daß er Soldaten Dschingis Khans in die Hände fiel und von ihnen getötet wurde, als er ihre Ehrbezeugungen abwies. Zuvor hatte er seine Schüler entlassen – und an einen sicheren Ort geschickt –, nachdem er den Mongoleneinfall des 13. Jahrhunderts vorausgesagt hatte.

Die Sufi-Tradition hebt die Bedeutung von Attars Werk hervor, weil sie – als Ganzes gelesen – das soziale Gefüge und die ethischen Grundsätze des Islam bewahren hilft; darüber hinaus enthalten besondere Abschnitte initiatorisches Material, das von den massiv theologischen Teilen überdeckt wird.

Eine Antwort Jesu

Eines Tages gossen einige Israeliten Schmähungen über Jesus aus, als er durch ihren Stadtteil ging.
Aber er antwortete, indem er in ihrem Namen Gebete sprach. Jemand sagte zu ihm: „Du hast für diese Menschen gebetet; fühltest Du denn keinen Zorn gegen sie?"
Er antwortete: „Ich konnte nur das ausgeben, was meine Börse enthielt."

Das Herz

Jemand traf einen Verrückten, der bitterlichst weinte.
Er sagte: „Warum weinst Du?"
Der Verrückte antwortete: „Ich weine, um das Mitleid *Seines* Herzens auf mich zu lenken."
Der andere gab zurück: „Du redest Unsinn, denn *Er* hat kein physisches Herz."
Der Verrückte antwortete: „Du bist es, der Unrecht hat, denn *Er* ist der Besitzer aller Herzen, die es gibt. Durch das Herz kannst Du Deine Bande zu Gott knüpfen."

Über das Angebot einer unannehmbaren Schenkung

Was! Du willst meinen Namen mit einer Summe Geldes aus dem Verzeichnis der Derwische ausradieren?

Die Geschichte von Fazl-Rabbi

Eines Tages besuchte ein alter, schäbig gekleideter Mann Fazl-Rabbi, um irgendeine Angelegenheit mit ihm zu besprechen.
Aus Nervosität und Gebrechlichkeit stach er mit der eisernen Spitze seines Gehstocks in Fazl-Rabbis Fuß. Höflich den Worten des alten Mannes lauschend sagte Fazl-Rabbi kein Wort, obwohl er zuerst erbleichte und dann rot wurde ob der Schmerzen durch die Eisenspitze, die fest in seinem Fuß steckenblieb.
Als der andere mit seiner Angelegenheit zum Ende gekommen war, nahm er ein Stück Papier von ihm entgegen und unterzeichnete es.
Erst nachdem der alte Mann, hocherfreut, sein Anliegen zum Erfolg gebracht zu haben, gegangen war, brach Fazl-Rabbi zusammen.

Einer der anwesenden Edelmänner sagt: „Mein Herr, dort bist Du gesessen, das Blut strömte aus Deinem Fuß, während Dir dieser alte Mann in seiner Senilität mit der Eisenspitze seines Stabes den Fuß durchbohrte, und Du sagtest nichts, überhaupt nichts."

Fazl-Rabbi antwortete: „Ich gab keinerlei Zeichen von mir, weil ich fürchtete, der Kummer des alten Mannes könnte ihn dazu bringen, sich in Verwirrung zurückzuziehen und sein Ansinnen um meine Hilfe fallen zu lassen. Wie hätte ich da – arm wie er war – seine Sorgen auf diese Weise noch vermehren können?"

Sei ein wahrer Mensch: Erlerne Vornehmheit des Denkens und des Handelns, wie Fazl-Rabbi sie an den Tag legte.

Der Sklave ohne Herr

Auf Wanderschaft im Flickengewand, das Gesicht von der Sonne verbrannt, traf ein Derwisch in Kufa ein, wo er einem Kaufmann auffiel. Der Kaufmann sprach ihn an und dachte bei sich, daß er ein verirrter Sklave sein müsse.

„Um Deines gutmütigen Benehmens willen werde ich Dich ‚Chair' (gut) nennen," sagte er. „Bist Du nicht ein Sklave?" „Das bin ich", sagte Chair.

„Ich werde Dich mit nach Hause nehmen und Du kannst bei mir arbeiten, bis wir Deinen Herrn gefunden haben."

„Mit Freuden", sagte Chair, „denn ich bin schon so lange Zeit auf der Suche nach meinem Herrn."

Viele Jahre arbeitete er bei diesem Mann, der ihm das Handwerk des Webers beibrachte; von daher rührt auch sein Beiname: „Nassadsch" (Weber).

Nach langen Jahren des Dienstes und schuldbewußt wegen dieser Ausbeutung sagte der Kaufmann zu ihm: „Ich weiß nicht, wer Du bist, aber es steht Dir jetzt frei, zu gehen."

Chair Nassadsch, der große Meister des *Weges*, reiste ohne Bedauern weiter nach Mekka, weil er herausgefunden hatte, wie er in seiner Entwicklung voranschreiten konnte, obgleich er keinen Namen besaß und wie ein Sklave behandelt wurde.

Er war der Lehrer von Schibli, Ibrahim Chawwas und vieler anderer großer Lehrer der Sufis. Er starb vor über tausend Jahren im Alter von einhundertzwanzig.

Die Zauberschachtel

Ein Mann wollte einst einen groben Teppich verkaufen und bot ihn für alle sichtbar auf der Straße an. Der erste, dem er ihn zeigte, sagte: „Das ist aber ein grobgeknüpfter und auch schon ziemlich abgetretener Teppich." Und er erwarb ihn billig.

Dann erhob sich der Käufer und sagte zu einem der Vorübergehenden: „Schauen Sie nur, ein Teppich, weich wie Seide. Mit keinem anderen zu vergleichen."

Ein Sufi, der gerade vorbeikam, hatte dem Kauf und dem versuchten Verkauf von ein und demselben Teppich mit solch unterschiedlichen Beschreibungen gelauscht.

Der Sufi sagte zu dem Teppichhändler: „Ich bitte Dich, Teppichmann, setze mich in Deine Zauberschachtel, die einen groben Teppich in einen weichen verwandeln kann, und vielleicht ein Nichts in einen Edelstein!"

Der Mond

Man stellte dem Mond die Frage: „Was ist Dein größter Wunsch?"

Er antwortete: „Daß die Sonne verschwinden möge und auf ewig von Wolken verhüllt bleibe."

Fünfhundert Goldstücke

Einer von Dschunaids Anhängern kam zu ihm mit einer Börse mit fünfhundert Goldstücken.

„Hast Du noch mehr als das?" fragte der Sufi.

„So ist es."

„Möchtest Du noch mehr?"

„Ja, in der Tat."

„Dann mußt Du es behalten, denn Du brauchst es mehr als ich; denn ich habe nichts und ich wünsche nichts. Du hast viel und willst immer noch mehr."

Der Verrückte und der Muezzin

Ein Muezzin in Isfahan hatte die Spitze des Minaretts erklommen und gab den Ruf zum Gebet.

In der Zwischenzeit kam ein Verrückter vorüber und jemand fragte ihn: „Was macht er da oben auf dem Minarett?"

Der Verrückte antwortete: „Der Mann dort oben schüttelt in Wirklichkeit eine Nußschale, die nichts enthält."

Wenn Du die neunundneunzig Namen Gottes hersagst, spielst Du genauso mit einer hohlen Nußschale. Wie kann man Gott durch Namen erkennen? Weil Du nicht mit Worten über das Wesen Gottes sprechen kannst, ist es am besten, Du sprichst über gar niemanden.

Kitab-Ilahi

Das religiöse Gefüge

Eines Tages, als Omar der Gefährte ein Heiliges Buch der Juden durchblätterte, sagte der Prophet Mohammed zu ihm:
„Du gehst mit diesem Buch zu oberflächlich um. Wenn Du aus ihm irgendeinen Gewinn ziehen möchtest, wirst Du ein Jude werden müssen. Ein vollkommener Jude zu sein, ist besser als ein unvollständiger Muslim; mit dem Jüdischen Buch zu tändeln ist halbherzig und wird Dir in keiner Weise von Nutzen sein. Dein Fehler besteht darin, daß Du weder das eine noch das andere bist, wenn Du Dich so verhältst. Was ist denn dann Dein Zustand, wie könnte man ihn beschreiben?"

Kitab-Ilahi

Eine Geschichte von Moses

Einmal bat Moses Gott, ihm einen der Freunde Gottes zu zeigen, und eine Stimme antwortete: „Gehe in ein bestimmtes Tal, dort wirst Du einen finden, der liebt, einen der Auserwählten, einen, der auf dem *Pfad* ist."

Moses machte sich auf den Weg und fand diesen Mann, in Lumpen gehüllt und gepeinigt von Insekten und aller Art Gewürm. Er sagte: „Kann ich etwas für Dich tun?"

Der Mann antwortete: „Bote Gottes, bring mir eine Schale Wasser, ich habe Durst."

Bei seiner Rückkehr fand er den Mann tot am Boden liegen. Er ging fort, um nach einem Stück Stoff als Leichentuch zu suchen. Als er zurückkam, sah er, daß ein Wüstenlöwe den Körper fast aufgefressen hatte.

Über die Maßen verzweifelt rief Moses aus: „Allmächtiger und Allwissender, Du formst die Menschenwesen aus Staub. Einige werden ins Paradies geführt, andere müssen Qualen erleiden; einer ist glücklich, ein anderer im Leid versunken. Das ist das Paradox, das niemand versteht."

Da sprach eine innere Stimme zu Moses und sagte: „Dieser Mann hat sich, was den Trank betraf, auf *uns* verlassen und sich dann von

diesem Vertrauen abgewendet. Er hat sich bei seiner Nahrung auf Moses verlassen, er hat einem Mittelsmann vertraut. Auf seiner Seite war das Verschulden, als er einen anderen um Hilfe bat, nachdem er sich schon mit *uns* zufriedengegeben hatte."
Wieder und wieder bindet sich Dein Herz an die Dinge. Du mußt wissen, wie Du Verbindung mit Deiner Herkunft bewahren kannst ...

Ilahi-Nama

Die Seelen vor der Erschaffung des Körpers

Sie sollen nun etwas über die Zeit erfahren, da es Seelen gab, aber noch keine Körper.

Diese Zeit dauerte nur ein paar Jahre, aber jedes dieser Jahre war so lang wie eines unserer Jahrtausende.

Die Seelen wurden alle in einer Reihe aufgestellt. Man zeigte ihnen die Welt. Neun von zehn Seelen liefen auf sie zu.

Dann zeigte man den übrigen das Paradies. Neun von zehn unter ihnen liefen darauf zu.

Den übrigen Seelen brachte man die Hölle zu Gesicht. Voll Schrecken liefen neun von zehn vor ihr davon.

Dann waren da nur noch wenige Seelen, jene, die nichts von alledem berührt hatte. Weder die Erde noch das Paradies konnte sie locken, noch hatten sie die Hölle gefürchtet.

Die Himmlische Stimme sprach zu diesen Übriggebliebenen: „Ihr närrischen Seelen! Was ist es dann, das ihr wünscht?"

Die Seelen antworteten mit einer Stimme: „Allwissender, *Du* weißt, daß *Du* es bist, den wir uns wünschen, wir wollen uns nicht aus *Deiner* Gegenwart entfernen."

Die Stimme sprach zu ihnen: „Der Wunsch nach *uns* ist riskant und bringt Mühsal und zahllose Gefahren."

Die Seelen antworteten ihr: „Freudig werden wir alles auf uns nehmen um des Zusammenseins mit *Dir* willen, und wir werden alles verlieren, um alles zu gewinnen."

Ilahi-Nama

Die Prüfung

Von Shaqiq von Balkh ist überliefert, daß er einst zu seinen Schülern sprach: „Ich habe mein Vertrauen Gott geschenkt und bin nur mit einer kleinen Münze in der Tasche in die Wildnis aufgebrochen. Ich habe die Pilgerfahrt unternommen und bin zurückgekommen, und die Münze ist immer noch bei mir."

Einer der jungen Männer stand auf und sagte: „Wenn Du eine Münze in der Tasche hattest, wie kannst Du da behaupten, Du hättest Dich auf etwas Höheres verlassen?" Shaqiq antwortete: „Es gibt für mich nichts mehr zu sagen, denn dieser junge Mann hat recht. Wenn man sich auf die unsichtbare Welt verläßt, ist kein Platz mehr für Vorkehrungen, wie unbedeutend sie auch erscheinen mögen."

Kitab-Ilahi

Von Mohammed, Sohn des Isa

Mohammed, Sohn des Isa, war einer der Kumpane des ‚Befehlshabers der Getreuen'. Mit seiner Denkgewandtheit übertraf er alle anderen. Eines Tages ritt er durch die Straßen Baghdads in Begleitung einer großen Schar von Dienern. Die Leute fragten sich: „Wer ist dieser Mann, so glanzvoll geschmückt, so fein gerüstet, so reich?"

Eine alte Frau kam dahergehumpelt und antwortete ihnen: „Das ist ein armer Mann, er ist nicht reich. Hätte Allah ihm nicht seine Gunst verweigert, würde er nicht solche Eitelkeit besitzen."

Als er das hörte, sprang Mohammend, Sohn des Isa, augenblicklich von seinem prächtig aufgeputzten Pferd und gab zu, daß dies tatsächlich seinem Zustand entspräche. Von diesem Tag an ließ er von jeglichem Wunsch nach äußerlichem Prunkgebaren und Reichtum ab.

Die Wahrnehmungsfähigkeit des Verrückten

Es war einmal ein Verrückter, der an den gemeinschaftlichen Gebeten nicht teilnehmen wollte. Mit viel Mühe gelang es den Leuten, ihn eines Freitags zum Mitmachen zu bewegen.

Kaum jedoch hatte der Vorbeter mit seiner Rezitation begonnen, da fing der Verrückte wie ein Ochse zu brüllen an.

Die Menschen glaubten, er würde nur einen Rückfall in seine Verrücktheit erleiden, aber gleichzeitig wollten sie ihm helfen und stellten ihn hinterher zur Rede: „Hast Du denn keinen Gedanken an Gott, daß Du mitten in der Versammlung der Gläubigen Geräusche wie ein Tier von Dir gibst?"

Aber der Verrückte gab zurück: „Ich tat nur das, was der Vorbeter auch tat. Als er mit seiner Intonation begann, kaufte er gerade einen Ochsen. Und so sprach ich wie ein Ochse!"

Als man dem Vorbeter diese seltsame Bemerkung berichtete, gestand er: „Als ich sagte *Gott ist der Allmächtige* habe ich in Wirklichkeit an meinen Bauernhof gedacht. Und als ich zur Phrase *Gott sei geprie-*

sen gelangte, dachte ich an den Ankauf eines Ochsen. Genau in diesem Augenblick hörte ich jemanden brüllen."

Der Geizhals und der Engel des Todes

Mit Anstrengung, Handel und Vergabe von Kredit hatte ein Geizhals dreihunderttausend Dinare angehäuft. Er besaß Ländereien, Häuser und Besitztümer jeglicher Art.

Eines Tages entschloß er sich, ein Jahr dem Vergnügen zu widmen und gut zu leben. Dann würde er entscheiden, wie die Zukunft aussehen solle.

Aber fast im selben Augenblick, als er damit aufgehört hatte, Geld aufzuhäufen, erschien der Engel des Todes bei ihm, um sein Leben zu nehmen.

Der Geizhals versuchte mit jedem Mittel, das ihm zur Verfügung stand, den Engel von seinem Vorhaben abzubringen. Der Engel jedoch schien unnachgiebig. Da sagte der Mann: „Laß mir nur drei Tage, dann gebe ich Dir ein Drittel meines Vermögens."

Der Engel weigerte sich, und zerrte noch einmal am Leben des Geizhalses, um es fortzunehmen.

Darauf sagte der Mann: „Wenn Du mir nur zwei Tage auf dieser Erde läßt, sollen zweihunderttausend Dinare aus meinem Schatz Dir gehören."

Aber der Engel wollte nicht auf ihn hören. Er weigerte sich sogar, ihm nur einen einzigen Tag für die ganzen dreihunderttausend Dinare zu überlassen.

Schließlich sagte der Geizhals: „Ich bitte Dich, laß mir dann nur soviel Zeit, wie ich brauche, um eine Kleinigkeit niederzuschreiben."

Dieses kleine Zugeständnis erlaubte der Engel, und mit seinem eigenen Blut schrieb der Mann: „Oh Mensch, nütze Dein Leben. Nicht eine Stunde konnte ich für dreihunderttausend Dinare kaufen. Sorge dafür, daß Du den Wert Deiner Zeit erkennst."

Der Eselskopf

Ein Narr bemerkte einen Eselskopf auf einem Stock in einem Garten. Er fragte: „Was macht er da?"

Man gab ihm zur Antwort: „Den hat man dorthin gesteckt, um den Bösen Blick abzuwehren."

Der Narr rief: „*Ihr* seid es, die das Hirn eines Esels besitzt, und deshalb habt ihr den Eselskopf aufgestellt! Als er noch lebte, konnte er den Stock nicht daran hindern, ihn zu schlagen. Jetzt wo er tot ist, wie sollte er da den Bösen Blick abwehren können!"

Absurdität und Unwissen

Was wie eine Absurdität erscheint, aber in Wirklichkeit keine ist, ist besser als das Unwissen des Menschen, der es für absurd hält.

Licht

Der wahre Liebende findet nur dann zum Licht, wenn er wie die Kerze sein eigener Brennstoff ist, und sich selbst verzehrt.

Christen und Moslems

Ein Christ wurde einst Moslem. Gleich am nächsten Tag jedoch begann er Wein zu trinken.
Seine Mutter traf ihn in betrunkenem Zustand an und sagte: „Mein Sohn, was tust Du? Mit Deinem Verhalten hast Du Jesus geschmäht und gleichzeitig ist es Dir nicht gelungen, das Wohlgefallen Mohammeds zu erringen. Bleib bei dem Glauben, der zu Dir gehört! Niemand kann ein Mensch sein und dabei Götzenbilder verehren wie auch einem anderen Glauben huldigen."

Der Baum, der sich seiner Lage nicht bewußt war

Ein Mann fällte einst einen Baum. Ein Sufi, der dabei zuschaute, sprach: „Schaut Euch diesen jungen Ast an, voller Saft, glücklich, weil er noch nicht weiß, daß er schon abgeschnitten ist. Er mag sich der Schädigung, die ihm zugefügt wurde, nicht bewußt sein – er wird sie beizeiten spüren. In der Zwischenzeit kann man mit ihm nicht vernünftig sprechen."
Dieses Abgetrenntsein, dieses Unwissen – das ist der Zustand des Menschen.

Der Pfeil

Wenn sich ein Pfeil vom Bogen löst, mag er gerade fliegen, oder auch nicht – je nach dem, was der Bogenschütze tut. Wie seltsam ist es doch, daß es an der Geschicklichkeit des Bogenschützen liegt, wenn der Pfeil ohne Abweichung fliegt: trifft er jedoch das Ziel nicht, dann ist es der Pfeil, der sich die Verwünschungen gefallen lassen muß.

König Mahmud und die Bohnen

Der mächtige König Mahmud von Ghasna wurde einst beim Jagen von seinen Begleitern getrennt. Von weitem bemerkte er den Rauch eines kleinen Feuers und ritt auf die Stelle zu, wo er eine alte Frau bei einem Kessel fand. Mahmud sagte: „Du hast den König zum Gast. Was kochst Du dort am Feuer?"
Das alte Weib antwortete: „Das ist ein Bohneneintopf."
Der Herrscher fragte: „Alte Dame, möchtest Du mir nicht etwas davon abgeben?"
„Das werde ich nicht tun", antwortete sie, „denn es reicht nur für mich. Dein Königreich ist nicht so viel wert wie diese Bohnen. Du möchtest vielleicht diese Bohnen, aber ich möchte nichts von dem, was Du besitzt. Meine Bohnen sind hundertmal wertvoller als alles was Dir gehört.
Betrachte nur einmal Deine Feinde, die Dir all Deinen Besitz streitig machen. Ich bin frei, und ich habe meine eigenen Bohnen."
Mahmud der Mächtige betrachtete den unumstrittenen Eigentümer der Bohnen, dachte an sein umstrittenes Reich – und weinte.

Unbewußt

Du weißt nichts von Dir – hier und in diesem Zustand.
Du gleichst dem Wachs in der Honigwabe: was weiß es schon vom Feuer und vom Herabtropfen?
Wenn es die Stufe der wächsernen Kerze erreicht und wenn das Licht ausgestrahlt wird, dann erst weiß es.
In gleicher Weise wirst Du erkennen, daß Du tot warst, als Du lebtest; Du hast Dich nur für lebendig gehalten.

Der Verrückte und der Ringer

Ein beschwipster Narr rief den Sargträgern bei einem Begräbnis hinterher: „Wer war dieser Mensch, der in die Klauen des Todes geraten ist?"
Sie antworteten: „Oh Narr, es ist die Leiche eines Meisterringers, ein junger Mann, der in der Blüte seiner Jahre stand."

Der Verrückte sagte: „Er starb durch die Kraft eines mächtigen Gegners, und wußte nicht, daß ihm dies geschehen würde."

Die beiden Ringe

Ein Mann liebte zwei Frauen gleichermaßen innig. Sie baten ihn darum, ihnen zu eröffnen, welche er bevorzugen würde.

Er bat sie, den Zeitpunkt abzuwarten, an dem er ihnen seine Entscheidung mitteilen würde.

Dann ließ er zwei Ringe anfertigen, die einander aufs Haar glichen. Jeder der beiden Frauen, jedoch getrennt voneinander, gab er einen Ring.

Dann rief er sie zu sich und sagte: „Am meisten liebe ich die, die den Ring besitzt."

Auch das wird vergehen

Ein mächtiger König, Herrscher über viele Reiche, besaß eine solch großmächtige Stellung, daß weise Männer bei ihm nur Bedienstete waren. Eines Tages jedoch fand er sich in einem Zustand der Verwirrung und rief die Weisen zu sich.

Er sagte: „Ich kenne den Grund dafür nicht, aber irgendetwas zwingt mich dazu, nach einem bestimmten Ring zu forschen – ein Ring, der meinen Zustand wieder ins Lot bringt. Ich muß einen solchen Ring haben. Und dieser Ring muß so beschaffen sein, daß er mich wieder glücklich macht, wenn die Freude mich verlassen hat. Gleichzeitig muß er mich traurig machen, wenn ich glücklich bin und einen Blick auf ihn werfe."

Die weisen Männer berieten sich untereinander und versenkten sich in tiefe Meditation, um schließlich eine Entscheidung in bezug auf die Eigenschaften des Ringes, der ihrem König recht sein würde, zu fällen.

Der Ring, den sie anfertigen ließen, enthielt die Inschrift:
Auch das wird vorübergehen

Der König, der seine eigene Zukunft weissagte

Ein König, der auch Astrologe war, las in seinen Sternen, daß ihm an einem bestimmten Tag zu einer bestimmten Stunde ein Unglück widerfahren würde. Er baute deshalb ein Haus aus solidem Felsgestein und postierte zahlreiche Wachen.

Eines Tages – er hielt sich gerade in dem Haus auf – bemerkte er, daß er immer noch das Tageslicht sehen konnte. Er entdeckte eine Öffnung und füllte sie völlig aus, um jegliches Mißgeschick am Eintritt zu hindern. Mit seinen eigenen Händen hatte er sich zum Gefangenen gemacht, indem er diese Tür auch noch verschlossen hatte. Das war der Grund dafür, daß der König sterben mußte.

Dieser Platz

Es ist überliefert, daß folgende Worte an der Mauer im *Tekkia*-Gewölbe von Attars Meditationshalle geschrieben standen: „Reserviert für den Weisen *(Hakim)* Tamtim." Scheich Attar gab allen älteren Schülern die Anweisung, das Verhalten aller Neuankömmlinge dieser Inschrift gegenüber zu beobachten.

Er sagte voraus, daß alle jene, die auf eine bestimmte Art darauf reagierten, schnell und auf korrekte Weise mystische Kräfte entwickeln würden; und daß alle, die bestimmte andere Dinge sagen oder tun würden, wieder gehen würden oder fortgeschickt werden müßten.

Niemals fragte er die Schüler, welcher Bittsteller wie reagieren würde. Aber über die Jahre stellten sie fest, daß es sich immer so ergab, wie er es vorausgesehen hatte. Eines Tages wurde er gefragt, warum er die Inschrift dort angebracht lasse. Er antwortete: „Aus folgendem Grund: Um jenen, die keine Wahrnehmung besitzen, zu demonstrieren, daß scheinbar unbedeutende Reaktionen auf bestimmte Erfahrungen jemandem, der weiß wie man eine Prüfung durchführt, die inneren Fähigkeiten oder ihr Fehlen enthüllen."

4
Ibn El-Arabi

Muhiudin ibn El-Arabi ist einer der großen Sufis des Mittelalters. Heute wird sichtbar, wie tief sein Leben und seine Schriften östliches und westliches Denken gleichermaßen durchdrungen haben. Die Araber kannten ihn unter dem Namen Scheich El-Akbar, „der Größte Scheich"; dem christlichen Westen war er durch eine direkte Übersetzung dieses Namens vertraut: „Doctor Maximus". Er starb im dreizehnten Jahrhundert.

Woher kam der Titel?

Dschafar, Sohn des Jachja von Lissabon, entschloß sich den Sufi-„Lehrer des Zeitalters" zu finden und reiste als junger Mann nach Mekka, um dort nach ihm zu suchen. Dort begegnete ihm ein geheimnisvoller Fremder, gehüllt in ein grünes Gewand, der zu ihm sprach, bevor auch nur ein Wort gewechselt worden war: „Du bist auf der Suche nach dem Größten Scheich, dem Lehrer des Zeitalters. Aber Du suchst ihn im Osten, während er sich im Westen aufhält. Und dann gibt es noch ein Element bei Deiner Suche, das nicht korrekt ist."

Er sandte Dschafar zurück nach Andalusien, um den Mann zu finden, dem er den Namen gab – Muhiudin, Sohn des El-Arabi vom Stamm der Hatim-Tai. „Er ist der Größte Scheich."

Niemandem erzählend, warum er ihn suche, fand Dschafar die Tai-Familie in Murcia und erkundigte sich nach ihrem Sohn. Er mußte feststellen, daß Muhiudin gerade in Lissabon gewesen war, als er sich auf die Reise gemacht hatte. Schließlich machte er ihn in Sevilla ausfindig.

„Dort", sagte ein Geistlicher, „dort ist Muhiudin." Und deutete auf einen Schuljungen, der ein paar Bücher der Überlieferungen schleppte und in diesem Augenblick aus dem Hörsaal eilte.

Dschafar war verblüfft, aber er hielt den Jungen an und sagte: „Wer ist der Größte Lehrer?"

„Ich brauche Zeit, um diese Frage zu beantworten", sagte der Junge.

„Sind Sie der *einzige* Muhiudin, Sohn des El-Arabi, vom Stamme der Tai?"

„Der bin ich."

„Dann habe ich keine Verwendung für Sie."

Dreißig Jahre später in Aleppo sah er sich eintreten in die Vortragshalle des Größten Scheichs, Muhiudin ibn El-Arabi, vom Stamme der Tai. Muhiudin erblickte ihn bei seinem Eintreten und sagte:

„Jetzt, wo ich bereit bin, Deine Frage zu beantworten, besteht keine Notwendigkeit mehr, sie überhaupt zu stellen. Vor dreißig Jahren, Dschafar, hattest Du keine Verwendung für mich. Brauchst Du mich immer noch nicht? Der *Grüne* sprach von einem Fehler bei deiner Suche. Es war Zeitpunkt und Ort."

Dschafar, Sohn des Jachja, wurde zu einem der bedeutendsten Schüler Ibn El-Arabis.

Die Vision von Mosul

Ein Suchender, der in der Herbeiführung bedeutsamer innerer Erfahrungen wohlbewandert war, litt immer noch unter Schwierigkeit, sie konstruktiv zu deuten. Er bat den großen Scheich Ibn El-Arabi um Anleitung bei einem Traum, der ihn tief erschüttert hatte, als er sich in Mosul im Irak aufhielt.

Er hatte den erhabenen Meister Maaruf von Chark gesehen, gleichsam inmitten des Höllenfeuers sitzend. Wie könnte der große Maaruf in der Hölle sein?

Was diesem Mann fehlte, war die exakte Wahrnehmung seines eigenen Zustandes. Durch seine Erkenntnis des inneren Selbst des Suchenden und seiner Unreife konnte Ibn El-Arabi erkennen, daß dieses Wesentliche Maaruf als vom Feuer umgeben wahrnahm. Der unentwickelte Teil seines Geistes hatte das Feuer so erklärt, als ob der große Maaruf darin vom Feuer eingeschlossen sei. Seine wahre Bedeutung war, daß es eine Barriere zwischen Maarufs Rang und dem des Suchenden gab.

Wenn der Suchende einen Zustand erreichen wollte, der dem Maarufs gleichwertig war, einen Bereich der Vervollkommnung, der durch das Bild des Maaruf gekennzeichnet ist, dann würde er eine Ebene durchschreiten müssen, die in der Vision durch den Feuerkreis symbolisiert war.

Mit Hilfe dieser Deutung gelang es dem Suchenden, seine Lage zu erkennen und sich dem zuzuwenden, was er noch an Erfahrungen brauchen würde.

Der Fehler bestand in der Annahme, ein Bild Maarufs sei Maaruf, das Feuer sei das Höllenfeuer. Es ist nicht nur der Eindruck *(Naqsh)* sondern auch die korrekte Beschreibung des Eindrucks, die Kunst des *Tasvir* (einem Bild eine Bedeutung zuweisen), die zu den Aufgaben der in rechter Weise Geführten gehört.

Die drei Formen der Erkenntnis

Ibn El-Arabi von Spanien unterwies seine Anhänger in diesem sehr alten Ausspruch:
Es gibt drei Formen der Erkenntnis. Die erste ist das intellektuelle Wissen – tatsächlich nichts anderes als Information und das Ansammeln von Fakten sowie deren Verwendung, um zu weiteren intellektuellen Konzepten zu gelangen. Das ist Intellektualismus.

Als zweites kommt die Erkenntnis der Zustände, die sowohl emotionale Gefühle umfaßt als auch ungewöhnliche Seinszustände, bei denen der Mensch glaubt, etwas Höherwertiges wahrgenommen zu haben, ohne sich jedoch dessen bedienen zu können. Das ist Emotionalismus.

Drittens folgt die wahre Erkenntnis, genannt Erkenntnis der Wirklichkeit. Bei dieser Form kann der Mensch wahrnehmen, was richtig, was wahr ist – jenseits der Grenzlinien der Sinne und des Denkens. Schulgelehrte und Wissenschaftler konzentrieren sich auf die erste Form der Erkenntnis.

Emotionalisten und auf Erfahrung bauende Menschen benützen die zweite Form. Wieder andere benützen beide gleichzeitig oder abwechselnd.

Aber die Menschen, die zur Wahrheit gelangen werden, sind jene, die es verstehen, sich mit der Realität zu verbinden, die jenseits dieser beiden Formen der Erkenntnis liegt. Das sind die wahren Sufis, die Derwische, die angekommen sind.

Wahrheit

Alle Gelehrten des Islam hat sie in Verwirrung gestürzt,
Auch jene, die die Psalmen studierten,
Jeden jüdischen Rabbi,
Jeden christlichen Priester.

Eine höhere Liebe

Der gewöhnliche Liebende betet ein zweitrangiges Phänomen an. Ich liebe das *Wirkliche*.

Die besondere Liebe

Wie der volle Mond aufgeht aus dem Schoß der Nacht, so zeigt sich ihr Gesicht inmitten ihrer Locken. Ihre Wahrnehmung wird aus Kummer geboren: die Augen schicken Tränen die Wangen hinab; wie die schwarze Narzisse ihre Tränen auf die Rose vergießt.

Bloße Schönheit muß verstummen: ihre Reinheit ist überwältigend.

An sie nur zu denken fügt ihrer Zartheit Schaden zu (der Gedanke ist zu grob, um sie wahrzunehmen). Wenn es sich nun so verhält, wie kann ein so plumpes Organ wie das Auge sie dann genau sehen?

Ihr flüchtiger Zauber entzieht sich dem Denken. Sie liegt jenseits der Reichweite der Sehkraft.

Als Beschreibung sie zu erklären suchte, wurde sie überwältigt. Wann immer ein solcher Versuch unternommen wird, wird die Beschreibung in die Flucht geschlagen. Denn sie versucht zu umschreiben.

Wenn jemand, der sie begehrt, seine Sehnsucht abschwächt, (um im Sinne gewöhnlicher Liebe zu fühlen), – sind immer andere da, die das nicht tun werden.

Die Leistungen eines Lehrers

Die Menschen glauben, ein Scheich müsse Wunder wirken und Erleuchtung manifestieren. Die einzige Anforderung an einen Lehrer jedoch besteht darin, daß er alles besitzen muß, was ein Schüler braucht.

Das Gesicht von Religion

Heute heißt man mich den Hüter der Wüstengazellen,
Dann wieder einen Christenmönch,
Dann wieder einen Anhänger Zarathustras.
Der Geliebte ist *drei*, und doch *eins:*
Wie jene drei in Wirklichkeit eins sind.

Mein Herz kann jedes Erscheinungsbild annehmen

Mein Herz kann jedes Erscheinungsbild annehmen. Das Herz ändert seine Form in Entsprechung zu den Wandlungen des allerinnersten Bewußtseins. Es mag in der Form einer Weide für Gazellen erscheinen, in der Form eines mönchischen Klosters, eines Götzentempels, einer Pilger-Kaaba, der Torah-Tafeln bei bestimmten Wissenschaften, beim Vermächtnis in den Seiten des Koran.
Meine Pflicht ist die Schuld der *Liebe.* Willig und aus freien Stücken nehme ich jede Last auf mich, die mir auferlegt wird. *Liebe* ist wie die Liebe der Liebenden, nur statt das Äußere, das Phänomen zu lieben, liebe ich das *Wesentliche.* Diese Religion, diese Pflicht ist die meinige, sie ist mein Glaube. Ein Sinn menschlicher Liebe besteht darin, die höchste, die wahre Liebe zu demonstrieren. Erstere ist die Liebe, die bewußt bleibt. Die andere ist jene Liebe, die den Menschen seiner selbst unbewußt macht.

Lernen durch Analogie

Es ist überliefert, daß sich Ibn El-Arabi weigerte, bei irgend jemandem die Sprache der Philosophie zu sprechen, gleich wie unwissend oder gebildet er auch sein mochte. Und dennoch schienen die Menschen aus seiner Begleitung Gewinn zu ziehen. Er nahm die Leute auf Ausflüge mit, lud sie zu Mahlzeiten ein und unterhielt sie mit Gesprächen über tausendundein Thema.
Jemand stellte ihm die Frage: „Wie können Sie lehren, wenn Sie niemals vom Lehren sprechen?"
Ibn El-Arabi antwortete: „Mit Hilfe von Analogie." Und er erzählte dieses Gleichnis:
Einst vergrub ein Mann sein Geld unter einem bestimmten Baum, um es in Sicherheit zu bringen. Als er es wieder holen wollte, war es verschwunden. Jemand hatte die Wurzeln freigelegt und das Gold fortgeschafft.
Er wandte sich an einen weisen Mann und berichtete von seinem Unglück: „Ich bin sicher, es besteht keine Hoffnung, meinen Schatz zu finden." Der Weise wies ihn an, in ein paar Tagen zurückzukommen.
In der Zwischenzeit rief der Weise alle Ärzte der Stadt zu sich und fragte sie, ob sie die Wurzel eines bestimmten Baumes jemandem als Medizin verschrieben hätten. Einer von ihnen hatte das tatsächlich für einen seiner Patienten getan.
Diesen Mann nun ließ der Weise rufen und fand bald heraus, daß er

es war, der das Geld genommen hatte. Er nahm es in Besitz und gab es dem rechtmäßigen Eigentümer zurück.

„Auf ähnliche Weise", sagte Ibn El-Arabi, „finde ich heraus, was die wahre Absicht des Schülers ist, und wie er lernen kann. Und dann lehre ich ihn."

Der Mensch, der weiß

Der Sufi in Erkenntnis der Höchsten Wahrheit handelt und spricht in einer Weise, die die Verständnismöglichkeiten, die Begrenztheiten und die vorherrschenden, versteckten Vorurteile seiner Zuhörerschaft mit in Betracht zieht. Für den Sufi bedeutet Anbetung und Hingabe Erkenntnis. Durch Erkenntnis gewinnt er Sehkraft.

Der Sufi läßt die drei „Ichs" hinter sich. Er sagt nicht „für mich", „mit mir", oder „mein Eigentum". Er darf nichts sich selbst zukommen lassen.

Es ist etwas verborgen in einer wertlosen Schale. Wir streben nach minderwertigen Dingen, wir bedürfen jenes unendlich wertvollen Preises nicht.

Die Fähigkeit der Interpretation bedeutet, daß man den Ausspruch eines weisen Menschen ohne Schwierigkeit auf zwei völlig entgegengesetzte Weisen lesen kann.

Vom Pfad abkommen

Wer auch immer sich vom Sufi-Kodex entfernt, wird es zu nichts bringen, was der Mühe wert wäre; selbst wenn er zu einem öffentlichen Ansehen gelangt, das bis in die Himmel widerhallt.

5
Saadi von Schiras

Es ist schwer, Worte zu finden, um eine auch nur annähernde Beschreibung der Leistungen des klassischen Schriftstellers Saadi (13. Jh.) abzugeben. Westliche Kritiker sind verblüfft, wie Saadi zwei der großen Klassiker, den *Obstgarten* (Bostan) und den *Rosengarten* (Gulistan), in einem Zeitraum von nur zwei oder drei Jahren schreiben konnte. Diese beiden Hauptwerke – jeder Perser kennt sie und man hält sie für überragende Werke – enthalten einen solchen Reichtum an Material, eine solche Schönheit der Dichtung, daß sie fast beispiellos dastehen. Saadi war ein fast mittelloser Mensch und verbrachte fast sein ganzes Leben als Wanderer auf dem Erdenkreis. Anleitung erfuhr er durch die Sufi-Meister Suhrawardi und Dschilani.

Im Falle des *Rosengarten* ist Saadi das (in den westlichen Sprachen bisher unerreichte) Kunststück gelungen, ein Buch zu schreiben, das in Wortschatz und Struktur so einfach ist, daß es als Lehrbuch für Studenten der persischen Sprache verwendet wird, und ausschließlich moralistische Aphorismen und Geschichten zu enthalten scheint; gleichzeitig jedoch ist es von den bedeutendsten Sufis anerkannt als ein Buch, das die gesamte Skala des tiefsten Wissens der Sufis verbirgt, soweit es sich schriftlich niederlegen läßt.

Das Staunen angesichts einer solchen Leistung – wenn man erkennt, wie die verschiedenen Ebenen auf diese Weise verflochten sind – kann man mit Worten nicht beschreiben.

Diese beiden Bücher sind nicht nur Fundgruben für Zitate, Sprichworte und praktische Weisheit, sowie für Schriften über Zustände des Geistes; sie sind so geschrieben, daß sie auch der einseitigste religiöse Frömmler akzeptieren kann. Auf diese Weise hat Saadi die Sufi-Lehre empfangen, geformt und vermittelt. Seine Wahl der äußeren Form klassischer Literatur sicherte für alle Zeiten die Bewahrung und die Übermittlung seiner Botschaft; denn niemand könnte Saadi jemals aus der persischen Literatur streichen, und so bleibt der Sufismus geschützt.

Die folgenden Auszüge sind wörtlich übersetzt, um zu demonstrieren, wie die Schriften dem gewöhnlichen Leser erscheinen.

Zieh den Wattepfropf der Unachtsamkeit aus dem Ohr des Bewußtseins, damit die Weisheit toter Menschen an Dein Ohr gelangt.

Die Tür

Unglückselig ist der zu nennen, der sein Gesicht von dieser Tür abwendet, denn er wird keine andere finden.

Juwelen und Staub

Wenn ein Edelstein in den Schmutz fällt, bleibt er dennoch wertvoll. Staub, selbst wenn er bis zum Himmel steigt, bleibt wertlos.

Der Tag der Schlacht

Am Tag der Schlacht ist es das schlanke Pferd – nicht der vorüberpolternde Ochse –, das von Nutzen sein wird.

Der Alchimist und der Narr

Der Alchimist stirbt in Schmerz und Enttäuschung – der Narr findet einen Schatz in einer Ruine.

Die Perle

Ein Regentropfen, der sich von einer Wolke löste, war beschämt, als er das Meer erblickte:
„Wer bin ich denn schon – angesichts des Meeres?" sagte er.
Als er sich mit den Augen der Demut sah, fand er sich in der hegenden Umarmung einer Muschel wieder.

Herrschaft

Herrschaft über die ganze Welt ist weniger wert als ein Tropfen Blut, der zur Erde fällt.

Der Dieb und die Decke

Ein Dieb drang in das Haus eines Sufis ein und konnte nichts finden. Als er das Haus wieder verlassen wollte, wurde der Derwisch seiner Enttäuschung gewahr und warf ihm die Decke zu, unter der er geschlafen hatte, damit er nicht mit leeren Händen gehen müsse.

Lernen

Noch niemand hat die Kunst des Bogenschießens von mir gelernt, der nicht am Ende mich zu seinem Ziel gemacht hätte.

Der Ungeformte

Um nur eines einzigen Ungeformten willen in der
Gemeinschaft, müssen die Herzen der Weisen Schmerz erleiden –
Gleich einem Teich, mit Rosenwasser gefüllt,
In den ein Hund gefallen war und ihn verschmutzt hatte.

Gelehrte und Einsiedler

Gebt den Gelehrten Geld, damit sie noch mehr studieren können.
Gebt den Einsiedlern nichts, damit sie Einsiedler bleiben.

Der Skorpion

Man fragte einen Skorpion: „Warum kommst Du nicht auch im Winter heraus?"

Er antwortete: „Welche Behandlung wird mir im Sommer zuteil, daß ich auch im Winter herauskommen sollte?"

Grünes Holz kann man biegen;
wenn es trocken ist, wird es nur durch Feuer gerade.

Die Arche

Wo Noah der Kapitän ist, was gibt es da zu fürchten?

Das Schicksal des Wolfsjungen

Das Schicksal eines Wolfsjungen ist es, ein Wolf zu werden, auch wenn es unter den Söhnen der Menschen aufwächst.

Der tote Baum

Keiner wirft Steine in einen toten Baum.

Hochmut

Wer Überheblichkeit im Kopf hat –
Glaube nicht, daß er jemals die Wahrheit vernehmen wird.

Der Gerade Weg

Ich habe noch keinen Menschen gesehen, der auf einem geraden Weg verlorengegangen wäre.

Käfige

Wenn ein Papagei zusammen mit einer Krähe eingesperrt worden ist, hält er es für einen Glücksfall, wenn er aus dem Käfig entkommen kann.

Stoßen

Wenn Du mit einem Widder um die Wette stößt,
wirst Du bald einen gebrochenen Schädel zu sehen kriegen.

Der frisch gepflanzte Baum

Ein frisch gepflanzter Baum kann von einem Mann ganz allein herausgezogen werden. Gib ihm Zeit, und er wird sich nicht einmal mit einem Kran von der Stelle rühren.

Den Schlechten Gutes tun

Nur den Schlechten Gutes zu tun, kann die gleiche Bedeutung haben, wie den Guten Böses tun.

Lohn

Mein Kind, erwarte keinen Lohn von A, wenn Du im Haus von B arbeitest.

Die eigenen Fehler kennen

In den Augen der Weisen ist ein Mensch, der mit dem Elefanten kämpfen möchte, nicht wirklich tapfer. Tapfer ist derjenige, der im Zorn nichts Ungehöriges sagt.

Ein Flegel ergoß Schmähungen über einen Menschen, worauf jener erwiderte: „Oh Mensch mit glanzvollen Aussichten: Ich bin sogar noch schlimmer als Du sagst. Ich kenne alle meine Fehler, während Du sie nicht kennst."

Die Alternativen

Das Allerheiligste liegt vor Dir und der Dieb lauert hinter Dir. Wenn Du weitergehst, wirst Du gewinnen; wenn Du schläfst, stirbst Du.

Der ungespeiste Derwisch

Wenn ich den armen Derwisch ungespeist sehe,
wird mein eigenes Essen für mich Gift und Schmerz.

Das Haus ohne starkes Fundament: baue es nicht sehr hoch; wenn Du es doch tust – fürchte Dich.

Schlafend und wach

Wenn der Schlaf eines Menschen besser ist als sein Wachen – Dann ist es besser, er stirbt.

Die Ernte

Bei der Ernte wirst Du erkennen, daß Faulheit nichts mit Aussäen zu tun hat.

Relativ

Eine Lampe strahlt überhaupt kein Licht aus im Angesicht der Sonne; und ein hohes Minarett wirkt sogar in den Vorbergen eines Gebirges klein.
Wenn Du die Wälder niederbrennst und mit Weisheit begabt bist, wirst Du den Tigern aus dem Weg gehen können.

Information und Wissen

Wie sehr Du auch studieren magst, Du kannst nicht wissen ohne zu handeln. Ein mit Büchern beladener Esel ist weder ein Intellektueller noch ein weiser Mann.
Wenn es ihm am Wesentlichen mangelt, welche Gelehrsamkeit besitzt er – gleich ob er Feuerholz oder Bücher schleppt.

Der Elefantenhüter

Schließ keine Freundschaft mit einem Elefantenhüter, wenn Du keinen Platz hast, um einen Elefanten zu bewirten.

Der Derwisch unter dem Gelübde der Einsamkeit

Ein Derwisch, der ein Gelübde der Einsamkeit abgelegt hatte, saß in einer Wüste, als ein König mit seinem Gefolge vorüberritt. Da er sich in einem besonderen Bewußtseinszustand befand, nahm er keine Notiz, er hob nicht einmal den Kopf, als die Prozession an ihm vorbeizog. Der König, von den Gefühlen königlicher Ansprüche überwäl-

tigt, wurde wütend und rief: „Diese Träger von Flickengewändern sind gefühllos wie Tiere, sie kennen weder Zuvorkommenheit noch gebührende Demut!"
Sein Wesir näherte sich dem Derwisch und sagte: „Oh Derwisch! Der Sultan des ganzen Erdenkreises ist gerade an Dir vorübergekommen. Warum hast Du nicht Deine pflichtschuldige Ehrerbietung bezeugt?"
Der Derwisch antwortete: „Der Sultan soll um die Huldigung derer nachsuchen, die von seinem Wohlwollen profitieren wollen. Sag ihm auch, daß Könige zum Schutz ihrer Untertanen geschaffen sind. Untertanen sind nicht geschaffen, ihrem König zu dienen."

Sicherheit und Reichtümer

Tief im Meer gibt es unvergleichliche Reichtümer. Aber wenn es Sicherheit ist, die Du suchst – die findest Du am Ufer.

Der Fuchs und die Kamele

Man sah einen Fuchs voll Schrecken davonlaufen. Jemand fragte ihn, worüber er denn so beunruhigt sei. Der Fuchs antwortete: „Sie holen Kamele zu Zwangsarbeit!" „Du Narr!" sagte man ihm, „das Geschick der Kamele hat doch nichts mit Dir zu tun, wo Du ihnen nicht einmal ähnlich siehst." „Schweig!" sagte der Fuchs, „wenn ein Intrigant behauptete, ich sei ein Kamel, *wer* würde dann schon meine Befreiung erwirken?"

Goldmünzen, die „Nobles" heißen

Wer eine mit Gold gefüllte Börse besitzt, hat einen Stand wie der Glanz in den Augen der Menschen.
Wie es der Sohn des Goldschmieds so treffend ausdrückte: „Der Noble ist jener Mensch, der Goldnobles* besitzt."

---

* Noble = mittelalterliche englische Goldmünze.

Gerede

Der Gebildete, der nur redet, wird niemals zum innersten Herzen des Menschen vordringen.

Schüler und Weise

Schüler in Machtpositionen sind schlimmer als Kinder; Die Weisen sind wie eine starke Mauer.

Narren sind mit einem Rüstzeug versehen worden, das hundert Gelehrte in Erstaunen versetzen würde.

Pferd und Kamel

Das Araberpferd galoppiert wie der Wind. Das Kamel stampft gemächlich dahin – dafür aber Tag und Nacht.

Wo der Leopard lauert

Was in Deinen Augen wie ein paar Büsche aussieht, mag sehr wohl ein Ort sein, wo der Leopard lauert.

Die Grundfesten der Tyrannei

Die Grundfesten der Tyrannei in dieser Welt waren zu Anfang unbedeutend. Jedermann fügte ein wenig hinzu, bis sie die gewaltigen Ausmaße unserer Zeit annahmen. Für das halbe Ei, das der Sultan glaubt, mit Gewalt an sich reißen zu müssen, werden seine Truppen tausend Hühner aufspießen.

Das persönliche Erscheinungsbild

Besitze die wesentlichen Eigenschaften eines Derwisch – Dann kannst Du mit einer Tartarenmütze angeben!

Wenn Du einen Stich nicht ertragen kannst

Wenn Du einen Stich nicht ertragen kannst, steck Deine Finger nicht in das Nest des Skorpions.

Ehrgeiz

Zehn Derwische können unter einer Decke schlafen; aber zwei Könige können nicht ein Land regieren. Ein Mensch mit Hingabe wird die Hälfte seines Brotes essen und die andere Hälfte Derwischen geben. Ein Herrscher mag ein Reich sein eigen nennen, dennoch wird er Pläne schmieden, die ganze Welt zu besiegen.

Die Gefahren der Ekstase

Würde ein Derwisch in der Ekstase verharren, er wäre zersplittert in beiden Welten.

Der Derwisch und der Kamelreiter

Als wir den Weg nach Südarabien einschlugen, gesellte sich in Kufa (im Norden) ein barfüßiger und barhäuptiger Derwisch zu unserer Karawane. Ich bemerkte, daß er keinen Pfennig besaß, aber er schritt entschlossen aus, wobei er rezitierte:

> Weder fall' ich einem Kamel zur Last.
> Noch schleppe ich die Last eines Kamels;
> Ich herrsche nicht, noch werde ich beherrscht.
> Noch habe ich Angst um die
> Vergangenheit, die Gegenwart und die Zukunft.
> Voll schöpfe ich Atem, voll lebe ich das Leben.

Ein Kaufmann, der auf einem Kamel saß, riet ihm zur Umkehr. Der Derwisch würde sonst, so sagte er, gewißlich an der Mühsal und dem Mangel an Nahrung zugrunde gehen.

Diesen Ratschlag ignorierend marschierte der Derwisch weiter. Als wir die Oase Beni Hamud erreichten, starb der Kaufmann. An der Bahre stehend rief der Derwisch aus:

> Ich bin nicht an meiner Mühsal gestorben;
> Aber Du auf Deinem Kamel bist gestorben.

Narren zünden am Tage Lampen an. Zur Nacht wundern sie sich, warum sie kein Licht haben.

Der kranke Mann

Die ganze lange Nacht hindurch
weinte ein Mensch am Bett eines Kranken.
Als der Morgen graute, war der Besucher tot –
Und der Patient lebte.

Der Derwisch in der Hölle

Eines Nachts träumte ein König, er sähe einen König im Paradies und einen Derwisch in der Hölle.
Der Träumer rief aus: „Was hat das zu bedeuten? Ich hatte geglaubt, es müßte sich eigentlich umgekehrt verhalten!"
Eine Stimme antwortete: „Der König ist im Himmel, weil er die Derwische achtete. Der Derwisch ist in der Hölle, weil er sich mit Königen einließ."

Das Joghurt des armen Mannes

Wenn Dir ein armer Mann Joghurt zum Geschenk macht, wird er es zu einem Preis gekauft haben, der das Joghurt aus zwei Teilen Wasser und einem Teil echten Joghurt bestehen läßt.

Des Tigers Beute

Was kann der Tiger schon jagen in den dunklen Winkeln seines eigenen Baus?

Der Narr und der Esel

Ein törichter Mensch überschüttete einen Esel mit einer Schimpftirade, welcher davon keine Notiz nahm. Ein verständigerer Mensch schaute dabei zu und sagte: „Narr! Der Esel wird niemals *Deine* Sprache lernen – es ist besser, Du bleibst still und erlernst stattdessen die Sprache des Esels."

Die Straße

Ich fürchte, Du wirst nicht nach Mekka gelangen, oh Nomade! Denn die Straße, der Du folgst, führt nach Turkestan!

6
Hakim Dschami

Dschami (1414–1492) war ein Genie und wußte es auch – was der Geistlichkeit und der schreibenden Zunft seiner Zeit bitter aufstieß, denn damals herrschte die stille Übereinkunft, daß nur jener Mensch wirklich bedeutend sei, der sich nach außen den Anschein großer Bescheidenheit gab. In seinem *Alexandrinischen Buch der Weisheit* demonstrierte Dschami, daß das esoterische Glied der Sufi-Übertragungskette der asiatischen Khajagen („Meister") mit demjenigen identisch war, das westliche mystische Schriftsteller benutzten. Er zitiert als Lehrer der Sufi-Übertragungskette Namen wie Plato, Hippokrates, Pythagoras und Hermes Trismegistos.

Dschami war ein Schüler von Sadedin Kashgari, dem Anführer der Naqshbandis; als Leiter des Gebietes um Herat in Afghanistan wurde er sein Nachfolger. Er war dem Ordensgeneral Khaja Obeidullah Ahrar in Treue verpflichtet.

Einer von Dschamis kurzen und bündigen Aussprüchen erhellt das Problem aller Sufi-Lehrer, die sich weigern, Schüler auf der Basis der eigenen Beurteilung von sich selbst zu akzeptieren:

„Suchende gibt es zuhauf: sie sind jedoch meistens auf der Suche nach persönlichem Vorteil. Ich kann nur wenige Sucher nach der Wahrheit entdecken."

Das war nicht sein einziges Anliegen. Gewisse religiöse Enthusiasten in Bagdhad zitierten eine Passage aus seiner *Kette aus Gold* falsch. Sie wollten ihn damit in Verruf bringen; der daraus resultierende lautstarke Aufruhr konnte nur nach einer lächerlichen und trivialen Debatte in der Öffentlichkeit beendet werden. Am meisten klagte Dschami darüber, daß so etwas überhaupt geschehen konnte in einer Gemeinschaft, die sich menschlich nennt.

Dschamis Schriften und Lehren machten ihn am Ende so berühmt, daß zeitgenössische Monarchen, vom türkischen Sultan abwärts, ihn ständig irritierten mit Gold- und anderen Geschenken, wie auch mit Angeboten, ihn zur Zierde ihrer Höfe zu machen. Auch der Beifall, den er in der Öffentlichkeit fand, ärgerte ihn, sehr zur Verwunderung der Bevölkerung. Sie konnten nicht verstehen, daß er von ihnen nicht zum Helden erklärt werden wollte, sondern daß sie etwas an ihrem Zustand ändern sollten.

Er wurde nicht müde, darauf hinzuweisen, daß viele Menschen nur deshalb ihren Stolz zu überwinden suchten, um sich so mit ihrem Sieg aufplustern zu können.

Üppiger Wuchs

Wenn man den Bart nicht täglich mit der Schere stutzt, wird es nicht lange dauern, bis der Bart in seinem üppigen Wuchs so tut, als sei er der Kopf.

Einheit

Liebe wird nur dann vollkommen, wenn sie sich selbst transzendiert – *eins* wird mit ihrem Objekt; und die Einheit des Seins bewirkt.

Das Gebet und die Nase

Ich sah einen Mann sich zum Gebet niederbeugen und rief:
„Du bürdest der Erde die Last Deiner Nase auf mit der Entschuldigung, das sei eine Bedingungn für das Gebet."

Der Lehrer

Der Herrscher ist ein Hirte und seine Herde sind die Menschen.
Er muß ihnen helfen und sie beschützen, nicht sie ausbeuten und vernichten.
Ist der Hirte für die Herde da, oder die Herde für den Hirten?

Liebe

Gewöhnliche menschliche Liebe kann den Menschen zur Erfahrung wahrer Liebe erheben.

Die trockene Wolke

Die trockene, wasserlose Wolke kann keine regenspendenden Eigenschaften aufweisen.

Der Dichter und der Arzt

Ein Dichter suchte einen Arzt auf und sprach zu ihm:
„Alle möglichen schrecklichen Symptome zeigen sich bei mir. Ich bin unglücklich und mir geht es nicht gut, meine Haare, meine Arme und meine Beine sind wie gefoltert."
Der Arzt antwortete: „Stimmt es, daß Sie ihre letzte Dichtung noch nicht veröffentlicht haben?"
„Das ist wahr", sagte der Dichter.
„Nun gut", sagte der Arzt, „seien Sie doch bitte so freundlich, sie hier vorzutragen."
Das tat er, und auf Anweisung des Doktors deklamierte er sie ein ums andere Mal. Dann sagte der Arzt: „Stehen Sie auf, denn Sie sind jetzt geheilt. Was Sie in Ihrem Inneren bewahrten, hat Ihr Äußeres beeinflußt. Jetzt, wo es befreit wurde, geht es Ihnen wieder gut."

Der Bettler

Ein Bettler klopfte an eine Türe und bat um eine Gabe. Der Eigentümer kam heraus und sagte: „Es tut mir leid, aber es ist niemand zu Hause."
„Ich möchte auch niemanden sehen", sagte der Bettler, „ich möchte etwas zu essen."

Heuchelei

In der Tradition der Meister ist überliefert, daß Dschami, einst zu Heuchelei und Ehrlichkeit befragt, folgendes zur Antwort gab:
„Was für eine wunderbare Sache ist doch Aufrichtigkeit, was für eine merkwürdige dagegen die Heuchelei!
Ich wanderte nach Mekka und nach Baghdad, und ich stellte dabei das Verhalten der Menschen auf die Probe. Als ich sie aufforderte, aufrichtig zu sein, behandelten sie mich stets mit Achtung, denn man hatte ihnen beigebracht, daß gute Menschen immer so sprechen, und

sie hatten gelernt, daß sie immer ihre Augen auf den Boden zu richten hätten, wenn jemand von Aufrichtigkeit spricht.

Jedermann stimmte mir zu, als ich sie anwies, die Heuchelei zu meiden.

Was sie jedoch nicht wußten, war, daß ich wußte, als ich das Wort ‚Wahrheit' aussprach, daß sie nicht erkennen, was Wahrheit ist, und daß sowohl sie als auch ich in jenem Augenblick Heuchler waren.

Sie wußten nicht, daß sie in dem Augenblick zu Heuchlern wurden, als ich sie anwies, keine Heuchler zu sein und sie mich nicht nach der Methode fragten. Sie erkannten nicht, daß ich ein Heuchler war, solange ‚Seid keine Heuchler' bloße Worte bleiben, weil Worte allein die Botschaft nicht vermitteln.

Sie respektierten mich deshalb, wenngleich ich heuchlerisch gehandelt hatte. Das war es, was man ihnen beigebracht hatte. Sie achteten sich gegenseitig, obwohl sie heuchlerisch dachten; denn es ist Heuchelei zu glauben, man sei einfach schon deshalb ein besserer Mensch, weil man denkt, wie schändlich es sei, ein Heuchler zu sein.

Der *Pfad* führt darüber hinaus: Zur Praxis und zum Verständnis, bei denen Heuchelei keinen Platz hat, wo Aufrichtigkeit wahrhaftig zugegen ist und nicht nur als etwas, das sich der Mensch zum Ziel gemacht hat."

Arroganz

Brüste Dich nicht damit, daß Du keine Arroganz besitzt, weil sie weniger sichtbar ist, als der Fußabdruck einer Ameise auf einem schwarzen Stein in einer mondlosen Nacht.

Und glaube nur nicht, daß es leicht ist, sie aus Deinem Inneren ans Tageslicht zu bringen, denn es ist leichter, einen Berg mit einer Nadel aus der Erde zu heben.

Intellekt

Hör auf, Dich Deines Intellekts und Deiner Bildung zu rühmen; Intellekt ist hier nur ein Hemmnis, und Bildung Dummheit.

Was sollen wir tun?

Die Rose hat den Garten verlassen; was sollen wir mit den Dornen tun?

Der Shah ist nicht in der Stadt; was sollen wir mit seinem Hofstaat tun?

Die Geläuterten sind Käfige, Schönheit und Güte der Vogel; wenn der Vogel ausgeflogen ist, was sollen wir mit dem Käfig tun?

Der Staat

Gerechtigkeit und Anständigkeit, nicht Religion oder Atheismus, sind notwendig für den Schutz des Staates.

Die größte Welle

Vor Nuschirwan dem Gerechten diskutierten die Weisen, welches die größte Welle in diesem Meer des Kummers und der Trübsal sei.

Einer sagte, es sei Krankheit und Leid;
Ein anderer, es sei das Alter und Armut;
Ein dritter, es sei das Herannahen des Todes zu fühlen und nicht genug gearbeitet zu haben.

Und am Ende war es dies, was angenommen wurde.

7
Hakim Sanai

Meister Sanai lebte während des 11. und 12. Jahrhunderts und wird als der früheste afghanische Lehrer des Sufismus angesehen, der das Liebesmotiv verwendete. Rumi erkannte ihn als eine seiner Inspirationsquellen an.

Religiöse Fanatiker hatten den Versuch unternommen, ihn als Islam-Apostaten zu brandmarken, ohne Erfolg freilich. Charakteristischerweise haben die Gesinnungsnachfolger dieser engstirnigen Geistlichkeit seine Worte seither in schöner Regelmäßigkeit dazu verwendet, ihre eigenen Behauptungen zu stützen. Mehr als einmal haben diese Fanatiker den Anspruch erhoben, Sanai sei überhaupt kein Sufi. Und dies mit Hilfe einer recht vertrauten Prozedur, bei der religiöse Enthusiasten Sufi-Terminologie und Organisationsweise in solch starkem Ausmaß übernommen hatten, daß der Unterschied zwischen den Sufis und den an der Oberfläche verharrenden verschwamm. Dieser Anspruch hatte seine Ursache darin, daß sich seine Gedanken nicht leicht in Einklang mit beschränkter Religiosität bringen ließen.

Der *Ummauerte Garten der Wahrheit*, eine der wichtigsten Arbeiten Sanais, ist so verfaßt, daß er vielen Passagen mehrere Lesarten zuweist. Das bewirkt eine Wahrnehmungsverschiebung, die einer Veränderung des Blickwinkels bei der Beobachtung ein und desselben Objekts entspricht. Wenn man eine ganze Reihe von Interpretationsmethoden bei diesem Buch zur Anwendung bringt, enthüllt sich ein höchst interessantes Rahmenwerk von Lehrmaterial – fast ein System.

Sanai ist auch bekannt für sein *Parlament der Vögel,* das an der Oberfläche betrachtet eine Allegorie für die Suche des Menschen nach höherer Erleuchtung darstellt. Seine Derwischlieder sind eine lyrische Abbildung der Sufi-Erfahrung.

Der schlafende Mensch

Solange die Menschheit in der Welt nur Gepäck ist,
Wird sie mitgerissen – wie in einem Boot, und schlafend.
Was können sie im Schlaf schon sehen?
Welche echte Strafe oder welches Verdienst kann es da schon geben?

Das versiegelte Buch

Das Fortschreiten des menschlichen Wesens ist wie das eines Mannes, der ein versiegeltes Buch erhalten hat, geschrieben, bevor er geboren wurde. Er trägt es in sich, bis er „stirbt". Solange der Mensch der Bewegung der *Zeit* unterworfen ist, kennt er den Inhalt des versiegelten Buches nicht.

Das Kind

Der Mensch merkt nicht, daß er wie ein kleines Kind in den Armen eines Kindermädchens ist. Manchmal ist es über das, was mit ihm geschieht, glücklich, manchmal traurig. Das Kindermädchen tadelt das Kind zuweilen, manchmal beruhigt es das Kleine. Zu Zeiten schlägt es das Kind, dann wieder teilt es seinen Schmerz. Der oberflächliche Mensch, der Fremde, der vorübergeht, mag vielleicht annehmen, das Kindermädchen sei rücksichtslos dem Kind gegenüber. Wie kann er wissen, daß es sich so verhalten *muß*?

Folge dem *Pfad*

Sprich nicht von Deinem Herzeleid – denn *Er* spricht.
Suche nicht nach *Ihm* – denn *Er* sucht.

Er spürt sogar die Berührung eines Ameisenfußes;
Wenn sich ein Stein unter dem Meer bewegt – *Er* weiß es.

Wenn da ein Wurm im Fels ist,
Er kennt seinen Körper, kleiner als ein Atom.

Den Klang seiner Lobpreisung, und seine verborgene Wahrnehmung,
Er kennt sie durch *Sein* göttliches Wissen.

Er gab dem Wurm seine Nahrung;
Er zeigte Dir den *Pfad* der Lehre.

8
Dschalaludin Rumi

Rumis Hauptwerk, allgemein als eines der großartigsten Bücher der Welt angesehen, ist sein *Mathnavi-i-Maanavi (Reime von Innerer Bedeutung)*. Seine *Tischgespräche (Fihi Ma Fihi), Briefe (Maktubat), Diwan* und die Hagiographie *Munaqib El-Arifin* enthalten allesamt wichtige Aspekte seiner Lehre.

Die folgende Auswahl aus allen genannten Quellen sind Meditationsthemen, die man als Aphorismen oder dogmatische Feststellungen ansehen kann, oder als Ratschläge der Weisen. Ihr sufischer Gebrauch jedoch geht weit darüber hinaus. Rumi hat wie auch andere Sufi-Schriftsteller seine Lehren in ein Rahmenwerk verpflanzt, das seine innere Bedeutung gleichermaßen wirkungsvoll verhüllt, wie es sie entfaltet. Diese Technik erfüllt die Aufgabe, jene Menschen, die unfähig sind, die Materialien auf höherer Ebene zu verwenden, davon abzuhalten, mit ihnen zu erfolgreich zu experimentieren. So erhält jener, der Lyrik wünscht, sie auch vorgesetzt. Wer unterhalten werden möchte, bekommt Geschichten, und wieder andere finden Anregung für ihren Intellekt, wenn sie Erfahrungen dieser Art schätzen.

Unter seinen Aussprüchen verrät der Titel seiner Tischgespräche mit am meisten: „Es ist drin, was drin ist" („Du profitierst davon soviel, wie für Dich enthalten ist").

Rumi besaß die unbequeme Sufi-Gewohnheit, mit seinen literarischen und poetischen Fähigkeiten sämtliche Zeitgenossen zu übertreffen, während er ständig betonte, eine solche Leistung sei im Vergleich mit dem Sufi-Sein gering einzuschätzen.

Wie weit hast Du es gebracht!

Ursprünglich warst Du aus Erde. Vom Dasein eines Minerals wurdest Du zur Pflanze. Von der Pflanze wurdest Du zum Tier und vom Tier zum Menschen. Während dieser Zeiträume wußte der Mensch nicht, wohin er geht, aber man hat trotzdem eine lange Reise mit ihm unternommen. Und Du wirst noch durch hundert verschiedene Welten gehen müssen.

Der Weg

Der *Weg* ist abgesteckt worden.
Wenn Du von ihm abweichst, gehst Du zugrunde.
Wenn Du versuchst, die Wegweiser zu zerstören,
wird man Dich Übeltäter nennen.

Die vier Männer und der Übersetzer

Vier Männer erhielten ein Geldstück geschenkt. Der erste war ein Perser. Er sprach: „Ich werde damit ein wenig *Angur* kaufen."
Der zweite war ein Araber. Er sagte: „Nein, ich möchte *Inab*."
Der dritte war ein Türke. Er sagte: „Ich möchte kein *Inab*, ich will *Uzüm*."
Der vierte war ein Grieche. Er sagte: „Ich möchte *Stafil*." Weil sie nicht wußten, was sich hinter den Namen dieser Dinge verbarg, begannen sie zu streiten. Sie besaßen Information, aber kein Wissen.

Wäre nur ein weiser Mensch zugegen gewesen, er hätte sie alle miteinander versöhnen können, wenn er gesagt hätte: „Ich kann alle Eure Wünsche mit ein und demselben Geldstück erfüllen. Wenn ihr mir aufrichtig vertraut, werde ich Euer Geldstück gleichsam in vier verwandeln. Und vier Streitende werden sein wie *ein* Mensch, vereint."

Ein solcher Mensch hätte nämlich erkannt, daß jeder in seiner eigenen Sprache den gleichen Wunsch hatte: Weintrauben.

Ich bin das Leben meines Geliebten

Was kann ich tun, oh Muslime? Ich kenne mich nicht.
Ich bin weder Christ, noch Jude, noch Magier, noch Muslim.
Nicht aus dem Osten, noch aus dem Westen. Weder vom Land, noch
   vom Meer.
Nicht aus dem Bergwerk der Natur, noch aus den kreisenden Himmeln,
Nicht aus Erde, noch aus Wasser, noch aus Feuer, noch aus Luft;
Nicht vom Thron, noch vom Boden, vom Wesen, vom Sein;
Nicht aus Indien, China, Bulgarien, Saqsin;
Nicht aus dem Königreich der Irakis oder aus Chorassan;
Nicht von dieser Welt oder der kommenden: von Himmel oder Hölle;

Nicht von Adam oder Eva, noch aus den Gärten des Paradieses oder
 Edens;
Mein Platz ist ohne Ort; meine Spur ohne Spur.
Weder Körper noch Seele: alles ist das Leben meines *Geliebten* ...

Die Eulen und der Falke des Königs

Ein Falke des Königs landete für eine kurze Zeit auf den Mauern einer Ruine, die von einigen Eulen bewohnt wurden. Die Eulen fürchteten sich vor ihm. Er sprach: „Euch mag dies wie ein blühender Ort erscheinen, aber mein Platz ist auf dem Arm eines Königs."
Einige der Eulen riefen sich gegenseitig zu: „Glaubt ihm kein Wort! Mit Arglist will er sich unseres Heimes bemächtigen."

Eine andere Dimension

Die verborgene Welt hat ihre Wolken und ihren Regen, aber von anderer Art.
Ihr Firmament und ihr Sonnenschein sind von anderer Art.
Dies offenbart sich nur den Geläuterten – jenen Menschen, die sich von der scheinbaren Vollständigkeit der gewöhnlichen Welt nicht täuschen lassen.

Von Erfahrung profitieren

Hitze und Kälte, Kummer und Schmerz,
Schrecken und Schwäche an Besitz und Körper –
Dies alles zusammen bürdet uns die Erhabene Wahrheit auf,
Damit ans Tageslicht kommt, aus welchem Stoff unser
Innerstes Wesen gemacht ist.

Erwachen

Ein Mensch mag in einem ekstatischen Zustand verharren, und ein anderer Mensch mag versuchen, ihn zu Bewußtsein zu bringen. Man hält das allgemein für angebracht. Doch dieser Zustand *kann* nachteilig für ihn sein, und das Erwachen *kann* für ihn gut sein. Ob es gut oder schlecht ist, einen Schlafenden aufzuwecken, hängt davon ab, wer es tut. Wenn der Erweckende höhere Fähigkeiten besitzt, wird das den Zustand des anderen erhöhen. Wenn nicht, dann wird er das Bewußtsein des anderen Menschen verderben.

Er war an keinem anderen Ort

Das Kreuz und die Christen erforschte ich, landauf, landab. Er war nicht am Kreuz. Ich ging zum Tempel der Hindus, zur alten Pagode. Ich fand dort kein Zeichen von ihm. Ins Hochland von Herat wanderte ich, und nach Kandahar. Ich schaute mich um. Nicht auf der Höhe, noch in der Ebene sah ich ihn. Entschlossen bestieg ich den Gipfel des (sagenhaften) Berges Kaf. Dort fand ich nur die Wohnstatt des (legendären) Vogels Anqa. Ich ging zur Kaaba nach Mekka. Er war nicht dort. Ich fragte Avicenna, den Philosophen, nach ihm. Er war jenseits Avicennas Fassungsvermögen ... Ich schaute in mein eigenes Herz. Dort, an seinem Platz, entdeckte ich ihn. Er war an keinem anderen Ort.

Die Wissenden können nicht sprechen

Jedesmal, wenn jemand die Geheimnisse der Wahrnehmung erlernt, werden seine Lippen versiegelt für das Sprechen über das Bewußtsein.

Dschoha und der Tod

Ein kleiner Junge weinte und jammerte vor dem Sarg seines Vaters: „Vater! Sie führen Dich an einen Ort, wo nichts den Boden bedeckt. Es gibt kein Licht, keine Speise; weder Türe, noch hilfreiche Nachbarn ..."

Beunruhigt, weil die Beschreibung zu passen schien, rief Dschoha seinem Vater zu: „Hochverehrter Vater, bei Allah, sie bringen ihn in *unser* Haus!"

Intelligenz und wahre Erkenntnis

Intelligenz ist der Schatten der objektiven Wahrheit. Wie kann der Schatten mit dem Sonnenlicht wetteifern?

Objektive Realität

Dafür gibt es keinen akademischen Beweis in dieser Welt; denn es ist verborgen, und verborgen, und verborgen.

Du und ich

Voll der Freude jener Augenblicke, da wir in der Laube saßen, Du und ich;
In zwei Formen und mit zwei Gesichtern – mit einer Seele, Du und ich.
Die Farbe des Gartens und das Lied der Vögel verströmen das Elixier der Unsterblichkeit,
Kaum haben wir den Obstgarten betreten, Du und ich.
Die Sterne des Himmels kommen heraus, auf uns niederzuschauen –
Wir werden ihnen den Mond selbst zeigen, Du und ich.
Du und ich, ohne jedes „Du" noch „ich", werden eins werden durch unser Kosten und Probieren,
Glücklich, geschützt vor müßigem Geschwätz, Du und ich.
Die fröhlichen Papageien des Himmels werden uns beneiden –
Wenn wir solchermaßen lachen, Du und ich.
Noch seltsamer ist es, daß Du und ich, in diesem Winkel hier ...
Im gleichen Atemzug im Irak, und in Chorassan sind – Du und ich.

Zwei Schilfrohre

Zwei Schilfrohre trinken aus demselben Bach. Das eine ist hohl, das andere ist Zuckerrohr.

Was werde ich sein

Ein ums andere Mal wuchs ich wie das Gras;
Siebenhundert und siebzig Formen habe ich erfahren;
Ich starb der mineralischen Welt und wurde Pflanze;
Und der Pflanzenwelt starb ich und wurde zum Tier;
Ich starb als Tier und wurde Mensch.
Warum sollte ich das Verschwinden durch den Tod fürchten?
Das nächste Mal, wenn ich sterbe, werde ich Flügel
und Federn den Engeln gleich hervorbringen:
Höher als Engel werde ich danach schweben –
Was Du Dir nicht vorstellen kannst. Das werde ich sein.

Der Mann Gottes

Der Mann Gottes ist trunken ohne Wein:
Der Mann Gottes ist gesättigt ohne Fleisch.

Der Mann Gottes ist entzückt, voll Staunen:
Der Mann Gottes hat weder Essen noch Schlaf.

Der Mann Gottes ist ein König unter einem schlichten Gewand:
Der Mann Gottes ist ein Schatz in einer Ruine.

Der Mann Gottes ist nicht aus Luft, nicht aus Erde:
Der Mann Gottes ist nicht aus Feuer, nicht aus Wasser.

Der Mann Gottes ist ein uferloses Meer:
Der Mann Gottes regnet Perlen aus wolkenlosem Himmel.

Der Mann Gottes besitzt hundert Monde und Himmel:
Der Mann Gottes hat hundertfachen Sonnenschein.

Der Mann Gottes wird weise durch die Wahrheit:
Der Mann Gottes ist kein Buchgelehrter.

Der Mann Gottes ist jenseits von Glauben und Unglauben:
Was bedeutet dem Mann Gottes schon „Sünde" und „Verdienst"?

Der Mann Gottes ist vom Nicht-Sein fortgeritten:
Der Mann Gottes ist gekommen: erhaben, wie er reitet.

Verborgen ist der Mann Gottes, Oh Shamsudin!
Suche und finde ihn – den Mann Gottes.

Die Wissenschaft

Die Wissenschaft von der Wahrheit verschwindet im Wissen des Sufi.
Wann wird die Menschheit diesen Spruch je verstehen?

Die Wahrheit

Der Prophet sagte, die Wahrheit habe erklärt:
„Verborgen bin ich weder in der Höhe noch in der Tiefe, weder in der Erde noch in den Himmeln oder im Thron.
Das ist Gewißheit, O Geliebter:
In den Herzen der Gläubigen bin ich verborgen.
Wenn Du mich suchst, suche mich in disen Herzen."

Staub auf dem Spiegel

Das Leben / Die Seele ist wie ein klarer Spiegel; der Körper ist der Staub, der auf ihm liegt. Die Schönheit in uns wird nicht erkannt, weil wir unter dem Staub liegen.

Aktion und Rede

Ich gebe den Menschen, was sie sich wünschen. Ich rezitiere Gedichte, weil die Menschen mit ihnen unterhalten werden wollen.

In meinem eigenen Land können die Menschen Dichtung nicht leiden. Lange forschte ich nach Menschen, die Aktion wollen, aber alles was sie sich wünschen, sind Worte. Ich bin bereit Euch Handeln zu zeigen; aber niemand ist für dieses Handeln zu gewinnen. Also biete ich Euch – Worte.

Das Unwissen eines Narren wird beizeiten Schaden zufügen, gleich wie sehr er im Herzen mit Dir eins ist.

Arbeit

Arbeit ist nicht, was die Menschen dafür halten.
   Es ist nicht bloß eine Sache, die man von außen beobachten kann, wenn sie gerade im Gange ist.
      Wie lange noch sollen wir auf dieser Erdenwelt unseren Schoß
      Mit Staub und Steinen und Abfall füllen wie die Kinder?
      Laßt uns die Erde verlassen und zu den Himmeln fliegen,
      Laßt uns das Säuglingsdasein verlassen und zur Versammlung des *Menschen* gehen.

Das Haus

Wenn zehn Männer ein Haus betreten wollen und nur neun den Weg hinein finden, dann darf der zehnte nicht sagen: „Das geschah auf den Befehl Gottes."
   Er muß herausfinden, welcher Fehler und Versäumnisse er sich schuldig gemacht hat.

Eulen

Nur Vögel mit schönen Stimmen sperrt man ein.
Eulen hält man nicht in Käfigen.

Anstrengungen

Binde zwei Vögel zusammen.
Sie werden nicht fliegen können, obwohl sie jetzt vier Flügel besitzen.

Diese Aufgabe

Du hast eine Pflicht zu erfüllen. Tue irgend etwas anderes, tue so viele Dinge, wie Du willst, schöpfe Deine Zeit ganz aus, und doch, wenn Du diese Aufgabe nicht erfüllst, hast Du alle Deine Zeit restlos vergeudet.

Die Gemeinschaft der Liebe

Die Menschen der *Liebe* sind im Volk verborgen;
wie ein guter Mensch, der von schlechten umgeben ist.

Ein Buch

Die Absicht eines Buches mag es sein, anzuleiten,
gleichwohl kannst Du es auch als Ruhekissen benutzen;
Obwohl es dazu dient, Wissen, Führung und Nutzen zu bringen.

Dschalaludin Rumis Grabschrift

Wenn wir tot sind, suche unser Grab nicht in der Erde,
sondern finde es in den Herzen der Menschen.

Dritter Teil

DIE VIER GROSSEN ORDEN

Die vier großen Orden

Der Hintergrund

Alle Derwischlehrer verwenden bei der Vermittlung ihrer Lehre bestimmte äußere Formen. Wenn man sie isoliert betrachtet, wie jene Menschen, die auf der Basis ungenügender Information urteilen, können die Materialien und das Gedankengut mit anderen Glaubensbekenntnissen oder mit Praktiken aus unvordenklichen Zeiten assoziiert erscheinen, oder sie sind ihrem Äußeren nach Bereichen zuzurechnen, die nicht strenggenommen metaphysisch wirken. Aber da die grundlegende Erkenntnis der Derwische diesen Beobachtern häufig nicht zu eigen ist, bleiben die Gründe der Sufis bei der Wahl bestimmter Methoden, geschweige denn die Wirksamkeit der Methoden selbst, gleichermaßen unbekannt.

Ohne große Schwierigkeiten kann man die folgenden als die wichtigsten Methoden erkennen, die Derwische anwenden, um die Ausbildung höherer Bewußtseinszustände in ihren Schülern zu fördern:

1. Akustische, visuelle und andere Sinneseindrücke.
2. In Worte gefaßte Materialien, einschließlich Legenden und Gleichnisse, die so konstruiert sind, daß sie im Geist keine Überzeugung, sondern ein Muster, eine Blaupause, verankern sollen, die diesem Geist hilft, auf „andere" Weise zu operieren.
3. Gemeinschaftliches Arbeiten, Beten, Übungen mit dem Zweck, eine bestimmte Dynamik (keine emotionale oder indoktrinative) zu wecken, zu befreien und zum Fließen zu bringen, die die „Arbeit" fördert.
4. Die Verwendung von bestimmten Orten, Objekten, Symbolen etc., die als Ergänzung zum normalen menschlichen Erkenntnisvermögen angesehen werden – nicht zu seiner Ausbildung.
5. Die Gründung örtlicher und anderer Gruppen, deren Mitglieder auf der Basis ihres inhärenten Potentials zur Harmonisierung in einer esoterischen Gemeinschaft ausgewählt wurden, um eine Entwicklung

innerhalb dieser Gemeinschaft zu fördern; nicht als Gemeinschaft, die in den Bann einer Idee geschlagen wurde.

6. Die Auswahl von Praktiken und Prozeduren ausschließlich nach dem Kriterium ihrer Funktionalität, auf der Basis traditioneller oder anderer Formulierungen.

7. Die Schaffung von Arbeitsgemeinschaften durch das Auswählen von ortsansässigen beruflichen oder anderen Gruppierungen, die für die Derwisch-„Arbeit" ebenfalls von Nutzen sein können. Die Einführung von Gruppierungs-Systemen, die in der örtlichen Kultur fehlen können, weil sie keine psychologische Anziehungskraft ausüben und wirtschaftlich gesehen wertlos sind.

8. Die Bereitstellung von Prozeduren, Techniken und Materialien, die dazu verwendet werden könnten, mit dem inneren Aspekt im Sein eines Individuums Kontakt aufzunehmen, ohne dabei seine gewohnheitsmäßigen Aktivitäten, die auf orts- oder zeitbedingten Konditionierungen beruhen, zu unterbrechen. Die Hauptcharakteristika der populären Derwisch-Schulen – Tanzen, Springen, Musik spielen und hören und dergleichen – sind volkstümelnde, inkompetente Nachahmungen einer ursprünglich hochentwickelten „Technologie", die in ihrem Kern das unmittelbare Wissen des Lehrers enthält, welcher Prozeß bei welchen Umständen anzuwenden ist.

Sind diese grundlegenden Fakten erst einmal bekannt, werden zwei der wichtigsten Feststellungen der Derwische brauchbarer und plausibler erscheinen:

1. Die Feststellung, alle Derwische und die „Arbeit" würden eine unteilbare Einheit bilden, erscheint realistischer. Der scheinbare Widerspruch zwischen einem „Pfad" und dem anderen wird beseitigt. So wird beispielsweise die Praxis der Naqshbandi-Scheichs, Schüler in jedweden anderen Orden zu initiieren, verständlich, sogar auf der intellektuellen Ebene. Die Behauptungen in Bezug auf den Bankrott der Nachahmer, die sich auf einige wenige Techniken konzentrieren, können besser verstanden werden.

2. Man erkennt, daß die Verbindungslinien zwischen den klassischen praktischen Philosophien und denen der heutigen Zeit auf der Einheit der Erkenntnis auf höherer Ebene basieren, und nicht auf dem äußeren Erscheinungsbild. Das erklärt, warum der Moslem Rumi christliche, zoroastrische und andere Schüler hatte; warum der Mogulprinz Darah Shikoh in den Veden der Hindus Sufi-Lehren identifizierte, selbst aber Mitglied des Qadiri-Ordens blieb; wie man von Pythagoras und Salomon sagen kann, daß sie Sufi-Lehrer waren. Das erklärt auch, warum Sufis akzeptieren würden, daß einige Alchemisten Sufis waren, wie auch, daß sie die zugrundeliegenden Entwicklungsfaktoren in Rumis evolutionärer Philosophie und Halladschs „Christentum" verstanden haben; warum man in der Tat von Jesus

sagt, er würde in gewissem Sinne an der Spitze der Sufis stehen. Die Wichtigkeit dieser Information endet jedoch hier noch nicht. Von zentraler Bedeutung für den zukünftigen Schüler des Sufismus ist die Vergegenwärtigung, daß alle Formulierungen, Übungen, Orden und Techniken, die er außerhalb einer Sufi-Schule studiert, die äußere Hülle einer gerade gültigen oder schon überholten intensiven Ausbildungsarbeit bilden, die sich in einer von sehr vielen verschiedenen Gestalten präsentieren kann. Er kann deshalb keine gültige Entscheidung fällen, ob diese oder jene Sufi-Prinzipien und -praktiken für ihn attraktiv (und somit brauchbar) seien, und andere dafür nicht. Attraktiv oder nicht, diese Prinzipien und Praktiken sind Arbeitsrahmen, durch die die Lehre übertragen wird oder wurde. Beim Umgang mit historischen Materialien sind es besonders die Nachahmer (wie fromm sie auch immer sein mögen), die eine bestimmte Technik für empfehlenswert halten, nur weil dieser oder jener Lehrer sie angewendet hat.

Aufgrund der Lehre von „Zeit, Ort und beteiligte Menschen" sind Sufi-Übungen von Nutzen für

1. Menschen, die sich zu Techniken hingezogen fühlen. Das sind Menschen, die auf rein psychologische Stimulanzen aus sind. Sie sind weder Mystiker noch Metaphysiker, wenn sie sich auch oft dafür halten.

2. die Informationsvermittlung, damit sich potentielle Schüler mit der Vielfalt und der Art von Übungen vertraut machen können, die von Derwischen benützt werden.

3. die Entwicklung der Fähigkeiten des einzelnen und der Gruppe, jedoch nur, wenn sie korrekt verschrieben wurden von einer Sufi-Schule, die der Kultur angehört, aus der die Mehrzahl ihrer Mitglieder stammt. Um von dokumentierten Materialien zu profitieren, ist es für den Leser unabdingbar, Berichte von Sufi-Theorie und -Praxis mit klarer Einsicht in die ebengenannten Punkte zu erfassen.

Die überlebenden Derwischorden wurden ursprünglich nur zu dem Zweck eingerichtet, die besonderen Techniken, die der jeweilige Ordensgründer entwickelte, festzulegen und ausgewählten Anwärtern zur Verfügung zu stellen.

Die Orden, die im Osten allgemein bekannt sind, einschließlich die Vier Großen Orden, deren Materialien hier vorgestellt werden, haben ihre Rituale und ihre Mitgliedschaft in der heutigen Zeit ausschließlich auf der Basis östlicher Kultur und der Religion des Islam stabilisiert. Die Vermittlung der Lehre ist in diesen Orden heute ausschließlich auf Moslems beschränkt.

I
Der Chischti-Orden

Khwaja („Meister") Abu-Ishak Chischti, „der Syrer", wurde am Anfang des 11. Jahrhunderts geboren. Er war ein Abkömmling des Propheten Mohammed, und beanspruchte die innere Lehre der Hashemiten-Familie als seinen „spirituellen Stammbaum". Seine Anhänger sind ein Seitenzweig des Weges der Meister, der später unter dem Namen Naqshbandi („Die Menschen des Planes") bekannt wurde.

Die Gemeinschaft der Chischti, mit ihrem Ausgangspunkt Chischt in Chorassan, hatte sich auf die Verwendung von Musik bei ihren Übungen spezialisiert. Die wandernden Derwische des Ordens kannte man als Chist oder Chischt. Für gewöhnlich betraten sie eine Stadt und spielten mit Flöte und Trommel eine aufmunternde Melodie, um die Leute anzulocken, bevor sie damit begannen, eine Geschichte oder Legende mit initiatorischem Gehalt vorzutragen.

Spuren dieser Figur tauchten sogar in Europa auf, wo man den Chistu Spaniens mit sehr ähnlicher Gewandung und Instrumentarium finden konnte – eine Art wandernder Spaßmacher. Es könnte sogar sein, daß die etymologische Zuordnung des lateinischen gerere („tun") für das englische jester („Hofnarr, Spaßmacher") tatsächlich nur konstruiert ist, und daß sein Ursprung bei dem afghanischen *chisti* zu suchen wäre.

Wie im Fall anderer Sufi-Orden kristallisierte die spezielle Methodik der Chischtis schon sehr bald in eine simplifizierte Liebe zur Musik aus; die durch Musik erzeugte emotionelle Erregung wird dabei mit „spiritueller Erfahrung" verwechselt.

Ihre dauerhafteste Wirkung erzielten die Chischtis auf Indien. Im Laufe der letzten neunhundert Jahre wurden ihre Musiker auf dem gesamten Subkontinent hochgeschätzt.

Die folgenden Materialien sind für Lehre und Tradition der Chischtis repräsentativ.

Ursache und Wirkung

Abu-Ishak Shami Chischti sagte:
Eines Tages nahm mich mein Lehrer, Khaja Hubaira, auf einen Spaziergang durch die Stadt mit. In den engen Straßen wollte ein Mann auf einem Esel uns nicht ausweichen und verwünschte uns kräftig, als wir nur langsam auf die Seite gingen, um ihn vorbeizulassen.

„Möge er für sein Benehmen bestraft werden!" riefen die Leute aus ihren Fenstern.

Der Khaja sagte zu mir: „Wie einfältig die Menschen doch sind! Sie verstehen kaum, wie die Dinge in Wirklichkeit funktionieren. Sie können nur eine Art von Ursache und Wirkung erkennen, wo doch manchmal die Wirkung, wie sie sie nennen, vor der Ursache auftritt."

Ich war verblüfft und fragte ihn, was er damit meinte: „Nun", antwortete er, „dieser Mann ist schon längst für das Benehmen, das er uns gegenüber an den Tag legte, bestraft worden. Letzten Donnerstag bewarb er sich darum, in den Kreis von Scheich Adami aufgenommen zu werden und wurde abgewiesen. Nur wenn er den Grund dafür erkennt, wird er in den Kreis der Erwählten eintreten können. Bis dahin wird er sich weiterhin so verhalten."

Der Garten

Es war einmal zu der Zeit, als die Wissenschaft und Kunst des Gartenbaus unter den Menschen noch nicht fest verwurzelt war. In jenen Tagen lebte ein Meistergärtner. Er kannte nicht nur sämtliche Eigenschaften der Pflanzen, ihren Nährwert, ihre medizinische und ästhetische Bedeutung, ihm war auch das Wissen um das Kraut des Ewigen Lebens gewährt worden, und so lebte er viele hundert Jahre.

Durch die Generationen hindurch besuchte er Gärten und kultivierte Landstriche in der ganzen Welt. An einem bestimmten Ort pflanzte er einen wundervollen Garten und unterrichtete die Menschen in seiner Pflege und sogar in der Theorie des Gartenbaus. Aber sie gewöhnten sich allmählich daran, daß einige der Pflanzen Jahr für Jahr von neuem wuchsen und erblühten, und so vergaßen sie bald, daß man bei anderen die Samen sammeln mußte, daß einige nur durch Schneiden vermehrt werden konnten, daß einige besonders gewässert werden mußten, und so weiter. Das Ergebnis war, daß der Garten schließlich verwilderte, und die Menschen begannen, ihn für den besten Garten zu halten, den es überhaupt gebe.

Nachdem der Gärtner diesen Leuten viele Gelegenheiten gegeben hatte, zu lernen, entließ er sie und ersetzte seine Arbeiter durch ein neues, frisches Team. Er warnte sie davor, daß sie zu leiden hätten, wenn sie die Gärten nicht in Ordnung hielten und seine Methoden nicht erlernen würden. Diese Arbeiter ihrerseits vergaßen auch. Und weil sie faul waren, kümmerten sie sich nur um jene Früchte und Blumen, die leicht zu pflegen waren; die anderen ließen sie absterben. Von Zeit zu Zeit wurden sie von den früheren Schülern des Meistergärtners besucht, die zu ihnen sagten: „Ihr solltet dieses und jenes tun..." Sie wurden vertrieben und man rief ihnen hinterher: „Ihr seid es, die von der Wahrheit abgekommen sind!"

Aber der Meistergärtner arbeitete weiter. Wo immer es ihm möglich war, baute er Gärten, doch keiner war jemals vollkommen, außer dem einen, den er selbst mit seinen wichtigsten Helfern pflegte. Als es allmählich bekannt wurde, daß es viele Gärten gab und sogar viele Methoden des Gartenbaus, besuchten sich die Menschen aus den Gärten gegenseitig, um ihre Zustimmung abzugeben, um zu kritisieren oder zu streiten. Bücher wurden geschrieben, Gärtnerversammlungen wurden abgehalten, Gärtner wiesen sich gegenseitig Gradstufen zu im Einklang mit dem, was sie für die rechte Ordnung in der Rangfolge hielten.

Wie es so der Menschen Art ist, bleibt die Schwierigkeit der Gärtner, daß sie sich nur allzu leicht vom Oberflächlichen anziehen lassen. Sie sagen: „Ich mag diese Blume", und wünschen sich, daß alle Welt sie genauso mag. Dabei kann sie trotz ihrer Anziehungskraft und ihres häufigen Vorkommens ein Unkraut sein, das andere Pflanzen erstickt, die Medikamente oder Nahrung liefern könnten, die wiederum die Menschen und der Garten für ihre Nahrung und für ihr Überdauern benötigen.

Unter diesen Gärtnern finden sich jene, die Pflanzen mit nur einer Farbe vorziehen. Diese könnten sie dann als „gut" bezeichnen. Wieder andere wollen nur die Pflanzen hüten, während sie sich weigern, sich um die Pfade und die Tore, oder gar die Zäune zu kümmern.

Als der alte Gärtner schließlich starb, hinterließ er als sein Erbe das vollständige Wissen vom Gartenbau, indem er es unter den Menschen entsprechend ihren Verständnismöglichkeiten verteilte. So blieb schließlich die Wissenschaft wie auch die Kunst des Gartenbaus über viele Gärten wie auch in einigen Aufzeichnungen über sie verstreut.

Menschen, die in dem einen oder anderen Garten aufwuchsen und erzogen wurden, sind im allgemeinen so intensiv über die Verdienste oder die Fehler dessen unterrichtet worden, wie seine Bewohner die Dinge beurteilen, daß sie fast unfähig sind zu erkennen – auch wenn sie sich Mühe geben –, daß sie zu dem Konzept „Garten" zurückkehren müssen. Im allgemeinen akzeptieren sie bestenfalls, oder weisen zurück, warten mit einem Urteil, oder suchen nach dem, was sie für die gemeinsamen Faktoren halten.

Von Zeit zu Zeit treten echte Gärtner auf den Plan. Doch die Halb-Gärten sind so sehr in der Überzahl, daß die Menschen, wenn sie einmal von einem echten hören, sagen: „Oh ja. Du sprichst von einem Garten, wie wir ihn schon besitzen, oder uns vorstellen." Was sie haben und was sie sich vorstellen ist beides mangelhaft.

Die echten Experten, die mit den Pseudogärtnern nicht vernünftig reden können, tun sich zum größten Teil untereinander zusammen und führen in diesen und jenen Garten Elemente aus dem Gesamtbestand ein, um ihm die Möglichkeit zu lassen, seine Vitalität in gewissem Umfang zu bewahren.

Sie sind dabei oft gezwungen, sich zu tarnen, weil die Menschen, die von ihnen lernen wollen, selten über die Tatsache Bescheid wissen, daß Gartenbau als Kunst und Wissenschaft allem zugrunde liegt, was sie bisher gehört haben. Daher stellen sie Fragen wie: „Wie schaffe ich es, daß diese Zwiebeln schönere Blütenblätter geben?"

Die wahren Gärtner arbeiten von Zeit zu Zeit mit ihnen zusammen, weil manchmal echte Gärten zum Leben erweckt werden können, zum Vorteil der ganzen Menschheit. Sie überdauern keine lange Zeit, aber nur mit ihrer Hilfe kann dieses Wissen voll und ganz übermittelt werden und die Menschen können erkennen, was ein Garten wirklich ist.

Eine Gruppe von Sufis

Eine Gruppe von Sufis wurde von ihrem Lehrer in eine bestimmte Gegend gesandt und ließ sich dort in einem Haus nieder. Um kein unerwünschtes Aufsehen zu erregen, lehrte nur der Verantwortliche – der Erste Stellverteter – in der Öffentlichkeit. Die übrige Gemeinschaft übernahm die Aufgaben der Dienerschaft im Haushalt.

Als dieser Lehrer starb, ordneten die Mitglieder der Gemeinschaft ihre Aufgaben neu und gaben sich als fortgeschrittene Mystiker zu erkennen. Aber die Bewohner des Landes mieden sie nicht nur als Scharlatane, man konnte sie sogar sagen hören: „Was für eine Schande! Seht nur, wie sie das Erbe des Großen Lehrers an sich gerissen und unter sich verteilt haben. Diese armseligen Diener benehmen sich gerade so, als seien sie selbst Sufis!"

Nur aus Mangel an Erfahrung im Umgang mit Reflexion sind gewöhnliche Menschen nicht in der Lage, Situationen wie diese zu beurteilen. Sie neigen deshalb dazu, bloße Nachahmer zu akzeptieren, solche, die sich die Schuhe eines Lehrers anziehen, und jene abzuweisen, die seine Arbeit tatsächlich weiterführen.

Wenn ein Lehrer eine Gemeinschaft verläßt, entweder indem er stirbt oder auf andere Weise, ist es möglich, daß die Absicht besteht, seine Aktivitäten fortsetzen zu lassen – oder auch nicht. Die Gier gewöhnlicher Menschen ist so groß, daß sie eine solche Kontinuität immer für wünschenswert halten. Ihre relative Dummheit ist so groß, daß sie die Kontinuität nicht entdecken können, wenn sie eine andere Form als die primitivste annimmt.

Wenn der Tod nicht der Tod ist

Ein Mann wurde für tot gehalten und gerade für das Begräbnis zurechtgemacht, als er wieder zum Leben erwachte. Er richtete sich auf, aber das Bild, das sich ihm darbot, schockierte ihn derart, daß er ohnmächtig wurde.

Er wurde in einen Sarg gelegt und die Trauergemeinde machte sich auf den Weg zum Friedhof.

Genau in dem Augenblick, als sie das offene Grab erreichten, kam er wieder zu Bewußtsein, hob den Sargdeckel und rief um Hilfe.

„Es ist nicht möglich, daß er wieder lebendig geworden ist", sagten die Trauergäste, „weil ihn kompetente Fachleute für tot erklärt haben."

„Aber ich lebe!" schrie der Mann.

Er wandte sich an einen bekannten und unparteiischen Wissenschaftler und Rechtsgelehrten, der gerade zugegen war. „Einen Augenblick", sagte der Fachmann. Er drehte sich den Trauergästen zu und zählte sie. „Nun, wir haben alle gehört, was der angeblich Verstorbene zu sagen hatte. Ihr seid fünfzig Zeugen, sagt ihr mir jetzt, was ihr für die Wahrheit haltet."

„Er ist tot", sagten die Zeugen.

„Begrabt ihn!" sagte der Experte.

Und so begrub man ihn.

Das Reservezimmer

Ein Mann brauchte Geld, und der einzige Weg dorthin führte über den Verkauf seines Hauses. Jedoch wollte er sich nicht ganz davon trennen. Deshalb traf er die Übereinkunft, vertraglich festgelegt mit den neuen Besitzern seines Hauses, daß ihm die uneingeschränkte und vollständige Nutzung eines Zimmers zustehen würde, in dem er zu jeder Zeit jedweden Teil seines Besitzes aufbewahren dürfe.

Zu Anfang ließ er kleine Gegenstände in seinem Zimmer, die er von Zeit zu Zeit aufsuchte, ohne für irgendwelche Unannehmlichkeiten zu sorgen. Später, als er seinen Beruf manchmal wechselte, hob er für gewöhnlich die Werkzeuge seiner Arbeit dort auf. Die neuen Besitzer hatten immer noch nichts dagegen.

Schließlich begann er, dort tote Katzen aufzubewahren, bis das ganze Haus durch die Resultate ihrer Zersetzung unbewohnbar gemacht wurde.

Die Besitzer riefen die Gerichte an, aber die Richter stellten fest, daß das Ärgernis mit dem Vertrag vereinbar sei. Schließlich verkauften sie das Haus seinem ersten Besitzer – nicht ohne großen Verlust zu erleiden.

Die sieben Brüder

Es war einmal ein weiser Mann, der sieben Söhne hatte. Während sie aufwuchsen, brachte er ihnen so viel bei wie er nur konnte, aber bevor er ihre Erziehung vervollkommnen konnte, entdeckte er etwas, das ihre Sicherheit vordringlich machte. Er erkannte, daß eine Katastrophe ihr Land zerstören würde. Die jungen Männer waren tollkühn und er konnte sich ihnen nicht ganz anvertrauen. Er wußte, wenn er sagen würde: „Eine Katastrophe droht", dann würden sie antworten: „Wir bleiben hier mit Dir zusammen und stellen uns."

So trug er jedem Sohn eine schwierige Aufgabe auf, die er durch seine Abreise augenblicklich in Angriff zu nehmen hatte. Er sandte den ersten nach Norden, den zweiten nach Süden, den dritten nach Westen und den vierten Sohn nach Osten. Die drei übrigen Söhne schickte er unbekannten Zielen entgegen.

Sobald sie gegangen waren, brach der Vater in ein fernes Land auf, um dort unter Anwendung seines besonderen Wissens eine Arbeit fortzuführen, die durch die Notwendigkeit, seine Söhne zu erziehen, unterbrochen worden war.

Nach Beendigung ihrer Aufträge kehrten die ersten vier Söhne in ihr Land zurück. Der Vater hatte die Dauer ihrer Aufgaben so berechnet, daß sie solange gefahrlos und an einem abgelegenen Ort beschäftigt waren, bis es möglich wurde, nach Hause zurückzukommen.

Ihren Anweisungen entsprechend kehrten die ersten vier Söhne an den Ort zurück, der ihnen in ihrer Jugend vertraut geworden war. Aber jetzt erkannten sie sich gegenseitig nicht mehr. Jeder erhob den Anspruch, der Sohn seines Vaters zu sein, und keiner glaubte dem anderen. Die Zeit und das Klima, Kummer und Genußsucht, hatten ihr Werk getan, und das Äußere der Männer verändert.

Bittere Feindschaft entstand zwischen ihnen und jeder war entschlossen, den anderen anhand seiner Statur, seines Bartes, seiner Hautfarbe, seiner Sprechweise – die sich alle verändert hatten – zu beurteilen. So kam es, daß über Monate hinweg keiner dem anderen gestatten wollte, einen Brief ihres gemeinsamen Vaters zu öffnen, der die Lösung ihres Problems und den Abschluß ihrer Erziehung enthielt.

Der Vater hatte das schon vorausgesehen, so groß war seine Weisheit. Er wußte, daß sie so lange nicht mehr lernen würden, bis sie in der Lage waren, zu erkennen, daß sie sich sehr verändert hatten. Die gegenwärtige Situation ist die, daß zwei der Söhne sich gegenseitig erkannt haben, aber nur vorläufig und tastend. Sie haben den Brief geöffnet. Sie versuchen gerade, sich mit der Tatsache vertraut zu machen, daß all die Dinge, die sie für grundlegend und wesentlich hielten, in Wirklichkeit – in der Form, in der sie sie verwendeten – wertlose Nebensächlichkeiten waren.

Was sie über viele Jahre hinweg als geradezu die Wurzeln ihrer eigenen Wichtigkeit hochschätzten, könnte sich nun als eitler und nutzloser Traum erweisen.

Die anderen beiden Brüder beobachten sie und sind nicht überzeugt, daß sie von ihrer Erfahrung profitiert haben und wollen es ihnen nicht gleichtun.

Die drei Brüder, die sich in andere Himmelsrichtungen aufgemacht haben, sind nicht zu dieser Begegnung zurückgekehrt.

Was die vier betrifft wird es noch eine Weile dauern, bis sie voll und ganz begreifen, daß gerade die einzigen Dinge, die ihr Überleben im Exil sicherstellten – jene Oberflächlichkeiten, die sie nun für wichtig halten – die Barrieren für ihr Verstehen bilden.

Von Erkenntnis sind sie alle noch weit entfernt.

Vom Standpunkt eines Kamels

Ein Mensch fragte einmal ein Kamel, ob es lieber bergauf oder bergab ginge.

Das Kamel antwortete: „Mir ist nicht das bergauf und bergab wichtig – es ist die Last!"

Der Schwur

Ein Mann, der sich von vielen Sorgen gedrückt sah, schwor einst, daß er sein ganzes Haus verkaufen und das Geld an die Armen verteilen würde, wenn seine Probleme gelöst würden.

Es kam der Tag, an dem er erkannte, daß er den Schwur würde einlösen müssen. Aber so viel Geld wollte er nun auch wieder nicht verschenken. So dachte er über einen Ausweg nach.

Er bot das Haus für ein Silberstück zum Verkauf an. Mit dem Haus verbunden war jedoch der Kauf einer Katze, deren Preis er auf zehntausend Silberstücke festsetzte.

Ein anderer Mann kaufte Haus und Katze. Das einzelne Silberstück gab der Verkäufer den Armen, die zehntausend Silberstücke schob er sich selbst in die Tasche.

Das Denken vieler Menschen arbeitet auf diese Weise. Sie entschließen sich einer Lehre zu folgen; doch dann interpretieren sie die Beziehung zu ihr zu ihrem eigenen Vorteil.

„Der Sufi ist ein Lügner"

Der Sufi ist in der Lage eines Fremden in einem Land, eines Gastes in einem Haus. Jedermann in der gleichen Position muß auf die örtliche Mentalität Rücksicht nehmen.

Der wahre Sufi ist ein „verwandelter" Mensch(abdal), wobei Wandlung ein wesentlicher Bestandteil des Sufismus ist. Der gewöhnliche Mensch ist nicht verwandelt; daher die Notwendigkeit, sich zu verstellen.

Ein Mensch besucht ein Land, in dem Nacktheit als ehrenwert, das Tragen von Kleidung hingegen als schändlich gilt. Um in diesem Land leben zu können, muß er seine Kleider ablegen. Wenn er nur sagt: „Am besten ist es, Kleider zu tragen, Nacktheit ist schamlos", dann stellt er sich damit außerhalb der Reichweite der Menschen des Landes, das er besucht. Er wird deshalb entweder das Land verlassen oder – wenn er dort Aufgaben zu erfüllen hat – akzeptieren und sich für eine Weile anpassen. Wenn dann einmal das Thema der Vorzüge und Nachteile des Kleidertragens auf den Tisch kommt, wird er sich wahrscheinlich verstellen müssen. Es kommt hier zu einem Zusammenprall von Gewohnheiten.

Eine noch viel stärkere Kollision entsteht zwischen Gewohnheitsdenken und Nicht-Gewohnheitsdenken. Der Sufi hat gemeinsam mit anderen so viele Dinge erlebt und erfahren; er kennt deshalb einen Bereich des Lebens und des Seins, der sich nicht durch Argumente und Beweise belegen läßt, wenn auch nur deshalb, weil zu diesem oder jenem Zeitpunkt schon einmal alle Argumente von jemandem vorgebracht worden sind, wobei sich einige von ihnen durchgesetzt haben und nun für „gesunden Menschenverstand" gehalten werden.

Seine Aktivitäten reduzieren sich dann wie die des Künstlers auf Veranschaulichung.

Über die Musik

Sie wissen, daß wir der Musik lauschen, und daß wir bestimmte Geheimnisse in ihr wahrnehmen.
Deshalb spielen sie Musik und stürzen sich in „Zustände". Wisset, daß bei jeder Form des Lernens alle Anforderungen erfüllt sein müssen, nicht bloß Musik, Denken, Konzentration.
Denkt daran:
Nutzlos ist der gewaltige Milchertrag
einer Kuh, die den Eimer umstößt.

Hadrat Muinudin Chischti

Wie der Mensch sich selbst erhöht

Es gibt zwei Dinge: das Gute und das, was erst gut werden muß – Realität und Pseudo-Realität. Es gibt Gott und es gibt den Menschen.
Wenn ein Mensch die Wahrheit sucht, muß er zur Aufnahme der Wahrheit qualifiziert sein. Er weiß das nicht. Die Folge ist, daß er im Glauben an die Existenz der Wahrheit annimmt, er wäre allein schon deshalb fähig, sie zu erkennen, sie wahrzunehmen. Zwar spricht jede Erfahrung dagegen, aber der Glaube daran besteht weiter.
Wenn meine Zeit vorbei ist, um ein Beispiel zu geben, werden die Menschen weiterhin Teile eines Ganzen, das mit großer Sorgfalt darauf eingestellt wurde, den Kontakt mit der Wahrheit herzustellen, verwenden, indem sie es wie eine Art Zauberspruch oder Talisman zur Öffnung eines Tores mißbrauchen. Sie werden Musik spielen und hören, sie werden über gezeichnete Figuren meditieren, sie werden sich versammeln – und dies alles nur, weil sie es schon einmal gesehen haben.
Aber die Kunst besteht in der richtigen Kombination jener Elemente, die den Menschen seiner Verbindung mit der wirklichen Wahrheit würdig werden lassen, nicht in einer blassen Imitation dieser Elemente.
Bedenkt dabei stets, daß die Wissenschaft *(Ilm)* von der Überbrückung des Äußeren und des Inneren sehr selten ist und nur an wenige weitergegeben wird. Unvermeidlicherweise wird es viele geben, die es vorziehen, sich von der Realität einer weniger wertvollen Erfahrung überzeugen zu lassen, statt den Übermittler des Wesentlichen zu finden.

Hadrat Muinudin Chischti

Das Mysterium der Sufis

Dieses Urdu-Lied singen die Anhänger des Chischti-Heiligen Sayed Mir Abdullah Shah (19. Jh.), dessen Grabmal sich in Delhi befindet. Die Absicht dabei ist zu zeigen, daß die Sufis für etwas bekannt sind, das ihnen allen gemein ist, das durch Namen, Rituale und Ordensattribute nicht angemessen dargestellt werden kann, wenn auch alle diese Dinge eine gewisse Bedeutung für die geheimnisvolle innere Einheit des Seins besitzen.

> Einen freien Mann sehe ich auf der Erde sitzen.
> Eine Rohrflöte an den Lippen, sein Gewand ist geflickt, seine Hände abgearbeitet.
> Kann das einer der Großen Auserwählten sein?
> Ja, oh mein Freund, *Er* ist es!

> Scheich Saadi Baba, Sultan Arif Khan, Shah Waliullah el-Amir.
> Drei Wellen aus einem Meer. Drei Könige im Bettelgewand.
> Können das die Hohen Auserwählten sein?
> Ja, oh mein Freund, *Er* ist alles!
> *Er* ist alles, *Er* ist alles, *Er* ist alles!

> Muslim, Hindu, Christ, Jude und Sikh.
> Brüder auf geheime Weise – jedoch wer erkennt das innerlich?...
> Oh Gefährten der Höhle!
> Warum die Axt, die Bettelschale?
> Warum das Schaffell, das Trinkhorn und die Kappe?
> Warum der Stein auf dem Gürtel?
> Siehe: wenn Wein in Deinem Blut fließt.
> Alles ist *Er*, mein Freund, alles *Er*!

> Erklimmst Du die Bergesspitzen?
> Läßt Du Dich in einem Schrein nieder?
> Suche ihn, wenn ein *Lehrer* kommt,
> Suche das Juwel im Bergwerk!
> Alles ist *Er*, meine Freunde und Gefährten, *alles ist er!*

2
Der Qadiri-Orden

Dieser „Pfad" wurde von den Anhängern Abdul-Qadirs von Dschilan eingerichtet. Abdul-Qadir wurde in Nif geboren, im Dschilan-Distrikt südlich des Kaspischen Meeres. Er starb 1166 und verwendete eine Terminologie, die jener sehr ähnlich ist, die später die Rosenkreuzer Europas übernahmen.

Hadrat („Die Präsenz") Abdul-Qadir spezialisierte sich auf die Herbeiführung spiritueller Zustände, genannt die „Wissenschaft von den Zuständen". Seine Taten sind von seinen Anhängern so übertrieben dargestellt worden, daß sein Charakter in der Überlieferung nur wenige Ähnlichkeiten mit seiner eigenen Definition der Eigenschaften eines Sufi-Meisters aufweist.

Reichliche Überdosen ekstatogener Techniken sind mit einiger Sicherheit die Ursache für den Verfall der Qadiri-Organisationen. Ein immer wiederkehrendes Muster läßt sich da bei enthusiastischen Anhängern beobachten, wenn die Erzeugung eines veränderten Bewußtseinszustandes zum Endzweck wird, statt zum Mittel unter der kompetenten Aufsicht durch einen Spezialisten.

Die folgenden Auszüge enthalten Lehrmaterialien aus der Qadiri-Schulung, sowie einige Bemerkungen von Abdul-Qadir selbst.

Wie auch Dschalaludin Rumi soll Abdul-Qadir in seiner frühen Kindheit deutlich ausgeprägte, paranormale Fähigkeiten entwickelt haben, und seine Hagiographien sind mit Berichten darüber angefüllt.

Die Rose von Baghdad

Alle Derwische verwenden die Rose *(Ward)* als Sinnbild und Symbol für das Reimwort *Wird* („Konzentrationsübungen").

Abdul-Qadir, Gründer des Qadiri-Ordens, tritt bei einem Ereignis in Erscheinung, dem er den Titel „Rose von Baghdad" verdankt. Es ist überliefert, daß Baghdad so angefüllt war mit mystischen Lehrern, daß man beschloß, ihm bei seiner Ankunft in der Stadt eine Botschaft zu senden. Die Mystiker ließen ihm deshalb in den Außenbezirken der

Stadt ein Gefäß überreichen, randvoll mit Wasser. Die Bedeutung war offenbar: „Baghdads Schale ist voll bis obenhin."

Obwohl mitten im Winter und außerhalb der Blütezeit holte Abdul-Qadir eine vollerblühte Rose hervor und legte sie auf das Wasser, um seine Kräfte anzudeuten und auch, daß Platz für ihn sei.

Als ihnen dieses Zeichen überbracht wurde, rief die Versammlung der Mystiker aus: „Abdul-Qadir ist unsere Rose", und sie beeilten sich, ihn in die Stadt zu geleiten.

Die Weinrebe

Ein Mann pflanzte einen Weinstock, der bekannt dafür war, eßbare Trauben erst nach dreißig Jahren zu tragen. Es geschah nun, daß der Befehlshaber der Gläubigen gerade vorbeikam, als der Mann beim Pflanzen war. Er hielt an und sagte: „Du bist schon ein bemerkenswerter Optimist, wenn Du die Hoffnung hegst, so lange zu leben, bis diese Rebe Frucht trägt."

„Es mag sein, daß ich es nicht erlebe", sagte der Mann, „aber meine Nachfolger werden leben, um aus meiner Arbeit Nutzen zu ziehen, wie auch wir alle von der Arbeit unserer Vorgänger profitieren."

„Wie dem auch sei", sagte der Regent, „wenn sich Trauben zeigen, schicke mir ein paar davon. Das heißt, wenn wir bis dahin dem Schwert des Todes entgangen sind, das zu allen Zeiten über uns hängt."

Er machte sich wieder auf den Weg.

Jahre später begann der Weinstock, köstliche Trauben zu tragen. Der Mann füllte einen Korb mit den erlesensten Büscheln und ging zum Palast. Der Befehlshaber der Gläubigen empfing ihn und überreichte ihm ein großzügiges Goldgeschenk.

Schnell machte das Wort die Runde: „Ein Bauer hat eine gewaltige Summe im Tausch für einen Korb Weintrauben bekommen."

Eine unwissende Frau hörte das und füllte augenblicklich einen Korb mit ihren eigenen Trauben und präsentierte sich den Palastwachen: „Ich verlange den gleichen Lohn wie der Mann, der heute morgen entgolten wurde. Hier sind meine Früchte. Wenn der König für Früchte Geld bezahlt, hier sind die Früchte."

Dies kam dem Befehlshaber der Gläubigen zu Ohren und er antwortete: „Jene, die auf der Basis von Nachahmung und von Arroganz handeln, ohne die Umstände zu kennen, die jenen zugrunde liegen, die sie zu imitieren versuchen: Werft sie hinaus!" Die Frau wurde fortgeschickt, aber sie war so verärgert, daß sie sich nicht die Mühe machte, den Winzer nach dem tatsächlichen Ablauf der Dinge zu fragen.

Der Lehrer und der Hund

Ein Sufi-Lehrer ging gerade mit einem Schüler eine Straße entlang, als er von einem wütenden Hund angegriffen wurde. Der Schüler war außer sich und rief: „Was fällt Dir ein, meinen Meister so anzugehen!"

„Er ist beständiger als Du", sagte der Meister, „denn er bellt jeden an, entsprechend seinen Gewohnheiten und Trieben; Du hingegen betrachtest mich als Deinen Meister und bist den Verdiensten vieler Erleuchter gegenüber, die uns auf dieser Reise schon begegnet sind, gefühllos und übergehst sie, ohne sie eines Blickes zu würdigen."

Der Schurke, die Schafe und die Dorfbewohner

Es war einmal ein übler Schurke, der den Bewohnern eines Dorfes in die Hände fiel. Sie fesselten ihn an einen Baum, um über die Pein, die sie ihm zufügen würden, nachzugrübeln. Nachdem sie entschieden hatten, ihn am gleichen Abend noch ins Meer zu werfen, machten sie sich an ihr Tagwerk.

Ein Schäfer, der nicht sehr intelligent war, kam des Wegs und fragte den schlauen Bösewicht, warum er denn so gefesselt sei.

„Ach", sagte der Schurke, „ein paar Leute haben mich hierher gebracht, weil ich ihr Geld nicht annehmen wollte."

„Warum wollen sie es Dir denn geben, und warum willst Du es nicht nehmen?" fragte der erstaunte Schafhirt.

„Weil ich ein Mönch bin und weil sie mich bestechen wollen", sagte der Schurke; „es sind gottlose Menschen."

Der Schäfer schlug vor, den Platz des Schurken einzunehmen, und gab ihm den guten Rat, wegzulaufen und sich den Gottlosen zu entziehen.

So tauschten sie ihre Plätze.

Nach Einbruch der Nacht kehrten die Dorfbewohner zurück, stülpten einen Sack über den Kopf des Schäfers, fesselten ihn und warfen ihn ins Meer.

Am nächsten Morgen war ihr Erstaunen groß, als der Schurke mit einer Herde Schafe in das Dorf kam.

„Wo kommst Du her, und wo hast Du diese Tiere aufgetrieben?" fragten sie ihn.

„Im Meer gibt es freundliche Geister, die alle jene belohnen, die hineinspringen und auf diese Art ‚ertrinken'", sagte der Schurke. Er hatte kaum zu Ende gesprochen, als die Leute schon auf dem Weg zum Strand waren und sich ins Wasser stürzten.

Auf diese Art und Weise hat der Schurke das Dorf in Besitz genommen.

Das schreckliche Dib-Dib

Eines Nachts schlich sich ein Dieb zum Fenster einer alten Frau, um sie zu berauben, und lauschte. Sie lag ausgestreckt auf ihrem Bett und der Dieb hörte sie sprechen, mit stark bewegter Stimme, und in der seltsamsten Weise. Sie sagte folgendes: „Ach... das Dib-Dib, dieses schreckliche Dib-Dib! Das scheußliche Dib-Dib wird bestimmt mein Ende bedeuten."

Der Dieb dachte bei sich:

„Diese unglückliche Frau leidet unter einer schrecklichen Krankheit – das bösartige Dib-Dib, von dem ich bis jetzt noch nicht einmal gehört habe!"

Als ihr Gejammere immer stärker anschwoll, sagte er zu sich selbst: „Vielleicht bin ich auch schon angesteckt? Schließlich habe ich beinahe ihren Atem eingesaugt, als ich mich durch das Fenster beugte..."

Je länger er darüber nachdachte, desto mehr begann er sich zu fürchten, das schädliche Dib-Dib tatsächlich schon erworben zu haben. Ein paar Augenblicke später fing er an, am ganzen Leib zu zittern. Kaum, daß er es noch schaffte, zu seiner Frau nach Hause zu wanken, wobei er jammerte und stöhnte: „Das unheimliche Dib-Dib, wo gibt es noch Zweifel, daß mich das verfluchte Dib-Dib in seinen Klauen hält..."

Verängstigt steckte ihn seine Frau sofort ins Bett. Welch schreckliches Geschick hatte ihren Mann befallen? Zuerst glaubte sie, ein wildes Tier namens Dib-Dib müsse ihn angesprungen haben. Aber als er immer Unzusammenhängenderes murmelte und sie keine Zeichen an ihm entdecken konnte, begann sie zu fürchten, daß die Sache einem übernatürlichen Eingreifen zuzuschreiben sei.

Eine Person gab es da, von der sie wußte, daß sie am besten geeignet sein würde, es mit einem solchen Problem aufzunehmen: der Heilige Mann des Ortes. Am ehesten hätte man ihn als Priester beschreiben können, mit dem Heiligen Gesetz kannte er sich aus und man kannte ihn als Faqih den Weisen.

Augenblicklich machte sich die Frau auf den Weg zu dem Weisen und flehte ihn an, er möge doch sofort zu ihrem Gatten kommen. Der Faqih dachte bei sich, daß es sich hierbei in der Tat um ein Gebiet handelte, in dem er seine besondere Heiligkeit zum Tragen bringen könnte und beeilte sich, ans Bett des Diebes zu kommen. Als der Dieb den Glaubensmann neben sich erblickte, dachte er, daß sein Ende noch näher gekommen war, als er befürchtet hatte. Mit letzter Kraft murmelte er: „Die alte Frau am Ende der Straße..., sie hat das verfluchte Dib-Dib, und nun ist es auch über mich gekommen. Hilf mir, wenn Du kannst, verehrter Faqih!"

„Mein Sohn", sagte der Faqih, obgleich auch er nun ziemlich verwirrt war, „geh' in Dich um der Reue willen und bete um Gnade, denn die Dir noch verbliebenen Stunden mögen wahrlich gering an der Zahl sein."

Dann verließ er den Dieb und machte sich auf den Weg zur Hütte der alten Frau. Er spähte durch das Fenster und konnte ganz deutlich ihr Jammern vernehmen: „Elendes Dib-Dib, Du tötest mich..., Hör auf, hör auf, böses Dib-Dib, denn Du saugst meine Lebenssäfte aus..."

Und so ging es fort, wobei sie manchmal schluchzte, manchmal schwieg. Der Faqih selbst begann nun ein unheimliches Schaudern zu fühlen.

Er zitterte und als er sich mit seinen Händen am Fensterrahmen festklammerte, machte dieser ein Geräusch wie das Klappern von Zähnen.

Bei diesem Ton sprang die Greisin von ihrem Bett auf und packte den zu Tode erschrockenen Faqih bei den Händen.

„Was hast Du, ein achtenswerter und gebildeter Mann, zu dieser Nachtzeit hier zu suchen? Schaust dabei durch die Fenster anständiger Menschen?!" kreischte sie.

„Oh gute und doch unglückliche Frau", stammelte der Gelehrte. „Ich hörte Dich vom fürchterlichen Dib-Dib sprechen und nun fürchte ich, daß es mein wie auch Dein Herz in seinen Klauen hält, und daß wir physisch und spirituell verloren sind..."

„Du unglaublicher Narr!" schrie die Alte, „nicht auszudenken, daß ich Dich all die Jahre für einen Gelehrten und Weisen gehalten habe! Du hörst jemanden ‚Dib-Dib' sagen und bildest Dir ein, daß es Dich töten wird! So wirf denn einen Blick in die Ecke dort, um zu entdecken, was das entsetzliche Dib-Dib wirklich ist!" Und sie deutete auf einen tropfenden Wasserhahn, der, wie dem Faqih plötzlich klar wurde, mit dem Geräusch dib-dib-dib tropfte...

Aber Theologen sind unverwüstlich. Durch die Erlösung von seiner Drangsal fühlte er sich auf wundersame Weise zu neuem Leben erweckt und lief stracks zum Haus des Diebes zurück, denn dort gab es Arbeit für ihn.

„Geh fort", stöhnte der Dieb, „Du hast mich in der Not im Stich gelassen, und der Anblick eines solch deprimierenden Gesichtes flößt mir nur geringe Zuversicht ein, was meine Zukunft betrifft..." Der Alte unterbrach ihn: „Undankbarer Wicht! Glaubst Du wirklich, ein Mann von meiner Frömmigkeit und Bildung würde eine solche Angelegenheit sich selbst überlassen? So höre denn wohl auf meine Worte und Taten und ich werde Dir zeigen, daß ich unermüdlich in Übereinstimmung mit meinem himmlischen Auftrag auf Dein Wohlergehen und Deine Gesundung hingearbeitet habe."

Das Wort „Gesundung" lenkte augenblicklich die Aufmerksamkeit des Diebes und seiner Frau auf die beeindruckende Würde jenes angesehenen Weisen.

Er holte ein wenig Wasser und sprach einige Worte darüber. Dann hieß er den Dieb das Versprechen ablegen, niemals wieder zu stehlen. Schließlich verspritzte er das vorbereitete Wasser über den Dieb mit vielen vielsilbigen Worten und Gesten und schloß mit den Worten:

„Fliehe, unreines, teuflisches Dib-Dib, an den Ort, von welchem Du kamst und kehre nie wieder zurück, um diesen unglücklichen Mann heimzusuchen!"

Der Dieb richtete sich auf und war geheilt. Von diesem Tag an bis heute hat der Dieb nie wieder gestohlen. Noch hat er irgend jemandem von dieser wundersamen Heilung erzählt, denn trotz allem kann er den Weisen und seine Vorstellungen nicht besonders leiden.

Und die alte Frau, eigentlich eine Klatschbase, hat nicht das geringste von der Narretei des Faqih verlauten lassen. Sie hat vor, davon beizeiten Gebrauch zu machen; bei Gelegenheit wird sich schon irgendein Vorteil herausschachern lassen.

Und natürlich der Faqih... nun, ihm steht nicht der Sinn danach, die Details allzusehr hinauszuposaunen; auch von ihm kann man nichts über diese Geschichte erfahren.

Aber wie es der Menschen Art ist, hat jede der beteiligten Personen seine oder ihre Version einem anderen Menschen erzählt, in absoluter Vertraulichkeit natürlich. Und deshalb ist es ihnen möglich geworden, die ganze Geschichte von der Frau, dem Dieb, dem Priester und dem schrecklichen Dib-Dib zu erfahren.

Der Dieb, der Ladenbesitzer und das Gesetz

Ein Dieb brach in einen Laden ein. Während er sich dort aufhielt, drang eine scharfe Ahle in sein Auge, die der Ladenbesitzer in einem Regal gelassen hatte, und blendete ihn.

Der Dieb ging vor Gericht und sagte: „Die Strafe für Stehlen ist das Gefängnis, aber die Strafe für Nachlässigkeit, die ein Auge verletzt, besteht im Schadenersatz von beträchtlicher Höhe."

„Er kam, um mich zu bestehlen", sagte der Ladenbesitzer zu seiner Verteidigung.

„Ein anderes Gericht muß sich damit befassen", sagte der Richter, „wir können uns hier nicht darum kümmern."

„Wenn ihr mir nehmt, was ich besitze", sagte der Dieb, „wird meine Familie hungern, während ich im Gefängnis sitze. Das ist sicherlich nicht fair ihnen gegenüber."

„Dann werde ich zur Vergeltung ein Auge des Ladenbesitzers entfernen lassen", befahl der Richter.

„Aber wenn Du das tust", sagte der Ladenbesitzer, „würde ich mehr verlieren als der Dieb, und das wäre nicht recht und billig. Ich bin Juwelier, und der Verlust eines Auges würde meine Arbeitsfähigkeit zerstören."

„Nun gut", sagte der Richter, „weil das Gesetz unparteiisch ist und niemand mehr leiden soll als ihm zukommt, weil die gesamte Gemeinschaft Gewinn und Verlust einiger ihrer Mitglieder teilt, bringt mir einen Mann, der nur ein Auge braucht – einen Bogenschützen zum Beispiel – und entfernt sein zweites Auge." Und so geschah es.

Der Lohn und die Arbeit

Ein Pferd begegnete einst einem Frosch. Das Pferd sprach: „Bitte überbringe diese Botschaft einer Schlange, und alle Fliegen, die mich umkreisen, gehören Dir."

Der Frosch antwortete: „Der Lohn gefällt mir, aber ich kann nicht sagen, daß ich diesen Auftrag ausführen könnte."

Die Pflanze

Eines Tages tauchte am Eingang von Abdul-Qadir Dschilanis Haus eine Blume in einem Topf auf. Daneben war ein Schild angebracht: „Rieche daran und rate, was es ist."

Jedem eintretenden Menschen händigte man Schreibmaterial aus und lud ihn ein, des Rätsels Lösung aufzuschreiben, wenn er dies wünschte.

Als der Tag sich neigte, überreichte Abdul-Qadir seinen Schülern eine Schachtel, die die Antworten enthielt. Er sprach: „Jeder, der mit ‚Eine Rose' geantwortet hat, mag bleiben, wenn er es wünscht, und mit der Lehre fortfahren. Jeder, der nichts geschrieben hat, oder irgend etwas anderes als ‚Eine Rose', ist hiermit entlassen."

Jemand stellte die Frage: „Ist es denn nötig, bei der Beurteilung der Eignung zur Schülerschaft auf oberflächliche Methoden zurückzugreifen?" Der große Lehrer antwortete: „Ich kenne die Antworten, aber ich möchte allen anderen demonstrieren, daß äußerliche Manifestationen den inneren Charakter anzeigen." Und mit diesen Worten übergab er der Gemeinschaft eine Liste. Sie enthielt, obwohl er die Antworten der Eintretenden nicht gelesen hatte, eine Liste der Namen aller derjenigen, die „Eine Rose" geschrieben hatten.

Dies erhellt eine der Bedeutungen der Phrase: „Das Offensichtliche ist das Bindeglied zum Wahren." Was Abdul-Qadir innerlich wahrgenommen hatte, konnte auch von außen demonstriert werden.

Auf diese Weise und aus diesem Grund wird von dem Schüler eine bestimmte Art von Benehmen erwartet.

3
Der Suhrawardi-Orden

Die Gründung dieses Ordens im zwölften Jahrhundert der christlichen Zeitrechnung wird Scheich Siaudin Dschahib Suhrawardi zugeschrieben, der der Lehre des klassischen Sufi-Meisters Dschunaid folgte. Wie bei fast allen anderen Orden werden Suhrawardi-Lehrer von den Naqshbandis und anderen akzeptiert.

Sowohl Indien wie auch Persien und Afrika wurden durch die Methoden und Persönlichkeiten des Ordens in ihren mystischen Aktivitäten beeinflußt, obwohl die Suhrawardis zu den verstreutesten sufischen Gruppierungen zählen.

Ihre Praktiken schwanken von der Erzeugung mystischer Ekstase bis zur Übung der „Wahrnehmung der *Realität*" in völliger Stille.

Lehrmaterialien des Ordens sind oft allem Anschein nach reine Legenden oder frei erfundene Schriften. Für die Anhänger jedoch enthalten sie Materialien, die wesentlich für die Bereitung des Bodens für Erfahrungen sind, denen sich der Schüler gelegentlich unterziehen muß. Ohne diese, so glaubt man, besteht die Möglichkeit, daß der Student einfach nur veränderte Bewußtseinszustände entwickelt, die ihn untauglich für das Alltagsleben werden lassen.

Ben Jusuf, der Schreiner

Es war einmal ein Schreiner mit Namen Nasar ben Jusuf. Lange Jahre verbrachte er seine Freiheit mit dem Studium alter Bücher, die viele fast vergessene Bruchstücke von Wissen enthielten. Er besaß einen treuen Diener, zu dem er eines Tages sprach: „Ich habe nun ein Alter erreicht, in dem die alten Wissenschaften zur Anwendung kommen müssen, um die Fortdauer meiner Existenz zu sichern. Ich wünsche deshalb, daß Du mir bei einer Prozedur hilfst, die mich verjüngen und unsterblich machen wird."

Als er ihm das Verfahren erklärte, wollte es der Diener nur höchst widerwillig ausführen. Er sollte Nasar zerstückeln und ihn in ein großes, mit bestimmten Flüssigkeiten gefülltes Faß legen.

„Ich kann Dich nicht töten", sagte der Diener.

„Doch, Du mußt es tun, denn ich werde in jedem Fall sterben, und Du wirst der Leidtragende sein. Nimm dieses Schwert und bewache das Faß, aber erzähle niemandem, was Du wirklich tust. Öffne das Faß nach achtundzwanzig Tagen und laß mich heraus. Ich werde dann meine Jugend wiedergewonnen haben."

Da stimmte der Diener zu und die Prozedur begann.

Nach ein paar Tagen jedoch begann der Diener sich in seiner Einsamkeit sehr unwohl zu fühlen und Zweifel aller Art begannen an ihm zu nagen. Dann aber gewöhnte er sich allmählich an seine seltsame Aufgabe. Regelmäßig besuchten Menschen das Haus und fragten nach seinem Meister, aber alles, was er sagen konnte, war: „Er ist gerade nicht da."

Schließlich trafen Repräsentanten der Obrigkeit ein, die den Verdacht hegten, er habe seinen verschwundenen Herrn beiseite geschafft. „Laßt uns das Haus durchsuchen", sagten sie. „Wenn wir nichts finden, werden wir Dich auf Verdacht in Gewahrsam nehmen, und es ist sehr wahrscheinlich, daß Du nicht entlassen wirst, bevor Dein Herr wieder auftaucht."

Der Diener wußte nicht, was er tun sollte, weil erst einundzwanzig Tage vergangen waren. Aber schließlich traf er eine Entscheidung und sagte: „Bitte laßt mich nur ein paar Minuten mit diesem Faß im Zimmer allein, dann bin ich bereit, Euch zu folgen."

Er ging in das Zimmer und nahm den Deckel vom Faß. Augenblicklich sprang ein winziges Männchen aus dem Faß, das seinem Meister genau glich, aber viel jünger und genau handtellergroß war; es lief dauernd um das Faß herum und rief ununterbrochen: „Es war zu früh, es war zu früh...". Und dann, vor den Augen des entsetzten Mannes, löste es sich in Luft auf.

Der Diener verließ das Zimmer, die Soldaten verhafteten ihn. Sein Herr wurde nie wieder gesehen, obwohl es viele Legenden über Jusuf den Schreiner gibt; aber die müssen wir uns für ein anderes Mal aufheben.

Das Mädchen, das von den Toten auferstand

Es war einmal in alter Zeit ein wunderschönes Mädchen, die Tochter eines guten Menschen, eine Frau unter den Frauen. Ihr Wesen war von seltener Lieblichkeit und Zartheit. Als sie ins heiratsfähige Alter kam, hielten drei junge Männer um ihre Hand an. Jeder von ihnen war offensichtlich vielversprechend und mit hohen Gaben gesegnet. Nachdem der Vater entschieden hatte, daß alle drei von gleich hohen Verdiensten waren, überließ er die letzte Entscheidung seiner Tochter.

Aber Monate vergingen und das Mädchen schien sich nicht entscheiden zu wollen. Eines Tages wurde sie ganz plötzlich krank. Innerhalb weniger Stunden war sie tot.

Die drei jungen Männer brachten sie, im Schmerz vereint, auf einen Friedhof und begruben sie in tiefster stiller Trauer.

Der erste junge Mann machte den Friedhof zu seinem Heim und verbrachte die Nächte dort in Kummer und Meditation versunken, unfähig, die Wege des Schicksals zu begreifen, die das Mädchen hinweggerafft hatten.

Der zweite Jüngling machte sich auf Wanderschaft durch die Welt auf der Suche nach Erkenntnis, als Fakir (Fakir = arm) gekleidet.

Der dritte Mann verbrachte die Zeit damit, den leidtragenden Vater zu trösten.

Eines Tages gelangte der Jüngling, der zum Fakir geworden war, an einen Ort, an dem ein unheimlicher Künste kündiger Mann lebte. Seine Suche nach Erkenntnis verfolgend stellte er sich am Tor vor und wurde zur Tafel des Hausherrn vorgelassen. Zum Essen eingeladen, wollte er gerade mit dem Mahl beginnen, als ein kleines Kind zu weinen anfing. Es war der Enkel des weisen Mannes.

Der Weise hob den Jungen auf und warf ihn in das Feuer. Da sprang der Fakir auf und wandte sich zum Gehen mit dem Ausruf: „Schändliche Dämonen! Ich habe schon meinen Teil von den Kümmernissen dieser Welt abbekommen, aber dieses Verbrechen übertrifft alle früheren in der Geschichte!"

„Denke Dir nichts dabei", sagte der Herr des Hauses, „denn einfache Dinge sehen ganz anders aus, wenn es an Wissen fehlt." Mit diesen Worten rezitierte er eine Formel, schwenkte ein fremdartiges Symbol, und der kleine Junge trat unverletzt aus dem Feuer.

Der Fakir prägte sich die Formel und das Muster ein und machte sich am nächsten Morgen auf den Weg zurück zum Friedhof, wo seine Geliebte begraben lag.

In Sekundenschnelle stand das Mädchen vor ihm, voll und ganz zum Leben erweckt.

Sie kehrte zu ihrem Vater zurück, während die jungen Männer hitzig diskutierten, wer nun ihre Gunst gewonnen habe.

Der erste sagte: „Ich habe im Friedhof gelebt, durch lange Nächte der Wache Verbindung mit ihr gehalten und für den irdischen Rückhalt der Bedürfnisse ihrer Seele gesorgt."

Der zweite sagte: „Ihr laßt beide die Tatsache außer acht, daß *ich* es war, der tatsächlich die Welt auf der Suche nach Erkenntnis bereiste und der sie schließlich ins Leben zurückgebracht hat."

Der dritte sagte: „Ich habe um sie getrauert, ich habe hier wie ein Ehegatte und Schwiegersohn gelebt, ihren Vater getröstet und für seinen Unterhalt gesorgt."

Sie wandten sich schließlich an das Mädchen selbst. Sie sprach: „Jener, der die Formel gefunden hat, um mich wiederzuerwecken, war ein humanitärer Mensch; der junge Mann, der sich um meinen Vater sorgte, war ihm wie ein Sohn; der, der neben meinem Grab lag – er verhielt sich wie ein Liebender. *Ihn* werde ich heiraten."

Das Gleichnis vom Gastgeber und den Gästen

Der Lehrer ist wie ein Gastgeber in seinem eigenen Haus. Seine Gäste sind jene, die den *Weg* zu erlernen versuchen. Das sind Menschen, die noch nie in ihrem Leben in einem Haus waren und die nur vage Vorstellungen davon haben, wie ein Haus beschaffen sein mag. Nichtsdestoweniger existiert es.

Wenn die Gäste das Haus betreten und den Ort entdecken, der zum Sitzen dienen soll, dann fragen sie: „Was ist das?" Man sagt ihnen: „Dies ist der Ort, an dem wir sitzen." Darauf setzen sie sich auf Stühle, nur vage der Funktion eines Stuhles bewußt.

Der Gastgeber bewirtet sie, aber sie stellen auch weiterhin Fragen, manche davon irrelevant. Als guter Gastgeber macht er ihnen deswegen keine Vorwürfe. Zum Beispiel möchten sie wissen, wo und wann sie denn essen werden. Sie wissen nicht, daß niemand allein ist und daß genau in diesem Augenblick andere Menschen dabei sind, das Essen zu kochen, und daß es noch einen anderen Raum gibt, in dem sie sich setzen und ein Mahl zu sich nehmen werden. Weil sie das Essen und die Vorbereitungen dazu nicht sehen können, sind sie manchmal verwirrt, vielleicht im Zweifel, manchmal fühlen sie sich auch unbehaglich.

Der gute Gastgeber weiß um die Probleme seiner Gäste und muß ihnen die Befangenheit nehmen, damit sie das Essen genießen können, wenn es kommt. Zu Beginn sind sie keineswegs in der Lage, sich mit dem Essen zu befassen.

Einige der Gäste begreifen rascher und bringen den einen oder anderen Bestandteil des Hauses miteinander in Verbindung. Diese Menschen sind es, die sich ihren langsameren Freunden mitteilen können. Der Gastgeber antwortet in der Zwischenzeit jedem Gast entsprechend seiner Fähigkeit, die Einheit und die Funktion des Hauses wahrzunehmen.

Daß das Haus existiert, daß es vorbereitet wird, um Gäste zu empfangen, daß der Gastgeber zugegen ist – all dies reicht allein noch nicht aus. Jemand muß aktiv die Funktion des Gastgebers ausüben, damit sich die Fremden, die ja die Gäste sind und denen gegenüber der Gastgeber Verantwortung trägt, nach und nach an das Haus gewöhnen können. Zu Anfang sind sich viele von ihnen der Tatsache nicht bewußt, daß sie Gäste sind, oder vielmehr, was nun genau das Gast-Sein bedeutet: was sie dazu beitragen können, was es ihnen geben kann.

Der erfahrene Gast, der sich mit Häusern und Gastfreundschaft auskennt, fühlt sich schließlich in seinem Gast-Sein wohl und ist nun in der Lage, mehr über Häuser und über viele Aspekte des Lebens in ihnen zu verstehen. Solange er noch zu begreifen versucht, was ein Haus ist oder solange er noch versucht, die Benimmregeln zu behalten, solange ist seine Aufmerksamkeit zu sehr von diesen Faktoren eingenommen, als daß er, sagen wir, auf Schönheit, Wert und Funktion der Möbel achten könnte.

Astrologie

Durch seine Fähigkeit, die Zukunft zu schauen, erkannte ein Sufi einst, daß eine Stadt binnen kurzem von einer Feindesmacht angegriffen werden würde. Er berichtete seinem Nachbarn davon, der begriff, daß der Sufi ein aufrichtiger, aber einfacher Mensch war, und so erteilte er ihm den Rat: „Ich bin sicher, daß Du recht hast, und Du solltest Dich auch aufmachen und es dem König erzählen. Aber wenn Du möchtest, daß er Dir Glauben schenkt, dann sage bitte, daß Du zu dieser Prophezeiung mit Hilfe von Astrologie gekommen bist, nicht durch Erkenntnis und Weisheit. Dann wird er handeln und vielleicht kann die Stadt gerettet werden."

Der Sufi tat, wie ihm vorgeschlagen, und die Stadtbevölkerung konnte durch angemessene Vorsichtsmaßnahmen gerettet werden.

Ausspruch von Scheich Siaudin

Selbstrechtfertigung ist schlimmer als das ursprüngliche Vergehen.

Drei Anwärter

Drei Männer machten sich auf den Weg zur Versammlung eines Sufi und baten um Aufnahme in die Lehre.

Einer von ihnen zog sich fast augenblicklich zurück, aufgebracht durch das sprunghafte Benehmen des Meisters.

Dem zweiten teilte ein Schüler (auf Weisung des Meisters) mit, daß der Weise ein Betrüger sei. Bald darauf ging auch der wieder fort.

Der dritte Mann erhielt Sprecherlaubnis, aber er erhielt so lange keine Lehren angeboten, bis er das Interesse verlor und die Gemeinschaft verließ.

Nachdem alle drei gegangen waren, zog der Meister folgende Lehre für seinen Kreis: „Der erste Mann war eine Veranschaulichung des Prinzips ‚Beurteile niemals grundsätzliche Dinge nach dem Augenschein'. Der zweite war eine Veranschaulichung der Anordnung ‚Beurteile nicht Dinge von tiefer Bedeutung nur nach dem Hörensagen'. Der Dritte war ein Beispiel für das Diktum ‚Urteile niemals nach dem, was gesprochen wird oder nach dem Mangel an Gesprochenem'."

Auf die Frage eines Schülers, warum man den Bittstellern in dieser Sache nicht eine Lehre zuteil werden lassen konnte, gab der Meister scharf zurück: „Ich bin hier um höheres Wissen zu vermitteln; und nicht um zu lehren, was die Menschen schon von Kindesbeinen an zu wissen vorgeben."

Das erinnert mich an...

Suhrawardi sprach:
Ich besuchte einen Mann und wir setzten uns zu einem Gespräch zusammen.

Ein Kamel stapfte vorüber und sagte zu ihm: „Woran denkst Du bei seinem Anblick?"

Er erwiderte: „Essen."

„Aber Du bist doch kein Araber; seit wann dient Dir Kamelfleisch als Speise?"

„Nein, die Sache verhält sich anders", sagte der Mann, „weißt Du, mich erinnert alles an Essen."

4
Der Naqshbandi-Orden

Die Meister

Die Derwisch-Schule der Khajagan („Die Meister") entstand in Zentalasien und beeinflußte stark die Entfaltung der indischen und türkischen Königreiche. Der Orden rief viele spezialisierte Schulen ins Leben, die individuelle Namen erhielten. Viele Autoritäten betrachten ihn als die früheste aller „Ketten der Übertragung".

Khaja Bahaudin Naqshband (gest. 1389) zählt zu den bedeutendsten Persönlichkeiten dieser Schule. Nach seiner Zeit wurde sie als die Naqshbandi-Kette bekannt: die „Planer" oder auch „Die Meister des Planes".

Bahaudin verbrachte sieben Jahre als Höfling, sieben als Tierhüter und sieben im Straßenbau. Er studierte bei dem respektgebietenden Baba El-Samasi, und man schreibt ihm das Verdienst zu, zu den ursprünglichen Prinzipien und Praktiken des Sufismus zurückgekehrt zu sein. Nur die Naqshbandi-Scheichs besitzen die Autorität, Schüler in alle anderen Derwisch-Orden einweihen zu dürfen.

Weil sie in der Öffentlichkeit niemals eigene Gewänder trugen, und auch weil ihre Mitglieder nie aufmerksamkeitserregende Aktivitäten pflegten, ist es den Gelehrten nicht gelungen, die Geschichte des Ordens zu rekonstruieren; oft ist es nicht leicht gewesen, ihre Mitglieder zu identifizieren. Die Naqschbandis des Mittleren Ostens und Zentralasiens haben sich den Ruf eingehandelt, hauptsächlich moslemische Pietisten zu sein, was zum Teil der Tatsache zuzuschreiben ist, daß es zur Tradition der „Meister" zählt, voll und ganz eingebettet in die Kultur, in der sie operieren, zu arbeiten.

Wie der Orden entstand

Drei Derwische traten die Längste Reise an.

Als sie zurückkehrten, sprachen die Leute zu ihnen: „Was hat Euch am meisten dabei geholfen, die Reise zu Ende zu bringen, Euch durchzuschlagen, die Fährnisse zu ertragen, und die Rückkehr zu schaffen?

Der erste antwortete: „Katzen und Mäuse; sie in der Alltagswelt zu beobachten hat mich gelehrt, daß Stillhalten und Handeln gleichermaßen wichtig sind."

Der zweite antwortete: „Nahrung; sie ermöglichte mir, durchzuhalten, und verständig zu bleiben."

Der dritte antwortete: „Übungen; sie lehrten mich, aktiv und eins mit mir selbst zu sein."

Die Unwissenden unter ihrer Zuhörerschaft versuchten, diesen Rat sklavisch nachzuahmen. Sie blieben erfolglos, standen aber wenigstens der Arbeit der Derwische nicht mehr wirklich im Wege.

Die Halbwissenden unter den Zuhörern sagten: „Wir werden uns nicht ganz genau daran halten, wir werden versuchen, diese Prinzipien miteinander zu verbinden."

Sie blieben erfolglos. Aber wenigstens standen auch sie der Arbeit der Derwische nicht mehr im Wege und ließen sie in Frieden, weil sie glaubten, nun im Besitz der vollständigen Lehre zu sein. Dann sprachen die Derwische zu denen, die noch übriggeblieben waren: „Wir werden Euch jetzt zeigen, wie die Geheimnisse und die gewöhnlichsten Dinge des Lebens, richtig miteinander kombiniert, die Möglichkeit herbeiführen können, die Längste Reise zu Ende zu bringen."

Das ist die *Lehre*.

Auf diese Weise ist der Orden (der Meister) entstanden. Und immer noch verhalten sich die Menschen, die nach Äußerlichkeiten gehen und die Menschen des inneren Kreises so wie hier erzählt.

Drei Besuche bei einem Weisen

Bahaudin Naqshband erhielt eines Tages Besuch von einer Gruppe Suchender. Sie trafen ihn auf dem Hof an, umringt von seinen Schülern und offensichtlich Lustbarkeiten aller Art hingegeben. Einige der Neuankömmlinge sagten: „Wie anstößig! Das ist doch kein Benehmen, ganz gleich unter welchem Vorwand!" Sie versuchten, beim Meister zu protestieren.

Andere wiederum meinten: „Das sieht ja toll aus! Diese Lehre gefällt uns. Wir wünschen daran teilzunehmen."

Wieder andere sagten: „Wir sind zum Teil verblüfft und wünschen uns mehr Licht in diesem Rätsel."

Die übrigen sprachen untereinander: „Es mag Weisheit darin liegen, aber ob wir uns nun näher erkundigen sollen oder nicht – wir wissen es nicht." Der Lehrer schickte sie alle wieder fort.

Und alle diese Menschen verbreiteten daraufhin in Wort und Schrift ihre Ansichten zu diesem Ereignis. Auch wer nicht direkt auf seine Erfahrungen anspielte, war doch von ihnen berührt, und seine Rede und sein Handeln spiegelten seine Meinung wider.

Einige Zeit später sprachen einige Mitglieder dieser Gruppe ein weiteres Mal bei dem Lehrer vor. Vom Tor aus beobachteten sie, wie er und seine Schüler diesmal im Hof saßen – aufgereiht, wie es sich gehörte und in tiefe Meditation versunken. „Schon besser", sagten einige der Besucher, „offensichtlich hat er aus unseren Protesten gelernt."

„Hervorragend", sagten andere, „zweifellos hat er uns das letzte Mal nur prüfen wollen."

„Das ist uns zu trist", sagten wieder andere, „lange Gesichter hätten wir überall finden können."

Und es gab noch andere Meinungen, ob sie nun geäußert wurden oder nicht. Als die Zeit der Besinnung vorüber war, schickte der Weise alle Besucher fort.

Sehr viel später kehrten ein paar von ihnen zurück und baten den Meister um eine Deutung des Erlebten. Sie reihten sich vor dem Tor auf und blickten in den Hof. Dort saß der Lehrer, allein, weder Vergnügungen frönend noch in Meditation versunken. Seine Schüler waren nirgends zu sehen.

„Ihr sollt schließlich die ganze Geschichte hören", sprach er, „denn ich habe meine Schüler entlassen können: die Aufgabe ist erfüllt. Bei Eurem ersten Besuch war meine Schülergruppe zu ernsthaft gewesen – ich war gerade dabei, für Ausgleich zu sorgen. Als Ihr das zweite Mal kamt, waren sie zu ausgelassen gewesen – ich habe für Ausgleich gesorgt. Wenn ein Mensch arbeitet, dann rechtfertigt er sich nicht immer dafür vor zufälligen Besuchern, für wie sehr interessiert sie sich auch immer halten mögen. Wenn eine Unternehmung mitten im Gange ist, zählt einzig und allein ihr korrekter Ablauf. Unter solchen Umständen ist eine Beurteilung von außen von zweitrangiger Bedeutung."

Eine Lehrmethode

Bahaudin saß im Kreis einiger Schüler, als mehrere seiner Anhänger den Gemeinschaftsraum betraten.

El-Shah fragte einen nach dem anderen nach dem Grund für sein Kommen.

Der erste sagte: „Du bist der bedeutendste Mann der Welt."

„Ich ließ ihm einen Trank kommen, als er krank war, deshalb hält er mich für den bedeutendsten Menschen der Welt", sagte El-Shah.

Der zweite sagte: „Mein spirituelles Leben hat sich aufgetan, seit mir erlaubt wurde, Dich zu besuchen."

„Er war unsicher und fühlte sich nicht wohl, keiner wollte ihm zuhören. Wir hatten uns zusammengesetzt – die Gelassenheit, die er danach zu spüren begann, nennt er jetzt sein spirituelles Leben", sagte El-Shah.

Der dritte sagte: „Du verstehst mich, und alles, worum ich bitte, ist, daß ich Deinen Reden lauschen darf, um meines Seelenheiles willen."

„Er braucht Aufmerksamkeit, und möchte, daß man auf ihn aufmerksam wird, selbst wenn dies durch Kritik geschieht", sagte El-Shah, „das nennt er dann sein ‚Seelenheil'."

Der vierte sagte: „Von einem zum anderen bin ich gegangen, ich habe ihre Lehren praktiziert. Erst als Du mir eine Wazifa (Übung) gegeben hast, empfand ich die Erleuchtung, die der Kontakt mit Dir bringt."

„Die Übung, die ich diesem Mann gegeben habe", sagte El-Shah, „war willkürlich zusammengebraut, sie hatte nicht das geringste mit seinem ‚spirituellen' Leben zu tun. Ich mußte seine Illusion von Spiritualität ans Licht des Tages bringen, bevor ich jenen Bereich dieses Mannes erreichen konnte, der wahrhaft spirituell, nicht sentimental, ist."

Der Nachfolger

Sabit ibn El-Munawwar, der Mystiker von hohen Graden, starb und ließ die Menschen in der Ansiedlung in Balkh ohne echten Lehrmeister zurück. Bahaudin sandte aus Turkestand den ehrwürdigen Eljasar, damals ein Mann von kaum vierzig Jahren, als neuen Präzeptor der Gemeinde.

Als Eljasar (gesegnet sei sein innerstes Bewußtsein!) in Balkh eintraf und sich zu Khanqah begab, fand er dort den Stellvertreter (Khalifa) sitzen, umringt von seinen Schülern und mit den Angelegenheiten der Gemeinschaft befaßt.

Man wies ihm eine Aufgabe in der Küche zu. Nur ein Schüler erkannte in ihm den Nachfolger, aber Eljasar hieß ihn schweigen. „Wir sind hier beide nur von niedrigem Rang", sprach er.

Einen Monat darauf besuchte der Große Scheich von Chorassan die Khanqah; als er an der Küche vorbeikam, rief er aus: „Der Wahre Freund ist hier! Und die unechten Freunde sind woanders!"

Niemand verstand diese Bemerkung, bis ein Brief der Khajagan eintraf – adressiert an Eljasar als den Ernannten Nachfolger. Danach behandelte man ihn mit ausgesuchter Ehrerbietung. Asimsada, der Schüler, der den Nachfolger erkannt hatte, wurde seinerseits das Oberhaupt des Klosters.

Die großen Meister der Vergangenheit

Bahaudin wanderte im Traum in die Vergangenheit. Einer Gruppe von Besuchern sagte er: „Gerade habe ich die Meister längst vergangener Zeiten gesehen, die schon lange für tot gehalten werden, und befand mich in ihrer Begleitung."

Sie antworteten: „Bitte sag uns, wie sie Dir erschienen."

Er sprach: „Eure Haltung gegenüber der Lehre ist so beschaffen, daß sie *Euch* für Dämonen gehalten hätten. Und die Dinge verhalten sich so, daß ihr *sie* für ziemlich ungeeignet gehalten hättet, Eure Begleiter zu werden. Ihr würdet keine Fragen über sie stellen."

Warum ich das getan habe

Eines Tages erhielt Bahaudin, der große Lehrer, Besuch von einem Mann, der um Hilfe bei seinen Problemen und um die rechte Leitung auf dem Pfad der *Lehre* nachsuchte. Bahaudin wies ihn an, seine spirituellen Studien aufzugeben und seinen Hof sofort zu verlassen.

Ein mildherziger Besucher protestierte bei Bahaudin. „Du sollst eine Demonstration erhalten", sagte Bahaudin.

Im gleichen Augenblick flog ein Vogel in den Raum, flatterte hin und her und wußte nicht, wie er wieder entfliehen sollte. Der Sufi wartete, bis sich der Vogel in die Nähe des einzigen offenen Fensters setzte, und klatschte dann plötzlich in die Hände. Aufgeschreckt flog der Vogel geradewegs durch die Fensteröffnung in die Freiheit.

„Auf den Vogel muß dieses Geräusch wie ein Schock gewirkt haben, vielleicht sogar wie eine Beleidigung, glaubst Du nicht?" sagte Bahaudin.

Indirektes Lehren

Ein Schüler machte seine Aufwartung bei El-Shah Bahaudin Naqshband von Buchara. Nachdem er einige Tage an seinen Versammlungen teilgenommen hatte, gab ihm Bahaudins Erster Schüler ein Zeichen, daß er zum Scheich gehen und vorsprechen dürfe. „Ich bin von Scheich Ridwan gekommen", sagte er, „und ich hoffe, daß Du mir etwas geben wirst."

„Von wem?"

„Von Scheich Ridwan."

Bahaudin bat den Mann, zu wiederholen, was er gesagt hatte. Wieder und wieder fragte er ihn, bis der Mann überzeugt war, daß Bahaudin taub und wahrscheinlich sogar dumm sei. Nachdem dieses Wechselspiel schon eine Stunde oder länger angedauert hatte, sagte Bahaudin: „Ich kann Dich nicht hören. Ich habe kein Wort von dem gehört, was Du gesprochen hast."

Der Schüler erhob sich und begann sich zurückzuziehen, wobei er murmelte: „Möge Gott Dir vergeben."

Augenblicklich sagte El-Shah, nicht länger taub: „Und auch Dir und Scheich Ridwan."

Die Luft von Qasr-El-Arifin

Es ist überliefert, daß der König von Buchara einst nach Bahaudin Naqshband sandte, um sich mit ihm in einer Angelegenheit zu beratschlagen. Seine Mitteilung lautete:

„Ein Botschafter hat sich angekündigt und Deine Anwesenheit bei den Konsultationen ist vonnöten. Bitte komme sofort!"

Bahaudin ließ ihm folgende Antwort zukommen:

„Ich kann nicht zu Dir kommen, weil ich im Augenblick von der Luft in Qasr-El-Arifin abhängig bin; ich besitze nicht die Mittel, sie in Vorratsgefäßen mitzubringen."

Der König war zuerst verblüfft und dann verärgert. Trotz Bahaudins großer Bedeutung als weiser Mann entschloß er sich, ihn für seinen Mangel an Höflichkeit zur Rechenschaft zu ziehen.

In der Zwischenzeit wurde der Besuch des Botschafters abgesagt und so mußte sich der König schließlich gar nicht mit ihm befassen.

Eines Tages, Monate später, hielt der König gerade Hof, als ein Attentäter auf ihn zusprang. Bahaudin Naqshband, der den Thronsaal in diesem Augenblick betreten hatte, warf sich auf den Mörder und entwand ihm die Waffe. „Trotz Deiner Unhöflichkeit stehe ich in Deiner Schuld, Hadrat El-Shah", sagte der König.

Bahaudin antwortete: „Die Höflichkeit der Wissenden muß dann zur Verfügung stehen, wenn jemand ihrer bedarf; sie dient nicht dem Herumsitzen in der Erwartung eines Botschafters, der gar nicht kommt."

Bahaudins Antworten

Viele Fragen, eine Antwort.
Ich kam in eine Stadt, wo sich viele Menschen um mich scharten...
Sie sagten: „Woher kommst Du?"
Sie sagten: „Wohin gehst Du?"
Sie sagten: „In welcher Begleitung reist Du?"
Sie sagten: „Von wem stammst Du ab?"
Sie sagten: „Was ist Dein Erbe?"
Sie sagten: „Was ist Dein Vermächtnis?"
Sie sagten: „Wen verstehst Du?"
Sie sagten: „Wer versteht Dich?"
Sie sagten: „Worin besteht Deine Lehre?"
Sie sagten: „Wer besitzt die vollständige Lehre?"
Sie sagten: „Wer hat überhaupt keine Lehre?"
Ich antwortete ihnen:
„Was Euch wie Vielfalt erscheint, ist eins,
Was Euch simpel erscheint, ist es nicht;
Was Euch vielschichtig erscheint, ist einfach;
Die Antwort für Euch alle ist ‚Die Sufis‘,"

Der Sufi, der sich selbst als Hund bezeichnete

Maulana Derwisch, Oberhaupt des Naqshbandi-Ordens und einer der bedeutendsten Lehrer, saß eines Tages in seiner Savia, als ein zornentbrannter Geistlicher hereinstürmte:

„Da hockst Du", schrie der Eindringling, „Hund, der Du bist, umgeben von Schülern, die Dir in allen Dingen gehorsam sind! Ich für meinen Teil rufe dagegen die Menschen dazu auf, durch Gebet und Entsagung um die göttliche Gnade zu ringen, so wie es uns aufgetragen worden ist."

Bei dem Wort „Hund" erhoben sich einige der Suchenden, um den Fanatiker hinauszuwerfen.

„Bleibt", sagte der Maulana, „denn ‚Hund‘ ist in Wirklichkeit ein angemessenes Wort. Ich bin ein Hund, der seinem Herrn gehorcht, und der den Schafen mit bestimmten Zeichen die Wünsche des Herrn übermittelt. Wie ein Hund mache ich den Eindringling und den Dieb wütend. Und ich wedele vor Freude mit dem Schwanz, wenn sich die Freunde meines Herrn nähern. So wie Bellen und Wedeln und Liebe zu den Eigenschaften des Hundes zählen, so üben wir sie aus; denn dazu hat der Herr uns, das Bellen und Wedeln ist nicht seine Sache."

Liebgewordene Vorstellungen

Sadik Hamsawi wurde einst gefragt: „Wie kommt es, daß Du auf seinen eigenen Wunsch Nachfolger des Weisen von Samarkand geworden bist, wo Du doch nur ein Bediensteter in seinem Haus warst?"

Er antwortete: „Er lehrte mich, was er mich lehren wollte; und das war es, was ich lernte. Einmal sprach er zu mir: ‚Ich kann die anderen, die Schüler, nicht im gleichen Maße lehren wie Dich – *sie* sind es, die die Fragen stellen wollen, die Zusammenkünfte fordern, die die Rahmenbedingungen erstellen wollen; deshalb bringen sie sich selbst nur das bei, was sie schon wissen.'

Ich sagte zu ihm: ‚Lehre mich, was Du kannst, und bring mir bei, wie man lernt.' Auf diese Weise wurde ich sein Nachfolger. Die Menschen haben liebgewordene Vorstellungen darüber, wie Lehren und Lernen ablaufen sollen. Sie können nicht gleichzeitig die Vorstellungen *und* das Lernen haben."

Naqshbandi-Rezitation

Aber das ist eine alte Geschichte, die Du da erzählst – sagen sie. Aber das ist sicher etwas ganz Neues, was Du da erzählst – sagen manche. Erzähl es noch einmal – sagen sie.

Oder: Bitte erzähl es nicht schon wieder – sagen andere.

Aber das habe ich alles schon einmal gehört – sagen einige; oder: Du erzählst es nicht so wie ich es das letzte Mal gehört habe – sagen die übrigen.

Und das, Derwisch Baba, das sind unsere Leute – das ist der Mensch.

Sprüche der Khajagan

Rudbari: Herz zu Herz ist ein wesentliches Mittel, die Geheimnisse des *PFADES* weiterzugeben.

Maghribi: Lernen geschieht im Tun. Lernen allein durch Worte ist ein geringerwertiges Tun.

Churqani: Zu gewissen Zeiten läßt sich mehr dadurch vermitteln, daß man nutzlose Aufmerksamkeit ablenkt, statt sie anzuziehen.

Gurdschani: Der Lehrer und das von ihm Gelehrte zusammengenommen bilden die Lehre.

Farmadhi: Die einzige Methode, den Mittelweg im Studium korrekt anzuwenden, besteht in der Erfahrung von Extremen.

Hamadani: Dienst an der Menschheit ist nicht nur bei der korrekten Lebensführung hilfreich. Mit seiner Hilfe kann das Innere Wissen bewahrt, konzentriert und vermittelt werden.

Jasavi: Örtlich begrenzte Aktivitäten bilden den Grundton des Derwisch-Pfades.

Barqi: Ästhetik ist die niedrigste Form der Wahrnehmung des Realen.

Andaki: Anstrengung ist keine Anstrengung ohne Zaman, Makan, Ikhwan (rechte Zeit, rechter Ort, geeignete Menschen).

Ghadschdawani: Wir arbeiten allerorten und zu allen Zeiten. Die Menschen halten jemanden für bedeutend, wenn er berühmt ist. Genausogut kann aber auch das Gegenteil der Fall sein.

Achmad Sadiq: Das Kennzeichen des Menschen, der *angekommen* ist, besteht in seiner Fähigkeit, das Bildliche nicht mit dem Konkreten, das Buchstäbliche nicht mit dem Symbolischen zu verwechseln.

Fachnavi: Unsere Wissenschaft ist nicht von der Welt, sie ist von den Welten.

Rugari: Dummheit ist, wenn man etwas an einem Ort sucht, wo die ungeschulte Vorstellungskraft es zu finden erwartet. Tatsächlich findet es sich überall dort, wo es sich hervorholen läßt.

Ramitani: Information zersplittert nach und nach, Erkenntnis dagegen nicht. Was die Zersplitterung der Information bewirkt, nennt man wissenschaftliche Gelehrsamkeit.

Samasi: Der Mensch denkt vieles. Er denkt, er sei *eins.* Gewöhnlich ist er jedoch mehrere. Solange er nicht *eins* wird, kann er keine besonders zutreffende Vorstellung davon bekommen, was er überhaupt ist.

Sochari: Wir schicken einen Gedanken nach China, und dort wird er chinesisch, so sprechen sie, weil sie den Menschen nicht sehen können, der ihn gesandt hat. Wir schicken einen Menschen nach Indien, und sie sagen, er sei nur ein Turkestani.

Naqshband: Wenn die Leute sagen „Weine", dann meinen sie nicht daß Du dauernd weinen sollst. Wenn sie sagen „Weine nicht", dann heißt das nicht, daß Du dauernd den Clown spielen sollst.

Attar: Ein echtes Dokument kann sieben Ebenen von

	Wahrheit enthalten. Eine Schrift oder ein Vortrag, die keine Bedeutung zu haben scheinen, können genauso viele Ebenen der Wahrheit enthalten.
Chamosh:	Es geht nicht darum, ob Du durch Schweigen oder durch Reden, durch Anstrengung oder durch Unterwerfung lernen kannst. Es geht darum, wie es getan wird, nicht „daß es getan wird".
Kashgari:	Wenn Du immer noch fragst: „Warum hat der und der Mensch in dieser oder jener Weise gelehrt, und was trifft davon auf mich zu?" – dann bist Du nicht fähig, die Antwort tief genug zu verstehen.
Charkhi:	Ganz gleich, wo sich die Wahrheit in Deinem Fall befindet, Dein Lehrer kann Dir helfen, sie zu entdecken. Wenn er bei jedem nur eine einzige Methode anwendet, kann er kein Lehrer sein, geschweige denn Deiner.
Samarqandi: (Khwaja Achrar)	Hinter jedem Trick, hinter jedem Produkt der Vorstellungskraft steht eine Realität, deren Nachahmung diese Dinge sind.
AL-Lahi:	Wir leben nicht im Osten noch im Westen; wir studieren nicht im Norden, noch lehren wir im Süden. Wir sind in dieser Hinsicht nicht gebunden, doch es kann passieren, daß wir gezwungen sind, in dieser Weise zu sprechen.
Al-Buchari:	Der *Weg* mag in einem Tropfen Wasser liegen. Gleichermaßen mag er sich in einer komplexen Rezeptur (Anordnung) befinden.
Sahid:	Triffst Du einen Sufi, der etwas studiert oder lehrt, das nicht in den Bereich des Spirituellen zu gehören scheint, dann solltest Du erkennen, daß *dort* die Spiritualität des Zeitalters liegt.
Samarqandi Amin:	Schreite fort von Zeit und Ort zur Zeitlosigkeit und Ortlosigkeit, zu den anderen Welten. Dort liegt unsere Herkunft.
Simaqi:	Wenn Du das Relative für das Absolute hältst, bist Du vielleicht verloren. Vermute lieber nichts, bevor Du das riskierst.
Sirhindi:	Sprich nicht von den Vier Wegen oder von den Zweiundsiebzig Pfaden oder von den „Pfaden, so zahlreich wie die Seelen der Menschen". Sprich statt dessen vom *Pfad* und vom Ankommen. Alles andere ist dem untergeordnet.
Masum:	Das Wesen (Dhat) manifestiert sich nur im Erkennen.

Arif:	Aber es kann sich unabhängig davon entwickeln. Diese Männer mit Namen Darawisch (Derwische) sind nicht das, wofür Du sie hältst. Denke deshalb über das *Wirkliche* nach. Es ist so ähnlich wie das, wofür Du es hältst.
Badauni:	Du kannst uns nicht zerstören, wenn Du unser Gegner bist. Aber Du kannst es uns schwer machen, selbst wenn Du glaubst, Du würdest uns helfen.
Djan-I-Djanan:	Der Mensch kann teilhaben am Ewigen. Durch die Vorstellung, er könne darüber nachdenken, wird es ihm jedoch nicht gelingen.
Dehlavi:	Wir nehmen an einem bestimmten Ort einen Raum ein. Stell' kein Zeichen auf, um diesen Ort zu markieren. Nimm' Dir dafür etwas von dem Stoff, der diesem Ort anhaftet, solange er sich noch dort befindet.
Qandahari:	Du vernimmst meine Worte. Vernimm' auch, daß es außer meinen Worten auch noch andere gibt. Die sind nicht dafür geschaffen, mit dem physischen Ohr aufgenommen zu werden. Weil Du nur mich sehen kannst, glaubst Du, daß es außer mir keinen Sufismus gibt. Du bist hier, um zu lernen, nicht um geschichtliche Information zu sammeln.
Jan-Fischan:	Du magst einem Fluß folgen. Erkenne, daß er zum Ozean führt. Verwechsle nicht den Fluß mit dem Ozean.

Wunder und Zirkustricks

Bauhaudin empfing einst einen wandernden Derwisch, der sich erboten hatte, Wunder zu vollbringen zum Beweis, daß er ein Repräsentant des bedeutendsten mystischen Lehrers sei.

El-Shah sagte: „Wir hier in Buchara sind eine einzigartige Gemeinschaft: Ihr Vertrauen zu Gott wird nicht im geringsten hervorgerufen durch außergewöhnliche Geschehnisse – Wunder genannt. Aber es ist wichtig, daß du der Versammlung der Derwische und auch allen unseren Besuchern eine Vorführung zuteil werden läßt."

Er traf entsprechende Vorkehrungen, damit der nächste Festtag dem Schauspiel des seltsamen Qalandar vorbehalten sein könnte. Einen ganzen Tag lang vollbrachte der Wanderer Wunder über Wunder: er ließ Tote auferstehen, er wandelte auf dem Wasser, er brachte einen abgeschlagenen Kopf zum Reden, und vieles Erstaunliche mehr.

Buchara war in Aufruhr. Einige seiner Bewohner erklärten, der Mann müsse ein Jünger des Teufels sein, weil sie seine Lebensart nicht annehmen und ihm keine wohltätigen Kräfte zuschreiben wollten. Einige der eher randständigen Anhänger El-Shahs waren überzeugt, daß eine „neue Sonne aufgegangen sei", und trafen Vorbereitungen zum Aufbruch in sein Kloster, ganz gleich, wo es sich befinden möge. Wieder andere der neueren Schüler von El-Shah baten ihn, doch auch solche Wunder zu vollbringen, um zu demonstrieren, daß er dazu fähig wäre. Drei Tage lang tat Bahaudin gar nichts. Dann, vor den Augen einer unglaublich großen Menschenmenge, begann er zu vollführen, was man nur Wunder nennen konnte. Ein ums andere Mal sahen die Menschen Dinge, die sie wirklich kaum glauben konnten. Sie sahen, hörten und berührten Dinge, an die nicht einmal die Überlieferungen von den Wundertaten der bedeutendsten Heiligen aller Zeiten heranreichten.

Dann demonstrierte Bahaudin, wie ein jeder dieser Tricks ausgeführt wurde und daß sie genau das waren – nämlich Tricks. „Wer sich unter Euch von der Kunst des Jonglierens angezogen fühlt", sagte er, „soll dem Weg des Jonglierens folgen, denn ich bin mit ernsthafterer Arbeit befaßt."

Haftung

Ein Dieb wollte eines Nachts ein Haus ausrauben. Als er jedoch durch das Fenster einsteigen wollte, brach der Fensterrahmen. Er fiel zu Boden und brach sich ein Bein.

Darauf ging er vor Gericht, um den Hausbesitzer anzuklagen. Dieser jedoch sagte: „Ihr müßt den Schreiner verklagen, der das Fenster eingesetzt hat."

Der Schreiner sagte: „Der Maurer hat die Fensteröffnung nicht gut ausgeführt."

Man rief den Maurer, der jedoch wußte zu sagen: „Eine schöne Frau, die gerade vorüberkam, als ich am Fenster arbeitete, ist der Grund für meinen Fehler."

Die Frau wurde gefunden und sie sagte: „An dem Tag trug ich ein hübsches Gewand. Normalerweise schaut mich kein Mensch an. Es ist die Schuld dieses Kleides, das geschickt mit leuchtenden Streifen gefärbt war."

„Da haben wir den Täter", sagte der Richter, „holt den Mann, der das Färben vorgenommen hat, und wir werden ihn für den Schaden, den das Bein des Diebes erlitten hat, verantwortlich machen."

Als der Färber gefunden wurde, erwies er sich als der Gatte der Frau. Und dieser wiederum war nun zufällig – der Dieb selbst.

Falschheit

Ein Mann besuchte einst einen Sufi-Meister und berichtete, wie ein gewisser falscher Lehrer seinen Schülern Übungen vorschrieb.

„Dieser Mann ist offensichtlich ein Betrüger. Er gibt seinen Schülern die Anweisung, ‚an nichts zu denken'. Das zu sagen ist einfach, weil es einige Menschen beeindruckt. Aber es ist unmöglich, an nichts zu denken."

Der Meister fragte ihn: „Warum hast Du mich besucht?"

„Um auf dieses Mannes Absurdität hinzuweisen, und auch um über Mystizismus zu diskutieren."

„Nicht bloß, um für Deine Überzeugung, dieser Mann sei ein Hochstapler, Unterstützung zu finden?"

„Nein, das weiß ich schon."

„Nicht bloß, um all denen, die hier versammelt sind, zu demonstrieren, daß Du mehr weißt als ein gewöhnlicher, leichtgläubiger Mensch?"

„Nein. Im Gegenteil, ich bin hier, um angeleitet zu werden."

„Nun gut. Die beste Anleitung, die ich Dir geben kann, besteht in dem Rat – an nichts zu denken."

Der Besucher zog sich augenblicklich aus der Gemeinschaft zurück, überzeugt davon, daß der Meister ein Betrüger sei.

Ein Fremder jedoch, der den Anfang dieses Redewechsels verpaßt hatte, betrat die Versammlung genau in dem Augenblick, als der Weise sagte: „Die beste Anleitung, die ich Dir geben kann, besteht in dem Rat – an nichts zu denken." Er war tief beeindruckt.

„An nichts zu denken: Welch sublimes Konzept!" dachte er.

Nachdem die Zusammenkunft an diesem Tage zu ihrem Ende gekommen war, ging er wieder fort, ohne etwas gehört zu haben, was der Vorstellung, an nichts zu denken, widersprochen hätte. Am nächsten Tag stellte einer der Schüler dem Meister die Frage, welcher der beiden Männer recht gehandelt hätte. „Keiner von beiden", sagte er, „sie müssen noch lernen, daß ihre Gier ein Schleier ist, eine Barriere. Ihre Antwort finden sie nicht in einem Spruch, einem einzigen Besuch, einer einfachen Lösung. Nur durch den stetigen Kontakt mit einer Lehre kann der Schüler nach und nach das aufnehmen und absorbieren, was sich langsam zu einer Erkenntnis der Wahrheit zusammenfügt. So wird aus einem Suchenden ein Findender."

Meister Rumi sagt: „Zwei Menschen kommen zu Dir, einer träumte von der Hölle, der andere vom Himmel. Sie fragen Dich, was die Wirklichkeit sei. Worin besteht die Antwort? Die Antwort besteht darin, die Diskurse eines Meisters zu besuchen, bis Du Dich in Harmonie befindest."

Studien und Karawanen

Scheich Rugari wurde eines Tages von einem Mann aufgesucht, der lange und ernsthaft darum bat, als Schüler aufgenommen zu werden. Der Scheich sprach mit ihm über sein Leben und seine Probleme und schickte ihn dann wieder fort mit den Worten: „Die Antwort wird Dir zur rechten Zeit zukommen."

Sodann rief der Scheich einen seiner Senior-Schüler zu sich und sagte: „Geh zum Haus dieses Mannes (des zukünftigen Schülers) und biete ihm, ohne meinen Namen zu erwähnen, eine gesicherte und lohnende Stellung in Deinem Karawanen-Geschäft an."

Kurz darauf erhielt der Scheich eine Botschaft von dem Schüler in spe:

„Ich bitte um Verzeihung, Dir nicht mehr meine Aufwartung machen zu können. Ein glückliches Geschick hat es so bestimmt, daß ich eine hervorragende Stellung bei einem der größten Kaufleute der Stadt erhalten soll; ich muß mich ihr im Interesse meiner Familie voll und ganz widmen."

Nicht nur einmal hat Scheich Rugari richtig prophezeit, daß Besucher nur deshalb zu ihm gekommen waren, weil sie in ihrem Leben Enttäuschungen erlitten hatten. Dies ist kein ungewöhnliches Beispiel für seine Handlungsweise.

Über deine Religion

Quer durch die Derwischliteratur werden sie uns immer wieder sagen hören, daß wir an Ihrer Religion oder gar an einem Mangel an Religiosität uninteressiert sind. Wie kann man dies nun mit der Tatsache vereinbaren, daß sich Gläubige für die Auserwählten halten?

Die Vervollkommnung des Menschen ist das Ziel, und die innere Lehre aller Bekenntnisse zielt darauf ab. Um dies zu vollbringen existiert seit ewigen Zeiten eine von einer lebendigen Kette Eingeweihter weitergereichte Tradition, die Kandidaten auswählt, an die dieses Wissen vermittelt werden kann.

Unter Menschen der verschiedensten Herkunft ist diese Lehre weitergegeben worden. Unsere Widmung an das Wesentliche ließ uns im Pfad der Derwische all jene versammeln, die weniger an Äußerlichkeiten interessiert sind. So haben wir im Geheimen unsere Fähigkeiten rein gehalten, die Kette der Nachfolge weiterzuführen. In den dogmatischen Religionen der Juden, der Christen, der Zoroastrier, der Hindus und des buchstabengetreuen Islam ist dieses kostbare Element verlorengegangen.

Wir geben dieses lebenswichtige Prinzip all diesen Religionen zurück und deshalb werden Sie so viele Juden, Christen und andere unter meinen Anhängern finden. Die Juden sagen, daß wir die wahren Juden, die Christen, daß wir die wahren Christen sind.

Erst wenn Sie den Höheren Faktor erkennen, werden Sie die wirkliche Lage der heutigen Religionen und des Unglaubens selbst sehen können. Und der Unglauben ist auch nichts anderes als eine Religion mit ihren eigenen Glaubensformen.

Achmad Jasavi

Der Palast der Erleuchteten

Die Ursachen für die Gründung einer Schule
Der *Pfad* (Orden) der Meister leitet seine Substanz in ungebrochener Folge aus den Anfängen der Zeit her. Durch eine direkte Kommunikation des Seins hält er Verbindung sowohl mit den Meistern der alten Zeit wie auch mit den heutigen Lehrern. Viele auf Äußerlichkeiten fixierte haben sich durch die Tatsache verwirren lassen, daß es viele Orden und verschiedene Ausformungen unseres Pfades gibt. Umso verblüffter werden sie, wenn sie entdecken, daß die Mitglieder einer Schule wohl ihren Lehrer schätzen, verehren und ihm folgen, daß sie sich aber durchaus zu einem bestimmten Zeitpunkt einer anderen Schule anschließen könnten. Man muß die Antwort nicht lange suchen, wenn man weiß, wie man suchen muß. Sie liegt in unserem klassischen Aphorismus verborgen: „Spricht mit jedem in Übereinstimmung mit seiner Fähigkeit zu verstehen."

Aufgabe des Lehrers ist es, zu lehren. Im Lehren muß er die gegenwärtigen Beschäftigungen, Sorgen und fixen Ideen seiner Schüler mit in Betracht ziehen. So muß er in Buchara die Sprache Bucharas sprechen, in Baghdad die von Baghdad. Wenn er weiß, was er lehrt, wird er die äußere Form der bei der Lehre zur Anwendung kommenden Mittel entsprechend gestalten, wie u. a. die physische Form der Schule. Daran beteiligt sind auch das Wesen und die Art der Schüler sowie ihr geistiges Potential.

Nehmen sie als Beispiel musikalische Zusammenkünfte. Weder nehmen wir an ihnen teil noch verwenden wir Musik. Das liegt daran, daß sie unserer Zeit und in unserer augenblicklichen Situation mehr Schaden als Nutzen bringt. Musik, die in der rechten Weise gehört wird, erleichtert die Annäherung an das *Bewußtsein*. Aber sie wird jenen Menschen Schaden zufügen, die nicht angemessen vorbereitet sind, sie zu hören und zu spielen, oder die nicht dem entsprechenden Typus angehören.

Wer dies nicht erkannt hatte, übernahm Musik als etwas Heiliges an sich. Die Gefühle, die er empfindet, während er der Musik frönt, verwechselt er mit hochwertigen, sublimen Gefühlen. Tatsächlich benützt er sie jedoch für die niedrigeren Zwecke der Erweckung von Sentiment und Emotion, die ein weiteres Fortschreiten unmöglich machen.

Derwische schließen sich demjenigen Orden an, der ihrem inneren Wesen am meisten entspricht. Sie bleiben bei ihrem Lehrer, bis er ihre Entwicklung, so weit es nur möglich war, gefördert hat. Danach kann es sein, daß sie fortgehen oder daß sie zu einem anderen Lehrer geschickt werden, um dort an den speziellen Übungen, die dieser anzubieten hat, teilzunehmen. Das liegt daran, daß es in ihnen einen Bereich geben mag, der von dieser Spezialisierung profitieren könnte.

Auf dem Pfad der Meister folgen wir den Grundlagen der Derwisch-Arbeit. Einige unserer Übungen werden in einer bestimmten Weise angewandt, andere wiederum auf andere Weise. Einige werden ganz zurückgezogen, weil sie für einen bestimmten Ort oder eine bestimmte Zeit nicht mehr anwendbar sind. Ähnlich verhält es sich bei allen anderen Schulen. Aus diesem Grund werden sie hier Meister finden, die zwar das Gewand der Erlaubnis, Schüler in alle anderen Orden aufzunehmen, tragen, die aber in dieser Gemeinschaft hier in Entsprechung mit ihren Notwendigkeiten arbeiten und die in der ursprünglichen Wissenschaft verwurzelt sind, auf der auch alle anderen Arbeitsformen basieren.

Unsere Schule gründet sich auf die nachprüfbare und makellose Autorität unserer Vorgänger in einer ungebrochenen und dokumentierten Folgekette des spirituellen Stammbaums. Jedoch können sie kaum ahnen, wie wenig diese Äußerlichkeiten zählen (die sie auf der Basis unserer moralischen Reputation zufriedenstellen) im Angesicht der fundamentalen *Wahrheit der Erfahrung*, die unser unsichtbares, machtvolles Erbe darstellt.   *Bahaudin Naqshband*

Vierter Teil

BEI DEN MEISTERN

Eine Begegnung mit Chidr

Chidr ist der „unsichtbare Führer" der Sufis. Er ist es, von dem man glaubt, daß er Moses' unerkannter Führer im Koran war. Der „Grüne" wird oft als der „Ewige Jude" bezeichnet und in der Legende häufig mit dem Heiligen Georg und mit Elias gleichgesetzt. Diese Erzählung – oder dieser Bericht – ist bezeichnend für die übersinnlichen Kräfte, die Chidr sowohl im Sagenschatz des Volkes als auch unter Derwischlehrern zugeschrieben werden.

Eines Tages – ich stand gerade am Ufer des Flusses Oxus – beobachtete ich, wie ein Mann ins Wasser fiel. Ein anderer Mann, gekleidet wie ein Derwisch, lief herbei, um ihm zur Hilfe zu kommen, wurde dabei jedoch selbst ins Wasser gerissen. Plötzlich tauchte ein dritter Mann auf, in ein leuchtend schimmerndes, grünes Gewand gehüllt, und warf sich in die Fluten. Als er die Wasseroberfläche berührte, schien sich seine Gestalt zu verändern; er war kein Mensch mehr, sondern ein Baumstamm. Den beiden anderen Männern gelang es, sich daran festzuhalten und gemeinsam hielten sie auf das Ufer zu.

Ich konnte kaum glauben, was ich sah und folgte aus einiger Entfernung, wobei ich mich hinter den dort wachsenden Büschen verbarg. Keuchend schleppten sich die beiden Männer auf sicheren Boden; der Baumstamm trieb im Wasser weiter. Ich beobachtete ihn, bis er außer Sichtweite der Männer an der Seite antrieb und der grüngekleidete Mann sich durchnäßt und schmutzig ans Ufer zog. Das Wasser strömte an ihm herab; bevor ich ihn erreichte, war er fast trocken.

Ich warf mich vor ihm zu Boden und rief: „Du mußt Hadrat (,Anwesenheit') Chidr sein, der Grüne, Herr der Heiligen. Segne mich, denn dann wird es mir gelingen!" Ich fürchtete mich, sein Gewand zu berühren, weil es aus grünem Feuer zu bestehen schien. Er sagte: „Du hast zuviel gesehen. Bedenke, daß ich aus einer anderen Welt komme und daß ich zum Schutze derjenigen da bin, die noch eine Aufgabe vor sich haben. Du magst ein Schüler von Sayed Imdadullah gewesen sein, aber Du bist noch nicht reif für die Erkenntnis dessen, was wir um Gottes Willen tun."

Als ich meinen Blick wieder auf ihn richtete, war er verschwunden, und alles was ich hören konnte, war ein Rauschen in der Luft. Nach meiner Rückkehr aus Chotan sah ich den gleichen Mann wieder. Er lag auf einer Strohmatte in einem Rasthaus nahe Peschawar. Ich dachte bei mir: „Das letzte Mal war ich zu roh, dieses Mal bin ich reif genug." Ich ergriff sein Gewand, das sehr gewöhnlich zu sein schien – wenn ich auch darunter ein grünliches Glühen zu erblicken glaubte.

„Es kann sein, daß Du Chidr bist", sagte ich, „ich muß wissen, wie ein scheinbar gewöhnlicher Mensch wie Du diese Wunder wirken kann... und warum. Zeige mir Deine Kunst, damit auch ich sie ausüben kann."

Er lachte. „Du bist ungestüm, mein Freund! Das letzte Mal warst Du zu eigensinnig – dieses Mal bist Du immer noch zu eigensinnig. Nur zu, erzähle jedem, dem Du begegnest, daß Du Chidr Elias getroffen hast; sie werden Dich ins Irrenhaus stecken und je mehr Du Dich darauf berufst, die Wahrheit zu sprechen, desto schwerere Ketten werden sie Dir anlegen."

Dann holte er einen kleinen Stein hervor. Ich starrte ihn an – und fand mich augenblicklich paralysiert, zu Stein geworden, solange bis er seine Satteltaschen aufgehoben hatte und fortgegangen war.

Wenn ich diese Geschichte erzähle, dann lachen die Menschen – oder sie halten mich für einen Märchenerzähler und geben mir Geschenke.

Hassan von Basra

Man fragte ihn: „Was ist Islam, und wer sind die Muslime?" Seine Antwort: „Der Islam ist in den Büchern, und die Muslime liegen im Grab."

Was der Mensch wirklich weiß

Die Menschen glauben in ihrer Einbildung, daß sie die Wahrheit und die göttliche Wahrnehmung kennen. Tatsächlich aber wissen sie nichts. *Dschusdschani*

Sufian Thauri

Ein Mann begegnete im Traum einem Sufi, der für seine guten Taten belohnt worden war. „Ich bin sogar dafür belohnt worden, daß ich eine Fruchtschale von der Straße aufhob, weil ja jemand darauf hätte ausrutschen können."

Als man Sufian Thauri davon berichtete, sagte er: „Was für ein Glück für ihn, daß er nicht jedesmal dafür bestraft worden ist, als er sich freigebig und mildtätig zeigte und dabei Vergnügen empfand."

Chasali

Sünde

Versündigung gegen Gott ist eine Sache; schlimmer ist es jedoch, sich gegen den Menschen zu versündigen. *Sufian Thauri*

Der Mensch muß sich im korrekten Zustand befinden

Uwais El-Qarni bemerkte zu einigen Besuchern:

„Ihr sucht Gott? Wenn es so ist, warum seid Ihr dann zu mir gekommen?"

Die Besucher glaubten nur, daß sie Gott suchten. Ihre Gegenwart und ihre Ausstrahlung jedoch verrieten sie.

„Wenn nicht", fuhr Qarni fort, „was habt Ihr dann mit mir zu schaffen?"

Sie waren Intellektuelle und auf emotionale Sensationen aus, deshalb konnten sie ihn nicht verstehen.

Bayasid Bistami

Ein feueranbetender Magier wurde gefragt, warum er kein Muslim werde. Er antwortete:

„Wenn Ihr damit ausdrücken wollt, daß ich ein so guter Mensch wie Bayasid werden soll – dazu fehlt mir der Mut. Wenn Ihr jedoch meint, daß ich ein so schlechter Mensch werden soll wie Ihr – das würde ich verabscheuen."

Klassen

Die niedrigeren Gesellschaftsklassen sind diejenigen, die sich im Namen der Religion im Leben mästen.

Namen

Du nennst mich Christ, um mich wütend zu machen und Dich selbst glücklich zu fühlen. Andere nennen sich selbst Christen, um andere Gefühle zu empfinden. Nun gut, wenn wir schon mit aufregenden Bezeichnungen handeln, werde ich Dich einen Teufelsanbeter nennen. Das wird Dich in eine Erregung versetzen, die Dir für einige Zeit Vergnügen bereiten wird.   *Sabardast Khan*

Bayasid Bistami

Ein frommer und religiöser Mann, Schüler von Bayasid Bistami, sagte eines Tages zu seinem Meister: „Ich bin überrascht, daß jemand, der Gott akzeptiert, nicht in die Moschee gehen sollte, um ihn anzubeten."

Bayasid antwortete: „Ich bin meinerseits überrascht, daß jemand, der Gott erkennt und ihn anbetet, dabei nicht seiner Sinne beraubt wird, was sein rituelles Gebet ungültig machen würde."

Dienen

Ich werde Gott nicht wie ein Arbeiter dienen – in Erwartung meines Lohnes.   *Rabia El-Adawia*

Ein gläubiger Mensch zu sein

Möglicherweise kommst Du Dir selbst wie ein gläubiger Mensch vor, wenn es auch nur der Unglaube ist, an den Du glaubst. Aber Du kannst nicht wirklich an etwas glauben, solange Du Dir nicht des Prozesses bewußt bist, mit dessen Hilfe Du in Deine augenblickliche Lage geraten bist.

Bevor Du das tust, mußt Du zu der Feststellung bereit sein, alle Deine Vorstellungen könnten falsch sein, und daß das, was Du für Glauben hältst, nur eine Spielart von Vorurteilen ist – hervorgerufen durch Deine Umgebung –, einschließlich des Erbes Deiner Vorfahren, für die Du vielleicht Gefühle hegst. Wahrer Glaube gehört in den Bereich wahrer Erkenntnis.

Solange Du kein Wissen besitzt, wird Glaube nichts anderes sein als ein Meinungsgemenge, ganz gleich wie es Dir erscheinen mag. Eine Handvoll Meinungen ist nützlich im alltäglichen Leben. Echter Glaube ermöglicht höhere Studien.

Der Hufschmied von Nischapur

Abu Hafs, der Hufschmied von Nischapur, entwickelte von Beginn seiner Schülerschaft an Zeichen ungewöhnlicher Begabung durch die Kraft seiner Aufmerksamkeit. Er war von Scheich Bawardi als Schüler akzeptiert worden und dann in seine Schmiede zurückgekehrt, um seine Arbeit weiterzuführen. Während er einmal seinen Geist konzentrierte, zog er mit bloßen Händen ein rotglühendes Stück Eisen aus der Esse. Obwohl er die Hitze nicht spürte, fiel sein Helfer bei diesem beispiellosen Anblick in Ohnmacht.

Als er der Große Scheich der Sufis von Chorassan war, fiel auf, daß er kein Arabisch sprach und in Konversationen mit arabischen Besuchern einen Dolmetscher brauchte. Als er jedoch die großen Sufis von Bagdad besuchte, sprach er so perfekt Arabisch, daß die Klarheit des Ausdrucks unübertroffen blieb.

Als ihn die Scheichs von Baghdad baten, die Bedeutung von Großzügigkeit zu erklären, sagte er: „Ich möchte die Definition erst einem anderen überlassen."

Darauf sagte der Meister Dschunaid: „Großzügigkeit ist, wenn man Großzügigkeit nicht mit sich selbst identifiziert, und wenn man nicht über sie nachdenkt."

Abu Hafs kommentierte dazu: „Der Scheich hat gut gesprochen. Aber ich habe das Gefühl, Großzügigkeit bedeutet gerecht zu sein, ohne selbst der Gerechtigkeit zu bedürfen."

Dschunaid sprach zu den anderen: „Erhebt Euch, Ihr alle! Denn Abu Hafs hat Adam und seine Nachkommen hinter sich gelassen."

Abu Hafts pflegte zu sagen: „Ich verließ die Arbeit und kehrte dann zu ihr zurück. Dann verließ mich die Arbeit, und ich kehrte nie mehr zu ihr zurück." *Hujwiri: Die Offenbarung des Verhüllten*

Schibli und Dschunaid

Abu-Bakr, Sohn des Dulaf, Sohn des Dschahdar („El-Schibli"), und Abu'l Qasim el-Dschunaid, „Pfau der Gelehrten", sind zwei der frühen klassischen Meister Sufis. Sie lebten und lehrten beide vor über tausend Jahren. Die folgende Geschichte von Schiblis Schülerschaft unter Dschunaid stammt aus der *Offenbarung des Verhüllten*, einem der wichtigsten frühen Bücher zu diesem Thema. Dschunaid selbst trat unter dem Einfluß von Ibrahim, Sohn des Adam („Ben Adhem" aus Leigh Hunts Gedicht), in Kontakt mit spirituellen Dingen; Ibrahim war, wie Buddha, ein Prinz, der abdankte, um dem *Weg* zu folgen; er starb im achten Jahrhundert.

Schibli, ein stolzer Höfling, ging zu Dschunaid auf der Suche nach wahrer Erkenntnis. Er sagte: „Ich hörte, daß Du das göttliche Wissen besitzt. Bitte gib es oder verkaufe es mir."

Dschunaid antwortete: „Ich kann es Dir nicht verkaufen, weil Du seinen Preis nicht bezahlen kannst. Geben kann ich es Dir auch nicht, weil Du es dann zu billig bekommen würdest. Du mußt ins Wasser tauchen so wie ich, um an die Perle zu gelangen."

„Was soll ich tun?" fragte Schibli.

„Geh und laß Dich als Schwefelhändler nieder."

Nachdem ein Jahr vergangen war, sagte Dschunaid zu ihm: „Du bist erfolgreich als Kaufmann. Geh nun, und sei ein Derwisch, tue nichts anderes als Betteln."

Schibli brachte ein Jahr in den Straßen Baghdads mit Betteln zu – ohne Erfolg. Er kehrte zu Dschunaid zurück.

Der Meister sagte zu ihm: „Für die Menschheit bist Du nun ein Nichts. Laß sie nun für Dich zu Nichts werden. In der Vergangenheit warst Du ein Gouverneur. Kehre in Deine Provinz zurück und suche jeden Menschen auf, den Du unterdrückt hast. Erbitte die Vergebung von jedem einzelnen." Er machte sich auf, fand jeden bis auf einen, und empfing ihre Verzeihung. Bei seiner Rückkehr sagte Dschunaid, daß er sich immer noch irgendwie bedeutsam fühle. Er solle noch ein weiteres Jahr mit Betteln zubringen. Das Geld, das er so einsammelte, brachte er jeden Abend dem Meister, der es an die Armen verteilte. Schibli selbst erhielt kein Essen bis zum nächsten Morgen.

Er wurde als Schüler akzeptiert. Nach einem weiteren Jahr, das er als Diener der anderen Schüler verbracht hatte, hielt er sich unter allen Geschöpfen für das niedrigste.

Er pflegte den Unterschied zwischen den Sufis und den Unfertigen dadurch zu verdeutlichen, daß er Dinge aussprach, die dem größten Teil des Volkes unverständlich waren.

Eines Tages machten sich Gegner wegen seiner verschlüsselten Redeweise über ihn lustig, indem sie ihn geisteskrank schimpften.
Er antwortete:

>Nach Eurem Denken bin ich verrückt.
>Nach meinem Denken seid Ihr alle gesund.
>So bete ich, daß meine Verrücktheit wachsen möge,
>Daß Eure Gesundheit noch besser werden möge.

Meine „Verrücktheit" stammt aus der Kraft der *Liebe;*
Eure Gesundheit aus der Stärke des Ungewahrseins.

Ghulam Haidar von Kaschmir

Als Ghulam Haidar eines Tages Ohrenzeuge einer Diskussion unter seinen Schülern über die Bedeutung genauester Einhaltung des religiösen Gesetzes als Weg zur Erleuchtung wurde, gab er die Anweisung, daß unter allen Umständen folgende Personen versammelt und zu ihm gebracht werden sollten:

Ein Jude, ein Christ, ein Zoroastrier, ein Hindu-Priester, ein Sikh, ein Buddhist, ein Farangi („Franke" oder Christ), ein Schiit, ein Sunnit, ein Heide und mehrere andere. Unter letzteren befanden sich Händler, Arbeiter, Bauern, Priester und Büroangestellte, ein Bäcker und Frauen unterschiedlichster Herkunft.

Drei Jahre waren die Anhänger des Scheichs damit beschäftigt, diese Menschen gleichzeitig an einem Ort zu sammeln, ohne ihnen zu eröffnen, daß ihre Anwesenheit dem Wunsch des Meisters entsprach. So verbreiteten sie Gerüchte von reichen Schatzfunden im Kaschmir, wurden Kaufleute und ließen sich aus fernen Landen Ausbilder und Bedienstete kommen. Schließlich waren sie alle versammelt. Nachdem man Ghulam Haidar von ihrer Anwesenheit informiert hatte, gab er die Anweisung, alle zu einem Mahl in seinen Lehrsaal, seine Sawiya, zu laden. Nachdem alle gegessen hatten, wandte sich der Pir (Ghulam Haidar) an die Gemeinschaft; die meisten von ihnen waren die Fremden, die bisher nicht seiner Lehre gefolgt waren. Zugegen waren auch seine Schüler, die angewiesen waren, nur zu beobachten und sich am Ablauf der Dinge nicht zu beteiligen.

Der Pir redete in mehreren Sprachen; er führte die Notwendigkeit für den Menschen aus, sich der Anstrengung zu widmen, und die Mysterien zu entschlüsseln, die sein Geburtsrecht sind, unabhängig davon, mit welchen Vorurteilen er behaftet sei.

Ohne Ausnahme empfanden die Fremden den Wunsch, sich dem Pir anzuschließen, und ihre gegenseitige Feindschaft löste sich auf. Aus dieser Gemeinschaft entstammten die Lehrer, die später als die „Brotlaibe" bekannt wurden; ihr „Teig war vom Kaschmiri-Pir geformt" worden, ohne Rücksicht auf ihre grundlegenden Vorurteile.

Nach dieser Zusammenkunft sagte Haidar: „Teig ist Teig", und auch: „Ein Teig ist nicht besser als der andere".

Eßt keine Steine

Ein Jäger streifte durch ein Gehölz, als ihm ein Schild ins Auge fiel. Er las die Worte:

Steine essen ist verboten

Seine Neugier war wachgerufen und er folgte einem Pfad, der an dem Schild vorüberführte, bis er zu einer Höhle gelangte, an deren Eingang ein Sufi saß. Der Sufi sagte zu ihm: „Die Antwort auf Deine Frage besteht darin, daß Du noch nie ein Schild gesehen hast, das Steineessen verbieten würde, weil man so ein Schild nicht braucht. Keine Steine zu essen könnte man eine weit verbreitete Gewohnheit nennen. Erst wenn das menschliche Wesen fähig wird, in gleicher Weise andere, noch destruktivere Gewohnheiten abzubauen, wird es seinen gegenwärtigen erbärmlichen Zustand hinter sich lassen können."

Warum der Hund nicht trinken konnte

Man stellte Schibli die Frage: „Wer war Dein Führer auf dem *Pfad*?" Er antwortete: „Ein Hund. Ich beobachtete ihn eines Tages, wie er halbtot vor Durst am Wasser stand. Jedesmal, wenn er sein Spiegelbild im Wasser erblickte, erschrak er und wich zurück, weil er es für einen anderen Hund hielt. Schließlich wurde sein Drang so groß, daß er die Furcht beiseite stieß und ins Wasser sprang; der ‚andere Hund' verschwand. So entdeckte er, daß er selbst das Hindernis war.

Die Barriere zwischen ihm und dem Ersehnten schmolz dahin. In gleicher Weise verschwand mein eigenes Hindernis, als ich erkannte, daß es das war, was ich für mein eigenes Selbst gehalten hatte. Und mein *Weg* wurde mir ganz zu Anfang gezeigt durch das Verhalten – eines Hundes!

Dressur demonstriert

Ein boshafter Mann lud eines Tages Osman El-Hiri zum Essen ein. Als der Scheich eintraf, wurde er von dem Mann fortgejagt. Er war nur ein paar Schritte gegangen, als ihn der Mann wieder zu sich rief. Dies geschah mehr als dreißigmal, bis der andere Mann, überwältigt von dem, was er für die Geduld und die Sanftheit des Sufi hielt, zusammenbrach und um Vergebung bat.

„Du verstehst nicht", sagte El-Hiri. „Was ich getan habe, war nicht mehr, als ein dressierter Hund auch getan hätte. Wenn Du ihn rufst, kommt er; wenn Du ihn verscheuchst, läuft er davon. Ein solches Verhalten ist kein Kennzeichen eines Sufi; es ist nicht besonders schwer."

Was der Teufel zu sagen hatte

Es war einmal ein Derwisch. Wie er so in Kontemplation versunken dasaß, bemerkte er in seiner Nähe eine Art Teufel. Der Derwisch sagte: „Was sitzt du da herum, ohne auch nur einen Funken Unruhe zu stiften?" Müde hob der Dämon sein Haupt: „Seit auf dem *Pfad* so viele Theoretiker und Pseudolehrer aufgetaucht sind, gibt es für mich nichts mehr zu tun."

Die vier Scheichs und der Kalif

Kalif Mansur beschloß, einen der vier Sufi-Scheichs zum Oberrichter des Landes zu ernennen. Sie wurden in den Palast gerufen – Abu Hanifa, Sufian Thauri, Misar und Shuraih –, aber auf dem Weg dorthin schmiedeten sie einen Plan. Abu Hanifa, einer der Vier Großen Rechtsgelehrten, wie er heute genannt wird, sagte: „Ich werde Ausflüchte finden, um mich dieser Position zu entziehen. Misar wird den Geisteskranken spielen. Sufian wird fliehen und ich prophezeie, daß Shuraih Richter wird." So kam es, daß Sufian die Flucht ergriff und ins Exil ging, um der Exekution wegen Ungehorsam zu entgehen. Die drei anderen traten vor den Kalif.

Zuerst wandte sich Mansur an Abu Hanifa: „Du sollst Richter werden." Abu Hanifa gab zurück: „Befehlshaber der Gläubigen, ich kann nicht. Ich bin kein Araber; und sehr wahrscheinlich werden mich die Araber deshalb nicht akzeptieren."

Der Kalif antwortete: „Das hat mit Deiner Herkunft nichts zu tun. Wir brauchen Gelehrsamkeit, und unter den Weisen unserer Zeit genießt Du die allergrößte Wertschätzung." Abu Hanifa jedoch blieb beharrlich: „Wenn ich wahr gesprochen habe, kann ich nicht Richter werden. Wenn ich die Unwahrheit gesagt habe, verdiene ich diese Position nicht und bin daher ungeeignet."

So gelang es Abu Hanifa, seine Argumente zu untermauern und war damit entschuldigt. Misar, der zweite unfreiwillige Kandidat, näherte sich nun dem Befehlshaber der Gläubigen, ergriff seine Hand und rief: „Geht's Dir auch gut, Dir und Deinen Kleinen und Deinem Vieh?" „Bringt ihn fort", schrie der Kalif, „denn er ist gewißlich von Sinnen."

Jetzt war nur noch Shuraih übrig, und er gab vor, krank zu sein. Mansur jedoch verordnete ihm eine Heilkur und ernannte ihn zum Oberrichter.

Eine Ehrensache

Ein wandernder Sufi wurde in der Wüste aufgespürt und zum Zelt eines wilden Beduinenhäuptlings gebracht. „Du bist gewiß ein Spion unserer Feinde und als solchen werden wir Dich töten", sagte der Anführer. „Ich bin unschuldig", sagte der Sufi. „Seht Ihr dieses Schwert hier?" fragte er, indem er eines zog. „Bevor Du an mich herankommst, habe ich einen Deiner Männer hier getötet. Danach ist es Dein legitimes Recht, seinen Tod zu rächen. Mit einer solchen Handlungsweise werde ich Deine Ehre retten, denn sie sieht sich im Augenblick der großen Gefahr ausgesetzt, durch das Blut eines Sufi besudelt zu werden."

Der Straßenräuber Fudail und sein Kind

Fudail, Sohn des Ayyad, war einst ein Straßenräuber. Nach seiner Bekehrung zu einer religiösen Lebensführung hatte er das Gefühl, Gott in der rechten Weise anzubeten, weil er alle seine früheren Opfer aufgesucht und entschädigt hatte. Eines Tages jedoch trug sich etwas Seltsames zu. Er hatte seinen kleinen Sohn auf die Knie gehoben und geküßt. „Liebst du mich?" fragte das Kind. „Ja, sicher", antwortete Fudail. „Aber liebst Du nicht auch Gott, wie Du mir oft gesagt hast?"

„Ja, ich glaube, daß ich das tue", sagte der Vater. Darauf das Kind: „Aber wie kannst Du mit einem Herzen zwei lieben?"

Von diesem Augenblick an war Fudail klargeworden, daß das, was er für Liebe gehalten hatte, in Wirklichkeit nur Sentimentalität gewesen war, und daß er eine höhere Form der Liebe finden müsse. Diese Begebenheit bildete den Hintergrund für seinen Ausspruch: „Was man im allgemeinen für die höchste oder edelste Errungenschaft der Menschheit hält, ist in Wirklichkeit die allerniedrigste der höheren Stufen, die der Menschheit möglich sind."

Die Probleme mit der Großzügigkeit

Ein Schüler, der gekommen war, um einem Sufi seine Verehrung zu erweisen, fragte ihn aus Neugier: „Warum stehen diese wunderbaren Herati-Maultiere in Deinem Hof?" Ohne zu zögern sagte der Weise: „Die sind für Dich." Der Schüler war hocherfreut, als er hörte, daß sie für ihn bestimmt seien, fragte aber dann, „Sicher muß ich für sie etwas bezahlen?"

„Ihr Preis kann höher sein, als es Dir Deine Mittel erlauben", sagte der Meister. „Aber die Bedingung ist, daß Du niemandem die Tatsache enthüllst, daß ich Dir die Maultiere gegeben habe.

Ich bin nicht hier, um unter den Menschen wegen solcher Taten als ‚gut' zu gelten. Im allgemeinen halten die Menschen etwas für ‚gut' aufgrund eines Tuns, dessen Folgen und Ursprung sie nicht begreifen können."

„Nichts erscheint geringer als ein solcher Preis", sagte der Student. Entzückt führte er die Maultiere davon und dachte bei sich: „Mein Lehrer hat mich wahrhaftig begünstigt. Das ist sicher das äußere Zeichen einer innerlichen Segnung."

Bald schon dämmerte es und kurz darauf fiel der Schüler einer Nachtwache in die Hände. Sie beratschlagten untereinander: „Es wird das beste sein, wir beschuldigen diesen Mann irgendeines Verbrechens, das wir gerade nicht aufklären können. Wir könnten ja vorbringen, er habe die Maultiere mit der Beute aus einem Diebstahl bezahlt, wenn er für ihren Besitz keine andere Erklärung hat. Sicher hat er sich irgendwie schuldig gemacht, so schlecht ernährt und schäbig gekleidet wie er ist. Einige von uns haben ihn ja schon früher gesehen und glauben, daß er sich mit Gesellen von zweifelhaften Ruf umgibt." Vor ein Schnellgericht zitiert weigerte sich der Schüler zuerst, jede Frage betreffs der Herkunft der Maultiere zu beantworten. Die verhörführende Magistratur befahl, daß er mit Stockschlägen zu bestrafen sei.

Zur selben Zeit befand sich eine Gruppe von Schülern in Begleitung des Meisters, der sie in Staffetten ausschickte, um das Schicksal dieses Mannes zu verfolgen. Von Zeit zu Zeit berichteten sie: „Er weigert sich zu sprechen"; und: „Er wird schwächer – sie foltern ihn jetzt."

Schließlich erhob sich der Sufi und eilte zum Gericht. Nach seiner Aussage, daß er selbst dem Mann die Maultiere gegeben habe, wurde der Gefangene freigelassen.

Danach wandte er sich an das Gericht, an seine Schüler und an das Volk, die von diesem Ereignis allesamt reichlich verblüfft waren:

„Im Rufe der Großzügigkeit zu stehen ist auf dreifache Weise von Übel: sie kann den Träger dieses Rufes zerstören; sie kann dem Bewunderer solcher Großzügigkeit Schaden zufügen, wenn er sie ohne entsprechende Erkenntnis nachahmt; sie kann den Empfänger von Großzügigkeit aushöhlen, wenn er den Gebenden kennt. Es sollte keinerlei Gefühle von Verpflichtung geben. Die höchste dem gewöhnlichen Menschen vertraute Form von Großzügigkeit entspricht der niedrigsten Stufe *wahrer* Großzügigkeit. Sie wurde ursprünglich nur eingeführt, um den Menschen mit Freigebigkeit vertraut zu machen. Sie ist zum Götzenbild, zum Fluch geworden."

Des Menschen glückliches Geschick

El Mahdi Abbasi verkündete, man könne nachweisen, daß es ganz gleich sei, ob man einem Menschen zu helfen versuche oder nicht: Etwas im Gegenüber kann diese Absicht vereiteln.

Es gab einige, die dieser Theorie widersprachen, und so sagte er eine Demonstration zu.

Als jedermann das Ereignis schon vergessen hatte, gab El Mahdi die Anweisung, ein Säckchen Gold in der Mitte einer Brücke zu deponieren. Ein unglücklicher Schuldner sollte zur Brücke geführt werden mit der Anweisung, sie zu überqueren. Auf der anderen Seite hatten sich Abbasi und seine Zeugen eingefunden. Als der Mann auf die andere Seite gelangt war, fragte ihn Abbasi: „Was hast du in der Mitte der Brücke gesehen?"

„Nichts", antwortete der Mann.

„Wie das?"

„Als ich begann, über die Brücke zu gehen, kam mir der Gedanke, es könne ganz amüsant sein, sie mit geschlossenen Augen zu überqueren. Und das habe ich getan."

Die Blume und der Stein

Als der große Lehrer und Märtyrer Mansur El-Halladsch der Menge vorgeführt wurde, des Abfalls und der Gotteslästerung für schuldig gesprochen, zeigt er keinen Schmerz, als seine Hände vor aller Augen abgehackt wurden. Auch als die Menge Steine warf, die schwere Wunden verursachten, gab er kein Zeichen von sich. Einer seiner Freunde, ein Sufi-Lehrer, trat näher und schlug ihn mit – einer Blume. Mansur schrie wie unter Foltern. Das tat er, um allen zu zeigen, daß er durch nichts verletzt werden könne, was jene ihm antaten, die recht zu handeln glaubten. Schmerzhafter als jede Folter jedoch war die kleinste Berührung durch jemanden, der wie er wußte, daß er zu Unrecht angeklagt und verurteilt worden war. Mansur und seine Sufi-Gefährten blieben, obwohl hilflos im Angesicht solcher Tyrannei, um dieser Lehre willen im Gedächtnis der Menschen, während ihre Folterknechte fast vergessen sind. Als er im Sterben lag, sprach Mansur: „Die Menschen dieser Welt versuchen, Gutes zu tun. Ich kann Euch nur raten, nach etwas zu suchen, von dem der kleinste Bruchteil mehr wert ist als alle Güte dieser Welt: das *Wissen* darum, was wahr *ist* – wahre Wissenschaft."

Hanbal und das konditionierte Denken

Ahmad ibn Hanbal war der Begründer einer der vier großen Gesetzesschulen und Begleiter vieler früher Sufi-Meister. Als er ein hohes Alter erreicht hatte und schon sehr gebrechlich war, übernahm eine Gruppe Häretiker die Macht in Baghdad und versuchte, ihm einen Entscheid zur Korrektheit ihrer Ansichten zu entlocken. Als er sich weigerte, ließ man ihm tausend Stockschläge verabreichen und überantwortete ihn der Folter. Bevor er an dieser Mißhandlung starb, was schon sehr bald geschah, fragte man ihn, was er von seinen Mördern hielte. Er antwortete: „Alles was ich sagen kann ist, daß sie mich schlugen, weil sie sich im Recht und mich im Unrecht glaubten. Wie kann ich von jemandem Gerechtigkeit fordern, der sich im Recht glaubt?"

Der Mensch glaubt, was er für wahr hält

Es war Scheich Abu Tahir Haramis Gewohnheit, seine Lehre inmitten ganz gewöhnlicher Alltagsgeschäfte zu vermitteln. So ritt er eines Tages mit einem Schüler im Gefolge auf einem Esel zum Marktplatz. Ein Mann rief aus, als er des Scheichs gewahr wurde: „Seht, da kommt er, dieser alte Ungläubige!" Voll Wut schrie Haramis Schüler auf den Verleumder ein, und über kurz war eine heftige Auseinandersetzung im Gange.

Der Sufi beruhigte seinen Schüler und sagte: „Wenn du diesem Krach ein Ende setzen würdest, dann zeige ich dir, wie du in Zukunft einem solchen Aufruhr aus dem Wege gehen kannst." Gemeinsam begaben sie sich zur Behausung des alten Mannes. Der Scheich wies seinen Schüler an, ein Kästchen mit Briefen zu holen: „Schau sie dir an. Sie sind alle an mich gerichtet, jedoch bedienen sie sich der verschiedenartigsten Ausdrücke. Hier redet mich jemand mit ‚Scheich des Islam' an, dort mit ‚Großer Lehrer'. Ein anderer hält mich für den ‚Weisen der zwei Heiligtümer'. Und hier sind noch weitere.

Schau dir an, wie die Anrede in Beziehung steht zu dem, wofür er mich hält. Ich bin jedoch nichts von alledem. Jeder Mensch nennt den anderen so, wie es seinem Bild von ihm entspricht. Das genau ist es, was jener Unglückliche auf dem Marktplatz gerade getan hat. Und dennoch nimmst du Anstoß. Warum – wenn es doch im Leben die Regel ist?"

Wie herum ist es richtig?

Ein weiser Mann war in den Ruf geraten, beim Vorbringen seiner Fakten und Argumente unlogisch vorzugehen. So wurde beschlossen, ihn einer Prüfung zu unterziehen, damit die Autoritäten des Staates einen Spruch darüber fällen konnten, ob er nun eine Gefahr für die öffentliche Ordnung darstelle oder nicht. Am Tag der Prüfung paradierte er vor dem Gerichtssaal auf einem Esel, auf den er sich verkehrt herum gesetzt hatte. Als der Augenblick gekommen war, da er für sich selbst sprechen durfte, fragte er den Richter: „Als ihr mich vorhin beobachtet habt, in welcher Richtung saß ich da auf dem Esel?" Die Richter sagten: „In der falschen Richtung." „Ihr veranschaulicht genau meinen Punkt", sagte er, „denn *ich* saß in der richtigen Richtung, von einem Standpunkt aus gesehen. Es war der Esel, der sich verkehrt herum gedreht hatte."

Der Meister

Ein Sufi-Meister erzählt, wie er sich als Jugendlicher einem Meister der Lehre anschließen wollte. Er suchte den Weisen auf und bat, als Schüler aufgenommen zu werden. Der Lehrer sagte: „Du bist noch nicht bereit dafür." Als nun der junge Mann darauf bestand, sagte der Meister: „Nun gut, ich werde dir etwas beibringen. Ich gehe bald auf die Pilgerfahrt nach Mekka. Begleite mich."

Der Schüler war überglücklich. „Wir sind nun Reisegefährten", sagte der Lehrer, „einer von uns muß führen, der andere gehorchen. Wähle du deine Aufgabe." „Ich folge, du führst", sagte der Schüler.

„Wenn du zu folgen verstehst", sagte der Meister.

Die Reise nahm ihren Lauf. Während einer nächtlichen Rast in der Wüste Hedschas begann es zu regnen. Der Meister erhob sich und hielt schützend eine Decke über den Schüler. „Aber eigentlich sollte *ich* das für dich tun", sagte der Schüler. „Ich befehle dir, mir zu erlauben, dich auf diese Weise zu beschützen", sagte der Meister.

Am nächsten Morgen sprach der junge Mann: „Heute ist ein neuer Tag. Laß mich heute Führer sein und du folgst mir." Der Meister stimmte zu. „Ich werde Reisig sammeln, um Feuer zu machen", sagte der Schüler.

„Das darfst du nicht tun, ich werde es aufsammeln", sagte der Weise.

„Ich befehle dir, hierzubleiben, solange ich das Feuerholz sammle", sagte der junge Mann. „Das darfst du nicht," sagte der Meister, „denn es entspräche nicht den Erfordernissen der Schülerschaft, wenn es der Gefolgsmann zuließe, sich vom Anführer bedienen zu lassen."

Bei jeder sich bietenden Gelegenheit zeigte so der Meister dem Schüler per Demonstration, was Schülerschaft wirklich bedeutet. Sie trennten sich vor den Toren der Heiligen Stadt. Als der junge Mann später den Weisen traf, konnte er ihm nicht in die Augen sehen.

„Was du gelernt hast", sagte der ältere Mann, „ist ein Stück vom Wesen der Schülerschaft."

Der Schüler muß wissen, *wie* man gehorcht, nicht nur, daß er gehorchen muß. Die Frage, *ob* man ein Schüler werden soll, taucht erst dann auf, wenn diese Person weiß, was Schülerschaft wirklich bedeutet. Die Menschen verwenden viel Zeit auf die Frage, ob sie Schüler werden sollen – oder das Gegenteil. Da ihre Annahme (sie könnten Schüler werden auf der Basis eines bloßen Wunsches dazu) unzutreffend ist, leben sie in einer unechten Welt, einer intellektualistischen Welt. Solche Menschen haben noch nicht einmal die erste Lektion gelernt.

Hilali von Samarkand

In Begleitung von fünf Schülern unternahm Hilali eine ausgedehnte Reise durch Zentralasien. Von Zeit zu Zeit ließ er seine Gefährten sich auf ganz unterschiedliche Weise benehmen. Hier einige ihrer Erlebnisse:

Als sie sich Balkh näherten und eine Abordnung der hochgestellten Persönlichkeiten der Stadt vorauseilte, um den Meister zu begrüßen, sagte Hilali zu Jussuf Lang: „Sei Du der Meister." Jussuf wurde empfangen und hochgeehrt. Berichte verbreiteten sich von den Wundertaten, die er allein dadurch vollbracht hatte, daß er mit einigen Kranken unter einem Dach weilte. „Das ist es, was die Menschen für das Derwischtum halten: wir wissen, daß es das nicht ist", sagte Hilali.

In Surkhab betraten die Gefährten die Stadt allesamt in der gleichen Kleidung und keiner marschierte vor dem anderen. „Wer unter Euch ist der Große Meister?" fragte das Stadtoberhaupt. „Das bin ich", sagte Hilali. Augenblicklich wichen die Menschen zurück und riefen: „Wir haben es am Licht in seinen Augen erkannt." „Zieht daraus Eure Lehre", sagte Hilali zu seinen Begleitern.

Als die Gruppe nach Kandahar gelangte, gab der Ober-Sardar ihnen zu Ehren ein Festmahl, bei dem sich alle im Kreise einfanden. Hilali hatte vorher die Anweisung gegeben, ihn als den geringsten der Schüler und Dschafar Akhundsada als Meister zu behandeln. Der Ober-Sardar jedoch sagte: „Wahrlich, der geringste der Gefährten leuchtet mit dem inneren Licht und was auch immer Ihr von ihm sagen möget, ich betrachte ihn als Qutub, als den Magnetischen Pol des Zeitalters." Alle entboten Hilali ihren Gruß, der erkennen mußte, daß der Sardar zwar ein Herrscher war, jedoch auch die Fähigkeit besaß, wahrzunehmen, was andere Menschen nicht wahrnehmen.

Der Fluch des Beduinen

In der Oase Kufa geschah es einst, daß ein rauher Beduine auf Hassan, Mohammeds Enkel, zuging und ihn, seinen Vater und seine Mutter zu beschimpfen begann.

Hassan sagte: „Beduine, bist Du in Not? Was bereitet Dir Sorge?"

Der Beduine nahm davon nicht die geringste Notiz und fuhr fort, zu schreien und zu fluchen. Hassan ließ etwas Geld kommen, gab es dem Mann und sprach dann wieder zu ihm: „Vergebung, Beduine! Das ist alles, was ich im Hause habe; aber ich sage dir, wenn wir mehr gefunden hätten, ich hätte es Dir ohne jedes Zögern gegeben." Als der Beduine diese Worte vernommen hatte, zeigte er sich erschüttert und rief aus: „Ich bezeuge, daß Du wahrlich der Enkel des Propheten bist. Denn ich war gekommen, um zu prüfen, ob Deine Abstammung und Dein Wesen miteinander im Einklang stehen."

Warum der Derwisch am Hofe weilte

Ein Diktum Hadrat Ibn El-Chafifs von Schiras lautete: „Ein Sufi sollte einem Herrscher keinen Besuch abstatten oder ihn vor seiner Türe willkommen heißen, wenn er von ihm besucht wird." So geriet es zu einer Überraschung für zwei Sufis in spe, als sie zu seiner Behausung gelangten und erfuhren, daß er sich gerade am Hofe des Königs befände. Sehr rasch änderten sie ihre Meinung von seiner Hochheiligkeit und entschlossen sich, in die Stadt zu gehen, statt ihm ihre Aufwartung zu machen. Bei einem Ladenbesuch gerieten sie ohne eigenes Zutun in eine Auseinandersetzung, wurden des Diebstahls bezichtigt und zur Urteilssprechung vor den König geschleppt. Durch den Ladenbesitzer von ihrer Schuld überzeugt befahl der König ihre sofortige Exekution, um ein abschreckendes Beispiel zu setzen. Ibn El Chafif, der immer noch am Hofe weilte, setzte sich für sie ein und so kamen sie mit dem Leben davon.

„Der Gedanke, ich habe am Hof nichts zu suchen, mag für Euch naheliegend gewesen sein", sprach der Weise zu den beiden, „doch sollt Ihr wenigstens daraus lernen, daß ein Sufi unerwartete Dinge tut aus unsichtbaren, nichtsdestoweniger jedoch hinreichenden Gründen."

Der Zwang zu lehren

Bishr, der Sohn Hariths, wurde gefragt, warum er nicht lehre.
„Ich habe aufgehört zu lehren, weil ich entdeckte, daß ich den Wunsch besitze, zu lehren. Hat dieser innere Zwang erst aufgehört, werde ich wieder lehren – aus eigenem freien Willen."

Eine Zeit zum Lernen ...

Nur selten sprach der Weise von Ascalon zu seinen Schülern. Wenn er es tat, waren sie von seinem Gedankengut überwältigt. „Könntest du nicht zu einer für uns alle günstigen Zeit sprechen?" fragten sie, „denn wenn du sprichst, müssen einige von uns Familienpflichten nachgehen und können nicht immer zugegen sein."

„Ihr müßt euch dafür einen anderen suchen", sagte er, „denn während ich nur dann lehre, wenn ich nicht den Drang danach spüre, existieren durchaus einige, die an einem festgesetzten Zeitpunkt entsprechend ihrer Zuhörerschaft lehren. Sie sind es, die den Drang zu lehren verspüren, folglich müssen sie nur das, was sie sagen, ihrer Zuhörerschaft anpassen."

Wenn ich sie bitte und sie lehnen ab ...

Ein Derwisch wurde gefragt: „Warum erbittest du nichts von den Menschen, damit auch du gespeist wirst?"

Er antwortete: „Wenn ich sie bitte und sie lehnen ab, dann besteht die Gefahr, daß sie dafür leiden werden müssen. Vom Propheten ist dieser Ausspruch überliefert: Wenn ein aufrichtiger und bedürftiger Mensch um etwas bittet, dann werden diejenigen, die ihm eine Gabe verweigern, schmachten müssen."

Wie du von mir denken sollst

Ein Schüler kam zu Maruf Karkhi und sagte: „Ich habe mit den Leuten über dich gesprochen. Die Juden behaupten, du seist ein Jude; Christen verehren dich als einen ihrer eigenen Heiligen; die Moslems beharren darauf, daß du der bedeutendste aller Moslems bist." Maruf antwortete: „So sprechen die Menschen in Baghdad. Als ich in Jerusalem weilte, sagten die Juden, ich sei ein Christ, die Moslems hielten mich für einen Juden, und die Christen für einen Moslem." „Wie sollen wir dann von dir denken?" sagte der Mann.

„Einige verstehen mich nicht und verehren mich. Andere tun keines von beiden, folglich schmähen sie mich. Das ist es, was ich heute zu sagen habe. Du sollst von mir denken wie von jemandem, der dies gesagt hat."

Heiligenverehrung

Ein Sufi-Scheich wurde von einem Besucher gefragt: „Liegt irgendein besonderer Wert in der Heiligenanbetung?" Ohne zu zögern antwortete er: „Sie ist unlogisch, der Islam verbietet sie."

Ein Schüler, der ebenfalls zugegen gewesen war, bemerkte: „Aber deine Antwort hat nicht alle Implikationen der Frage erfaßt."

Der Scheich sagte zu ihm: „Der Fragesteller befand sich auf der Stufe der *Shariat* (dogmatische Religion). Die Art, in der er seine Frage stellte, machte offenkundig, daß er ein gewisses Gefühl der Beruhigung suchte und daß er diese Sicherheit von mir wollte; er hatte von mir gehört als verläßliche Quelle für Urteil und Meinung. Es gibt jedoch noch eine andere Art von Beziehung zu Heiligen, jenseits von Anbetung. Ihre Grabmäler zu besuchen hat einen gewissen Wert. Aber dieser Wert wird nur für jenen wirksam, der ihn wahrnehmen kann. Jener Mann gehörte nicht dazu, deshalb traf dieser Aspekt der Frage nicht zu. Letzten Monat hat mich ein Mann um eine Bestätigung dafür gebeten, daß Heilungen, die durch Meditation vor einem Schrein bewirkt wurden, ganz und gar der inneren Absicht – und nicht dem Heiligen – zuzuschreiben seien. Ich stimmte ihm zu. Er besaß nicht die Fähigkeit zu komplexeren Vorstellungen: daß dies, mit anderen Worten, bei einigen Gelegenheiten teilweise zutreffen kann, bei anderen ganz und so weiter. Es ist eine Eigenschaft der Blinden, daß sie nur ganz bestimmte Fragen wahrnehmen können. Heilige waren Menschen – für einige bedeutet der Besuch eines Grabmals Heiligenanbetung – Heiligenanbetung ist ungebildet: Deshalb muß Heiligenanbetung wertlos sein.

Vielleicht einer von tausend wird in seinem Inneren wissen, warum er dort ist, und welches Wesen die Kraft besitzt, die er dort aufnehmen kann. Es ist nur natürlich, daß sich alle Pilger einbilden, sie wären ‚fromm' und würden somit alle genau das gleiche tun und erleben. Selbstverständlich trifft das nicht zu. Hast du jemals versucht, einem irregeleiteten Menschen zu zeigen, daß seine Sehweise beengt ist? Er mag sich den Anschein geben, als ob er zuhöre. Aber um seiner eigenen Selbstachtung willen wird er das, was du *meinst*, zurückweisen, wenn nicht gar das, was du sagst."

Mohammed Shah, Murshid von Turkestan

Mohammed Shah, der Murshid („Wegweiser") von Turkestan, war ein Lehrer des 19. Jahrhunderts, der seine Lehrbeispiele aus dem „Saft" (dem wahren inneren Gehalt) alltäglicher Begebenheiten und Handlungen bezog. Dies ist ein für seine Methoden typischer Bericht:

Mohammed Shah begleitete einige der Mitglieder seiner Halka („Kreis"), um sie bestimmten Anblicken auszusetzen. Einer davon war ein hohes Minarett, errichtet am Ufer eines Flusses. „Es wurde von beharrlichen Menschen erbaut", sagte er. Dann zeigte er ihnen eine Gruppe Brahmanen-Pilger, die sich auf dem Weg zum heiligen Djamna-Fluß befanden. „Das sind beharrliche Menschen", sagte er. Eines anderen Tages ließ er sie eine Karawane beobachten, die die Wüstenwildnis Chinas hinter sich gebracht hatte. „Das sind beharrliche Menschen", sagte der Sufi. Zum Schluß schickte er sie nach Tibet, um dort Pilgern zuzuschauen, die auf heiliger Fahrt ihre eigene Länge am Boden abmaßen. „Das waren beharrliche Menschen", sagte er zu ihnen bei ihrer Rückkehr.

Einige Monate später ließ er sie Gerichtshöfe bei der Verhandlung von Fällen beobachten, ließ sie die Anstrengungen des Gerichtes, die Energie der Zeugen, die Absichten des Anklägers und die Anstrengungen der Beklagten wahrnehmen. „In all diesen Fällen könnt ihr beharrliche Männer und Frauen sehen", sagte er.

„Beharrliche Menschen gibt es überall. Von Bedeutung jedoch ist der Gewinn solcher Beharrlichkeit. *Ihn* können sie ernten und nutzen. Wenn sie sich jedoch im Verlauf solchen Beharrens von der Sache, die sie so ausdauernd verfolgen, betören und verführen lassen, dann wird ihnen dieses Training des Kampfes um Beharrlichkeit nicht von Nutzen sein. Alles, was ihnen dann passiert, ist, daß sie dazu trainiert werden, beharrlich etwas zu verfolgen."

Warum sich der Derwisch verbirgt

Rumi wurde einst von seinem Sohn gefragt: „Wie und warum ist der Derwisch verborgen? Durch oberflächliche Kostümierungen? Oder gibt es etwas in ihm, das er verbirgt?"

Der Meister sagte: „Es kann auf jede Art geschehen. Einige schreiben Liebesgedichte und die Menschen glauben, sie meinten gewöhnliche Liebe. Der Derwisch kann seine wahre Stufe auf dem *Weg* dadurch verbergen, daß er einen Beruf ergreift. Es gibt Schriftsteller, andere sind Händler wie Baba Farid. Wieder andere verfolgen die verschiedensten äußerlichen Aktivitäten. Dies kann geschehen, um sich vor den Oberflächlichen zu schützen. Einige handeln absichtlich so, daß sie die Mißbilligung der Gesellschaft provozieren. Aus diesen Gründen hat der Prophet gesagt: ‚Gott hat die Menschen der Höchsten Erkenntnis verborgen.' Wenn sie sich behindert sehen, dürfen sich die Anhänger des *Weges* eines Mittels bedienen, das ihnen Frieden bringt."

Dann rezitierte der Meister:

Allzeit wissend – während sie sich verbergen, suchen sie. Sie wirken anders als sie sind – in den Augen des gewöhnlichen Menschen. Sie wandern im inneren Licht – und lassen Wunder geschehen. Doch wirklich kennt sie – niemand. *Munaqib El-Arifin*

Gebete für die Toten

Sufian Thauri hörte, daß ein Begräbnis stattfinden sollte, und folgte dem Sarg. Auf dem Friedhof betete er am Grab. Nach dem Gottesdienst begannen die Menschen davon zu sprechen, was für ein guter Mensch der Verstorbene doch gewesen sei. „Ich hätte nicht für ihn beten sollen", sagte Sufian, „denn wenn man Menschen gut von einem anderen sprechen hört, dann im allgemeinen deshalb, weil er wissentlich oder unwissentlich ein Heuchler war. Ist ein Mensch kein Heuchler, gibt es immer viele, die nicht gut von ihm sprechen."

Thauri über die Kontemplation

Der große Lehrer Shibli stattete einst dem berühmten Thauri einen Besuch ab. Der Meister saß so still, daß sich kein Haar an ihm bewegte. Shibli fragte: „Wo hast du solche Reglosigkeit erlernt?" Thauri antwortete: „Von einer Katze. Sie beobachtete ein Mauseloch mit noch größerer Konzentration, als du sie gerade an mir sehen konntest."

Seltsame Erregung

Sahl Abdullah geriet während einer religiösen Zusammenkunft in einen Zustand von heftiger Erregung, begleitet von körperlichen Manifestationen. Ibn Salim fragte: „Was ist das für ein Zustand?" Sahl antwortete: „Das war nicht, wie du vielleicht glaubst, die Kraft, die in mich eintrat. Es war im Gegenteil ein Ausdruck meiner Schwäche." Andere, die zugegen waren, fragten: „Wenn das Schwäche war, was ist dann Kraft?" „Kraft ist, wenn etwas Derartiges eindringt und Körper und Geist keinerlei Manifestationen aufweisen."

Der Esel

Sahl befand sich gerade auf einer Reise mit Ibrahim, dem Sohn Adams, als er krank wurde. Er berichtet, daß Ibrahim daraufhin alles, was er besaß, verkaufte und für den kranken Mann verwendete. Eines Tages verlangte es Sahl nach einem besonderen Leckerbissen, worauf Sahl seinen Esel verkaufte und ihm die Speise brachte.

Als er sich wieder erholt hatte, fragte Sahl: „Wo ist der Esel, damit ich auf ihm reiten kann?" „Der bin ich", sagte Ibrahim, „reite auf meinen Schultern." Und das letzte Stück der Reise trug er Sahl auf seinem Rücken.

Ibn-Salim

Eine große Menschenmenge hatte sich vor Ibn-Salims Haus versammelt. Mit folgenden Worten bat man ihn, zu ihnen zu sprechen: „Deine Schüler sind hier." Er antwortete: „Das sind nicht meine Schüler – sondern die Schüler meiner Zuhörerschaft. Meine Schüler sind die *wenigen*."

Die Verantwortung des Lehrers

Hadschi Bektash ernannte Nurudin Chaqmaq zu seinem Khalifen („Stellvertreter, Abgeordneter") im hohen Norden. Zu jener Zeit hatte Scheich Chaqmaq selbst schon viele Schüler, denn durch seine Hingabe und durch die Lektüre der klassischen Meister hatte er als Derwisch schon mehrere Zirkel von Anhängern an sich gezogen. Darüber hinaus war er in engem Kontakt zu mehr als einem Lehrer gestanden.

Der Hadschi übermittelte ihm nun Lehrinhalte, die an der Oberfläche in starkem Gegensatz zu den traditionellen Gebräuchen und Vorstellungen standen, an die seine Schüler gewohnt waren.

Chaqmaq versuchte sich dieser Verantwortung zu entziehen, indem er seine Anhängerschar an Hadschi Bektash übergab. Der Hadschi jedoch weigerte sich und sagte zu Chaqmaq: „Nur wenn du für mich als Kanal zu deinen Leuten fungierst, wirst du selbst verwandelt werden." Chaqmaq fürchtete, diese neue Lehre könnte seine Autorität untergraben. „Wenn du nur mit Hilfe von Autorität lehrst, lehrst du überhaupt nicht", sagte Hadschi Bektash.

Einige von Chaqmaqs Schülern kamen, um sich bei Hadschi Bektash über das exzentrische Benehmen ihres Meisters zu beklagen. „Wir können nicht länger den Trost empfangen, den uns die gewohnten Ordensriten spendeten", sagten sie. „Genauso wollte ich es", sagte der Hadschi.

Andere Schüler fürchteten, der Hadschi habe Chaqmaq beeinflußt und hätte nun das gleiche mit ihnen vor. Dies wurde dem Hadschi mitgeteilt. Er sagte: „Sie beobachten, wie Chaqmaq etwas Gutes widerfährt und halten es für schlecht. Das ist ein Fieber, das sich selbst verzehren muß." Vier Jahre vergingen, bevor die Schüler allein durch das Vorbild des Hadschi begriffen, daß Bektash anderes zu tun hatte, als „lahme Pferde einzufangen". Bektash sagte dazu: „Eure eigene Selbstüberschätzung machte euch glauben, Ihr wäret jemandem die Mühe wert, Euch zu versklaven."

Der Edelstein

Ein junger Mann kam zu Dhun-Nun und sagte, die Sufis wären im Unrecht, und noch vieles mehr. Der Ägypter zog einen Ring vom Finger und reichte ihn dem Besucher mit den Worten: „Bring ihn zu den Budenbesitzern am Marktplatz und sieh zu, ob du für ihn ein Goldstück bekommen kannst." Keiner unter den Marktleuten bot für den Ring mehr als ein einziges Silberstück. Der junge Mann brachte ihn wieder zurück.

„Jetzt zeige den Ring einem richtigen Juwelier und schau, was er dir bieten kann." Der Juwelier offerierte tausend Goldstücke für das Schmuckstück. Der junge Mann war verblüfft.

„Nun", sagte Dhun-Nun, „dein Wissen von den Sufis ist so groß wie das Wissen der Marktleute von Schmuck. Wenn du lernen möchtest, den Wert von Schmuck zu bemessen, mußt du ein Juwelier werden."

Jeder, der Schamlosigkeiten lauscht, wird zum Komplizen desjenigen, der Schamlosigkeiten äußert. *El-Shafai*

Bayasid Bistami

Bayasid begegnete einst einem Hund und raffte augenblicklich sein Gewand, damit er es nicht beschmutze. Mit menschlicher Stimme antwortete der Hund: „Wenn ich trocken gewesen wäre, wäre es sinnlos gewesen, mir aus dem Weg zu gehen. Wenn ich naß gewesen wäre, hättest du dein Gewand waschen können. Aber der Haß, den du für mich empfindest, kann niemals geläutert werden."

Bayasid sagte: „Oh erleuchteter Hund, komm und bleibe für eine Weile bei mir." „Das ist nicht möglich. Der Welt diene ich als

Schimpfwort, du jedoch wirst von ihr als Muster und Vorbild betrachtet." Da rief Bayasid: „Weh mir! Ich bin nicht gut genug, mit jemandem zu leben, den die ganze Welt für minderwertig hält: Wie kann ich mich da der Wahrheit nähern, die von allen als das Höchste aller Dinge betrachtet wird?"

Auf die Frage „Was bedeutet es, ein Sufi zu sein?" antwortete Bayasid: „Bequemlichkeiten aufgeben und der Versuch, Mühe und Anstrengung auf sich zu nehmen. Das ist die Praxis des Sufi."

Das Götzenbild

Uwais El-Qarni erhielt die Nachricht, ein gewisser Derwisch sitze in ein Leichentuch gehüllt auf einem Grab und weine bitterlich. Qarni sagte: „Sagt ihm, daß die Methode zum Götzenbild geworden ist; er muß diese Praxis hinter sich lassen, sie behindert ihn."

Geld

Man bot Uwais El-Qarni eine Summe Geld an. Er sagte: „Ich brauche es nicht, ich habe schon eine Münze." Der andere sagte: „Wie lange wird sie vorhalten? – sie ist doch nichts wert." Uwais antwortete: „Garantiere mir, daß ich länger leben werde, als diese Münze vorhält, dann werde ich Dein Geschenk annehmen."

Bedauere nicht die Vergangenheit und mach dir keine Sorgen um die Zukunft.
Dhun-Nun

Ein gebildeter Mensch mit vielen Freunden kann ein Betrüger sein, denn wenn er seinen Freunden die Wahrheit sagen würde, wären sie nicht mehr seine Freunde.
Sufian Thauri

Dschunaid sprach für gewöhnlich vor Zuhörerschaften von etwa zehn Personen. Immer hörte er auf zu reden, wenn sich ihre Zahl stark erhöhte, und niemals bestand sein Publikum aus mehr als zwanzig Menschen.

Wenn wir sprechen, dann achten wir darauf, keine Grammatikfehler zu machen. Doch wenn wir handeln, machen wir Fehler, und erreichen nicht, was unser Ziel sein sollte.
Ibrahim Ibn-Adam

Der vollendete Mensch

Der Kameltreiber hat seine Pläne; das Kamel hat seine eigenen Absichten.
Der geordnete Verstand kann gut denken.
Des Vollendeten Menschen Verstand kann gut existieren.

Rasul Shah

Die Kerze ist nicht dazu da, sich selbst zu erleuchten.

Nawab Jan Fishan Khan

Es ist ein großer Anspruch, sich selbst Sufi zu nennen.
Bedenke immerhin, daß ich mich selbst nicht so nenne.

Hadrat Abdul-Hasan Khirqani

Wenn du die Himmlische Wissenschaft noch nicht studiert hast,
Solange du deinen Fuß noch nicht in die „Taverne" gesetzt hast,
Weil du deinen eigenen Gewinn und Verlust noch nicht kennst:
Wie willst du dann zu den *Freunden* gelangen? – Auf, auf! Auf, auf!

Baba Tahir Uryan

Reisen – mit und ohne Vehikel

Wenn du dich ohne Führung ins Meer stürzt, dann ist das gefährlich, weil der Mensch Dinge, die aus ihm selbst kommen, mit Dingen verwechselt, die ihren Ursprung woanders haben.
Wenn du andererseits das Meer zu Schiff bereist, läufst du Gefahr, am Vehikel haften zu bleiben.
Im einen Fall ist das Ziel unbekannt, und es gibt keine Führung. Im anderen Fall wird das Mittel zum Ziel und es gibt kein Ankommen.

Niffari

Ein Derwisch-Meister hat gesagt: „Wenn du einen Menschen sprechen hörst ‚Man hat gesagt ...', dann halte dir vor Augen, daß er in Wirklichkeit sagt ‚Höre, was *ich* zu sagen habe ...'." *Bishr-Al-Hafi*

Achtet darauf, daß jene Dinge, die man heute für recht hält, gestern noch als unmöglich betrachtet worden sind. Die Dinge, die heute für falsch gehalten werden, sind genau die, die morgen als richtig angesehen werden.

Hudhaifa

Fehler erfreuen oft die Herzen derer, die sie begehen. *Ibn Abbas*

Auf die Frage, warum er das Gebet eines anderen nicht korrigiert habe, sagte Maruf Karkhi: „Einem Derwisch steht es erst dann frei zu lehren, wenn er seinen eigenen Dienst vollendet hat."

Gewißlich sind viele Formen dessen, was man Wissen nennt, in Wirklichkeit Unwissen, und viele Formen dessen, was man Beredsamkeit nennt, in Wirklichkeit Zusammenhanglosigkeit. *Der Prophet*

Ali deutete auf sein Herz und sagte: „Ich besitze hier genug Wissen, aber ich kann niemanden finden, dem ich es anvertrauen könnte. Es gibt viele Menschen, aber auch sie werden schnell unsicher oder skeptisch. Wie sehr sehne ich mich nach den wahrhaft Gebildeten!"

Wenn ich nicht recht habe, dann hat das nur wenig Bedeutung für deine Zukunft. Aber wenn ich recht habe: das ist außerordentlich wichtig für deine Zukunft. *Der Kalif Ali*

Anbetung

Der Mensch geht durch drei Phasen:
Zuerst betet er alles an: Mann, Frau, Geld, Kinder, Erde und Steine.
Dann schreitet er ein kleines Stück fort und betet Gott an.
Zum Schluß sagt er weder: „Ich bete Gott an",
noch sagt er: „Ich bete Gott nicht an".
Er ist über die ersten beiden Stufen zur letzten gelangt. *Rumi*

Askese

Zuerst kommt die Erkenntnis. Dann die Askese. Dann die Erkenntnis, die auf die Askese folgt. Der „Wissende" der letzten Stufe ist soviel wert wie hunderttausend Asketen. *Rumi*

Der Geliebte

Jemand kam an die Tür des Geliebten und klopfte. Eine Stimme fragte: „Wer ist da?" „Ich bin es", lautete die Antwort.
Die Stimme antwortete: „Hier ist kein Platz für dich und mich." Die

Tür blieb geschlossen. Nach einem langen Jahr der Einsamkeit und Entbehrungen kehrte der Mensch zur Tür des Geliebten zurück. Er klopfte.
 Eine Stimme fragte von drinnen: „Wer ist da?" Der Mensch sagte: „Du bist es." Die Türe wurde ihm geöffnet.
Rumi

Hunger

Menschen, die sich selbst satt haben, sind so, weil sie auf etwas anderes Hunger haben. Sie sind deshalb hungrig. Jene, die von Missetaten ablassen, sind es, die im Gebet verharren; nicht jene, die sich nur beim Gebet zu beugen scheinen. Gebet ist ein Tun, eine Aktivität.
Sanai, Hadiqa

Sentimentalität

Einst, als der Sufi-Schüler Bishr noch ganz im Banne der Bequemlichkeiten des Menschen stand, weilte er gerade auf der Insel Abadan. Dort begegnete er einem der unglücklichsten der Unglücklichen. Er litt an Lepra, war blind und lag auf der Erde, ohne daß weit und breit eine Menschenseele zu sehen gewesen wäre. Bishr trat zu ihm, hob seinen Kopf auf seine Knie und sprach trostreiche Worte des Mitleides und der Trauer. Der Leprakranke erhob darauf seine Stimme und sprach: „Welcher Fremde kommt hier daher, um sich zwischen mich und meinen Herrn zu stellen? Mit oder ohne meinen Körper – ich habe meine Liebe für Ihn." Bishr erzählt, daß ihm diese Lektion zu allen Zeiten gegenwärtig geblieben ist.
 Mashgul sagt: „Verstehen können diese Geschichte nur diejenigen, die erkennen, wie der Leprakranke Bishr daran hinderte, seiner eigenen Sentimentalität zu frönen und sich selbst dadurch zu zerstören, die also erkennen, daß er erst dadurch zu dem wurde, was die Menschheit einen ‚guten Menschen' nennt. ‚Gut' ist das, was man freiwillig tut, und nicht zur Förderung eines Appetites auf Genuß, den andere einem im Namen der Menschlichkeit beigebracht haben."
Bishr Ibn El-Harith

Das Flickengewand

Ein Jude aus Damaskus las einst ein heiliges Buch, als er darin auf den Namen des Propheten stieß. Dies behagte ihm nicht und so entfernte er den Namen. Am nächsten Tag jedoch erschien der Name wieder an der gleichen Stelle. Ein zweites Mal löste er den Namen heraus, doch auch am dritten Tag war er wieder da. Er dachte bei sich: „Vielleicht ist das ein Zeichen dafür, daß ein wahrer Bote angekommen ist. Ich werde südwärts nach Medina reisen." Und er machte sich alsbald auf und gelangte ohne Säumen zur Stadt des Propheten. Als er dort eintraf, kannte er niemanden. In der Nähe der Moschee des Propheten begegnete er Anas, dem Gefährten. Er sprach zu ihm: „Freund, bring mich zum Propheten."

Anas führte ihn zur Moschee, die voll leidversunkener Menschen war. Abu Bakr, der Nachfolger, saß dort zu Häupten der Versammlung. Der alte Mann trat auf ihn zu, weil er ihn für Mohammed hielt, und sagte: „Oh Auserwählter Bote Gottes, ein verirrter alter Mann ist gekommen, um Dir den Friedensgruß zu entbieten." Als die Anwesenden die Anrede für den Propheten vernahmen, brachen sie ohne Ausnahme in Tränen aus. Der Fremde war sich nicht sicher, was er nun tun sollte. Er sagte: „Ich bin ein Ausländer und ein Jude, und ich kenne die Rituale des Glaubensbekenntnisses der Unterwerfung unter den Willen Allahs nicht. Habe ich etwas Ungehöriges gesagt? Hätte ich schweigen sollen? Oder ist dies ein religiöses Ritual? Warum weint ihr? Wenn es eine Zeremonie ist, dann habe ich noch nie von ihr gehört." Der Gefährte Omar sprach zu ihm: „Wir weinen nicht wegen irgendeiner deiner Taten. Aber du sollst hören, Unglücklicher, daß der Prophet erst vor einer Woche diese Erde verlassen hat. Als wir seinen Namen hörten, übermannte der Schmerz von neuem unsere Herzen." Als der alte Mann dies hörte, zerriß er seine Gewänder vor Gram. Wieder ein wenig zu Kräften gekommen sagte er: „Erweist mir eine Gunst. Gebt mir wenigstens ein Gewand des Propheten. Wenn ich ihn schon nicht sehen kann, laßt mir wenigstens das." Omar antwortete: „Nur die Frau Zohra könnte uns eines seiner Gewänder lassen." Ali sagte: „Aber sie läßt niemanden zu sich."

Sie gingen vor ihre Türe, klopften und brachten die Sache vor. Frau Zohra antwortete: „Der Prophet hat wahr gesprochen, als er kurz vor seinem Tode gesagt hat: ‚Ein Wandersmann, der ein guter Mensch ist und mich liebt, wird zu diesem Haus kommen. Er wird mich nicht antreffen. Gebt ihm deshalb stellvertretend für mich dieses Flickengewand, behandelt ihn freundlich um meinetwillen und entbietet ihm Gruß.'" Der Jude hüllte sich in das Gewand, legte das Glaubensbekenntnis des Islam ab und bat darum, zum Grab des Propheten geführt zu werden. Dort tat er seinen letzten Atemzug. *Attar: Ilahi-Nama*

Saadis Gebet

Tue für mich, was *Deiner* würdig ist,
nicht, was meiner würdig ist.
Saadi, Der Rosengarten

Sehen

Aulen, theologische Hochschulen, gelehrte Vorlesungen, Zirkel und Klöster –
welchen Nutzen haben sie, wenn da kein Wissen ist und auch kein Auge, das sehen kann?

Hafis

Der äußere Anblick des Derwischs

Die äußere Form der Absicht, die die Könige im Gebet verfolgen – ist das Abbild des äußeren Anblicks eines Derwischs in einem Spiegel.

Hafis

Fünfter Teil:

LEHRGESCHICHTEN

Lehrgeschichten

Lehrgeschichten werden in der Öffentlichkeit vorgetragen und bilden einen Teil der äußeren Aktivitäten der Derwische. Sie sollen dazu dienen, ein grundlegendes Wissen über die Sufi-Tradition und ihre charakteristischen Denkweisen zu vermitteln. Nur selten werden sie für didaktische Zwecke verwendet. Es wird jedoch behauptet, daß die „inneren Dimensionen" der Lehrgeschichten die Enthüllung von nach und nach immer zahlreicheren Bedeutungsebenen ermöglichen, je nach Entwicklungsstufe des Schülers. „Man kann mit verschiedenen Schichten ein und desselben Materials arbeiten" – diese Theorie ist vielen Menschen nicht vertraut, die es lieber sehen würden, wenn eine Geschichte nur eine einzige Botschaft oder Anwendungsebene hätte.

Der großzügige Mensch

Es war einmal ein reicher und großzügiger Mann aus Buchara. Er besaß einen hohen Rang in der unsichtbaren Hierarchie und war deshalb bekannt als der „Präsident der Welt". Seine Freigebigkeit machte er von einer Bedingung abhängig. Er verteilte jeden Tag Gold an eine bestimmte Kategorie von Menschen, – die Kranken, die Witwen und so weiter. Derjenige sollte jedoch nichts erhalten, der dabei auch nur ein einziges Wort sprach. Nicht alle konnten ihr Schweigen halten. Eines Tages waren die Rechtsanwälte an der Reihe, vom Reichtum ihren Teil in Empfang zu nehmen. Einer von ihnen konnte sich nicht zurückhalten und reichte das denkbar umfassendste Gesuch ein. Er erhielt nichts. Das sollte jedoch beileibe nicht das Ende seiner Anstrengungen bedeuten. Am nächsten Tag waren die Invaliden an der Reihe, und so tat er, als ob seine Glieder gebrochen seien. Aber der Präsident erkannte ihn und so erhielt er nichts. Gleich am nächsten Tag tauchte er in einer anderen Verkleidung auf, gemeinsam mit den Menschen einer anderen Kategorie, wobei er sein Gesicht verhüllte. Wieder wurde er erkannt und fortgeschickt. Ein ums andere Mal versuchte er es, sogar als Frau verkleidet; wieder ohne Erfolg.

Schließlich fand der Rechtsanwalt einen Begräbnisunternehmer und ließ sich von ihm in ein Leichentuch hüllen. „Wenn der Präsident vorüberkommt, hält er mich vielleicht für eine Leiche. Möglicherweise wird er etwas Geld für mein Begräbnis auf den Boden werfen – ich werde dir dann davon einen Anteil geben." So geschah es. Ein Goldstück aus der Hand des Präsidenten fiel auf das Leichentuch. Der Rechtsanwalt packte es aus Angst, der Leichenbestatter könnte ihm zuvorkommen. Dann sprach er zu seinem Wohltäter: „Du hast mir deine Freigebigkeit versagt. Sieh nur, wie ich sie doch noch erlangt habe!" „Nichts wirst du von mir bekommen", antwortete der großzügige Mann, „bevor du nicht stirbst. Darin liegt die Bedeutung des rätselhaften Satzes ,Der Mensch muß sterben, bevor er stirbt'. Das Geschenk kommt erst nach dem ,Tod', nicht vorher. Und obendrein ist dieser ,Tod' ohne Hilfe nicht möglich."

Die Zerstörung einer Stadt

Einst rief ein Sufi in einem unachtsamen Augenblick aus: „Ich werde die Ursache für die Zerstörung dieser Stadt sein!" Glücklicherweise hielten ihn die Leute für verrückt, oder glaubten, er wollte sie nur erschrecken. Sie taten ihm kein Leid an. Obendrein intessierten sie sich auch nicht für das, was er zu sagen hatte. Schließlich war er nur noch ein gebrechlicher Mann ohne jeden größeren Einfluß. Eines Tages fiel der Sufi von einem Baum herab, den er gerade bestiegen hatte. Sein Körper zerbrach die Mauer eines darunterliegenden Wasserreservoirs. Die folgende Flutwelle zerstörte die Stadt. Erst nach diesem Ereignis, als man die Leiche fand, erinnerte man sich an die Worte des Sufi.

Das Zauberpferd

Ein König hatte einst zwei Söhne. Der erste half den Menschen auf eine Weise, die sie verstehen konnten. Der zweite wurde „faul" genannt, weil er, soweit die Leute das beurteilen konnten, ein Träumer war. Der erste Sohn erwarb sich große Ehren in seinem Land. Der zweite Sohn erhielt von einem einfachen Schreiner ein hölzernes Pferd und setzte sich rittlings darauf. Das Pferd war jedoch ein Zauberpferd. Es brachte seinen Reiter, wenn er aufrichtig war, zu seines Herzens Wunsch. Auf der Suche nach seines Herzens Verlangen verschwand der Prinz eines Tages auf seinem Zauberpferd. Lange Zeit blieb er fort. Nach vielen Abenteuern kehrte er mit einer schönen Prinzessin aus dem Lande des Lichts zurück. Sein Vater war überglücklich über seine wohlbehaltene Heimkehr und lauschte der Erzählung vom Zauberpferd. Jedem im Lande, der es wünschte, wurde das Zauberpferd zur Verfügung gestellt. Aber viele Menschen schätzten die offenkundigeren Vorteile höher, die die Taten des ersten Prinzen einbrachten, weil das Pferd in ihren Augen immer wie ein Spielzeug wirkte. Sie konnten das äußere Erscheinungsbild des Pferdes nicht außer acht lassen, das alles andere als beeindruckend war – eben wie bei einem Spielzeug. Als der alte König starb, wurde auf seinen Wunsch hin der Prinz, „der es liebte, mit Spielzeug zu spielen", neuer König. Gemeinhin fand er unter den Menschen jedoch nur Verachtung. Viel mehr liebten sie die aufregenden und interessanten Entdeckungen des praktisch denkenden Prinzen. Solange wir nicht auf den „faulen" Prinzen hören, ob er nun eine Prinzessin aus dem Lande des Lichts bei sich hat oder nicht, solange werden wir die äußere Erscheinung des Pferdes nicht hinter uns lassen können. Selbst wenn uns das Pferd gefällt – es ist nicht seine äußere Form, die uns helfen kann, zu unserem Ziel zu gelangen.

Die Wiege

Ein Kind war geboren worden, und sein Vater ging zu einem Schreiner, um eine Wiege anfertigen zu lassen. Der Schreiner sagte, er solle in einer Woche wiederkommen, um es abzuholen. Nach einer Woche war es noch nicht fertig. Woche um Woche kam der Mann, jedoch war immer noch keine Wiege zu sehen. Nach und nach wuchs das Kind zum Manne heran. Auch er heiratete und seine Frau gebar ihm ein Kind.

Sein eigener Vater sagte zu ihm: „Statte dem Schreiner einen Besuch ab und schau nach, ob die Wiege schon fertig ist." Da ging der junge Mann zum Schreiner und erinnerte ihn an die Wiege. „Das ist doch eine Gelegenheit für dich, die Arbeit zu Ende zu führen", sagte er. „Ich habe jetzt einen kleinen Sohn und die Wiege wäre genau das richtige für ihn." „Fort mit dir!" sagte der Schreiner: „Ich lasse mich bei meiner Arbeit nicht hetzen, nur weil Du und Deine Familie von ihren Wünschen besessen sind!"

Die drei tauben Männer und der stumme Derwisch

Es war einmal ein armer Ziegenhirte. Jeden Tag trieb er einige Ziegen auf einen Hügel über dem Dorf, wo er mit seiner Familie wohnte, um dort neues Weideland zu suchen. Er war taub, aber das störte ihn nicht im geringsten. Eines Tages merkte er, daß seine Frau das Bündel mit seinem Mittagsmahl vergessen hatte; auch hatte sie nicht eins ihrer beiden Kinder wie früher damit fortgeschickt, wenn es einmal vergessen worden war – auch dann, wenn die Sonne schon hoch am Himmel stand. „Ich werde nach Hause gehen und es holen", dachte der Ziegenhirt, „ich kann hier nicht den ganzen Tag bleiben, ohne einen Bissen zu essen." Plötzlich bemerkte er einen Mann, der am Hügel Sträucher schnitt. Er ging auf ihn zu und sagte: „Bruder, bitte habe eine Auge auf meine Ziegen und paß auf, daß sie nicht umherstreunen; meine Frau hat dummerweise mein Mittagsmahl vergessen und so muß ich ins Dorf zurück, um es zu holen." Der Holzfäller war nun seinerseits auch taub, er verstand kein einziges Wort und deutete den Ziegenhirten völlig falsch. Er antwortete: „Warum sollte ich Dir auch nur einen meiner Zweige, die ich für meine eigenen Tiere schneide, abgeben? Ich habe zu Hause eine Kuh und zwei Schafe, und ich muß endlos weit laufen, um Futter für sie herbeizuschaffen. Laß mich jetzt in Frieden, mit solchen wie Dir, die nur das wenige, das mir gehört, an sich raffen wollen, möchte ich nichts zu schaffen haben." Voll Hohn winkte er ab und lachte rauh. Der Ziegenhirt hörte nicht, was er sagte und antwortete: „Ich danke Dir für deine Zustimmung, mein Freund; ich werde so schnell zurück sein, wie es nur geht. Gesegnet seist Du, Du hast mich beruhigt." Er lief zum Dorf hinunter und ging zu seiner armseligen Hütte. Dort fand er seine Frau, sie fieberte und wurde von der Frau des Nachbarn umsorgt. Er packte sein Essensbündel und lief zum Hügel zurück. Sorgfältig zählte er die Ziegen und fand sie vollständig. Der Holzfäller war noch mit seinen Büschen beschäftigt und der Ziegenhirt sagte zu sich selbst: „Wirklich, was für eine edle Person dieser vertrauenswürdige Holzfäller doch ist! Er hat dafür gesorgt, daß meine Ziegen beisammen bleiben und will für diesen Dienst keinen Dank! Ich werde ihm diese lahme Ziege schenken, die ich ohnehin töten wollte. Das wird heute abend ein köstliches Mahl für ihn und seine Familie bedeuten." So lief er mit der zu klein geratenen, lahmen Ziege auf den Schultern den Hügel hinunter, wobei er ausrief: „Ho, Bruder, hier habe ich ein Geschenk für Dich dafür, daß Du auf meine Ziegen geachtet hast, während ich fort war. Mein unglückliches Weib hat Fieber, das erklärt alles. Brate Dir diese Ziege zum Abendessen; schau, sie lahmt und ich wollte sie ohnehin töten!" Der andere hörte seine Worte nicht und schrie vor Wut: „Gemeiner Ziegenhirt! Ich habe überhaupt nichts gesehen, während Du fort warst. Wie kannst du mich für das Bein deines scheußlichen Tieres verantwortlich machen? Ich war mit diesen Büschen beschäftigt und habe keine Ahnung, wie das mit dem Bein passieren konnte! Verschwinde oder ich schlage zu!" Der Ziegenhirt war reichlich überrascht über die wütenden Gesten des Mannes, aber er konnte nicht hören, was er sagte und rief deshalb einem Vorüberkommenden zu, der gerade auf einem schönen Pferd daherritt: „Edler Herr, ich bitte Sie, sagen Sie mir, was dieser Holzfäller hier spricht. Ich bin leider taub und weiß nicht, warum er die Ziege als Geschenk so verärgert abgelehnt hat!" Der Ziegenhirt und der Holzfäller begannen nun, den Reisenden anzuschreien, und so stieg er vom Pferd und ging auf sie zu. Dieser Mann nun war ein Pferdedieb und seinerseits taub wie ein Türpfosten; so konnte er nicht hören, was sie sagten. Er hatte sich verirrt und wollte fragen, wo er sich denn eigentlich befände. Aber als er die drohenden Gebärden der beiden anderen Männer sah, sprach er: „Ja, Brüder, ich gestehe, daß ich das Pferd gestohlen habe, aber ich habe nicht gewußt, daß es Euch gehört. Ich flehe Euch an, vergebt mir, denn in einem flüchtigen Augenblick der Versuchung habe ich gehandelt, ohne nachzudenken." „Ich habe nichts mit der lahmen Ziege zu tun gehabt!" schrie der Holzsammler. „Bring ihn dazu, mir zu sagen, warum er mein Geschenk nicht angenommen hat", drängte der Ziegenhirte, „ich wollte sie ihm als Geste der Hochschätzung geben." „Gewiß, ich gebe den Diebstahl des Pferdes zu", sagte der Dieb, „aber ich bin taub, und ich kann nicht hören, wem von Euch beiden das Pferd gehört." In diesem Augenblick kam ein betagter Derwisch des Wegs, der entlang der staubigen Straße auf das Dorf zumarschierte. Der Holzfäller rannte auf ihn zu, hielt ihn am Gewand fest und sagte: „Ehrwürdiger Derwisch, ich bin taub und kann mir keinen Reim auf das machen, was die beiden anderen hier zu sagen haben. Möchtest Du bitte in Deiner Weisheit herausfinden, was die beiden hier so zu schreien haben und es mir erklären." Der Derwisch war jedoch stumm und konnte nicht antworten. Er ging zu ihnen hinüber und blickte einem jeden der drei tauben Männer, die zu sprechen aufgehört hatten, forschend ins Gesicht. Einen nach den anderen blickte er so lange und durchdringend an, bis sie sich alle höchst unbehaglich zu fühlen begannen. Seine glitzernden, schwarzen Augen bohrten sich in die ihren; sie suchten die Wahrheit zu ergründen und einen Anhaltspunkt für die Situation zu finden. Die drei Männer fürchteten jetzt, er könne sie behexen und auf irgendeine Weise die Herrschaft über ihren Willen gewinnen. Und plötzlich sprang der Dieb auf sein Pferd und galoppierte ungestüm davon. Augenblicklich begann der Ziegenhirt, seine Tiere zusammenzutreiben, und führte sie noch weiter den Hügel hinauf. Der Holzfäller schlug seine Augen vor dem Derwisch nieder, packte seine Zweige in ein Netz, hievte es auf seine Schultern und lief hügelabwärts nach Hause. Der Derwisch machte sich wieder auf den Weg und dachte bei sich selbst, daß Sprache manchmal eine solch nutzlose Form der Kommunikation sein kann, daß der Mensch sie genausogut niemals empfangen haben mochte.

Die Dame Fatima und die Tiere

Es war einmal ein kleines Mädchen, das ganz allein im Wald bei seinen Eltern aufwuchs. Eines Tages entdeckte es, daß seine Eltern gestorben waren und daß es nun für sich selbst sorgen mußte. Die Eltern des Mädchens hatten ihr ein Mihrab hinterlassen, ein seltsames, geschnitztes Ornament wie ein Fensterrahmen, das sie an eine Mauer in ihrer Hütte gehängt hatten. „Weil ich ja jetzt allein bin", dachte Fatima, „und weil ich in diesem Wald überleben muß, in dem die einzigen lebenden Wesen die Tiere sind, wäre es wohl das beste, wenn ich mit ihnen reden und ihre Sprache verstehen könnte." So verbrachte sie einen guten Teil des Tages damit, diesen Wunsch an den Rahmen an der Wand zu richten: „Mihrab, gib mir die Kraft, die Tiere zu verstehen und ihre Sprache zu sprechen." Nach langer Zeit hatte sie plötzlich den Eindruck, sie wäre nun fähig, mit Vögeln, Tieren und sogar Fischen zu kommunizieren. Da ging sie hinaus in den Wald, um es auszuprobieren. Bald kam sie an einen Teich. Ein Wasserläufer sauste auf seiner Oberfläche hin und her, ohne ins Wasser einzutauchen. Mehrere Fische schwammen im Wasser und am Teichboden hafteten Schnecken. Um ein Gespräch in Gang zu bringen, sagte Fatima: „Wasserläufer, warum tauchst Du nicht ins Wasser ein?" „Warum sollte ich, einmal angenommen, daß es möglich wäre, was es nicht ist?" „Weil Du vor den Vögeln sicher wärest, die auf Dich herniederstoßen und Dich fressen." „Noch bin ich nicht gefressen worden, oder?" sagte die Fliege. Und das war auch schon das Ende dieser Konversation. Dann sprach Fatima zu den Fischen. „Fisch", sagte sie durch das Wasser hindurch, „warum findest Du nicht heraus, wie Du nach und nach das Wasser verlassen kannst. Ich habe von Fischen gehört, die das fertigbringen." „Völlig unmöglich", sagte der Fisch, „niemand hat das je getan und überlebt. Wir wurden in dem Glauben erzogen, daß es eine Sünde und eine tödliche Gefahr sei." Er drehte ihr den Rücken zu und tauchte hinab in den Schatten, nicht willens, sich weiterhin solchen Unsinn anzuhören. Da rief sie zur Schnecke hinunter: „Schnecke, Du könntest doch aus dem Wasser kriechen, um feine Kräuter zu fressen zu finden. Ich habe gehört, daß Schnecken das wirklich tun können." „Eine Frage beantwortet man am besten mit einer Frage, wenn sie einer klugen Schnecke gestellt wird", sagte die Schnecke, „vielleicht wärest Du so freundlich, mir ganz genau zu erklären, warum Dich mein Wohlergehen so interessiert? Ich denke, man soll sich um sich selbst kümmern." „Nun", sagte Fatima, „ich glaube, das liegt daran, daß man jemandem helfen will, in höhere Bereiche vorzudringen, wenn man mehr sieht als er selbst." „Das erscheint mir eine reichlich abstruse Idee", sagte die Schnecke und kroch außer Hörweite unter einen Felsen. Fatima ließ den Wasserläufer, den Fisch und die Schnecke zurück und wanderte weiter in den Wald hinein auf der Suche nach jemandem, mit dem sie sprechen konnte. Sie hatte das Gefühl, daß sie doch jemandem von Nutzen sein müsse. Schließlich besaß sie doch weit mehr Wissen als diese Waldbewohner. So glaubte sie beispielsweise, daß man einen Vogel ermahnen könne, Nahrung für den Winter zu horten oder in der Nähe der Wärme einer Hütte zu nisten, um nicht ohne Not umzukommen. Aber sie konnte keinen Vogel entdecken. Stattdessen gelangte sie zur Hütte eines Köhlers. Der alte Mann saß vor seiner Türe und brannte Holzkohle, um sie zum Markt zu birngen. Fatima war glücklich, einem anderen menschlichen Wesen zu begegnen – außer ihren Eltern das einzige, das sie bisher gesehen hatte. Sie rannte auf ihn zu und berichtete von den Erlebnissen des Tages. „Mach Dir keine Sorgen darüber, mein Kind", sagte der freundliche alte Mann. „Es gibt Dinge, die ein Mensch lernen muß, und diese Dinge sind von zentraler Bedeutung für seine Zukunft." „Dinge, die man lernen muß?" sagte Fatima. „Und was sollte ich wohl mit ihnen anfangen, wenn die Frage gestattet ist? Sie würden höchstwahrscheinlich nur meine Lebens- und Denkart verändern." Und genau wie der Wasserläufer, der Fisch und die Schnecke ging sie fort und beendete so die Begegnung mit dem Köhler. Fatima, die Tochter Walias, brauchte noch dreißig Jahre wie der Wasserläufer, der Fisch und die Schnecke, bevor sie überhaupt etwas lernte.

Moses und der Schäfer

Diese Deutung einer bemerkenswerten Passage aus Rumis *Mathnawi* wurde von Khwaja Fida'i von Kars in seinen *Meditationen über Gedichte Unseres Meisters Dschalaludin Rumi* gegeben. Sie lenkt die Aufmerksamkeit auf die verschiedenen Ebenen menschlicher Erkenntniskraft und betont dabei, daß man nur dann zu einem Menschen durchdringen kann, wenn dies unter Verwendung jener Assoziationsstränge geschieht, die dieser Mensch selbst bilden kann. Zu einem Teil der Pflichten eines Sufi-Lehrers jedoch gehört es, seine Schüler auf die Wahrnehmung der höheren „Parallelität" vorzubereiten. Für völlig falsch wird es deshalb gehalten, den wesentlichen Nutzen des Sufismus ausschließlich mit konventionellen Begriffen hervorzuheben. Der Sufismus wird daher von den Lehrern auch nicht als Therapie oder als Heilmittel für die weltlichen Mißgeschicke der Menschen angeboten.

Niemand kann mehr verstehen, als sein ganzer Geist zu verstehen fähig ist; wahrheitsgetreu ist aus diesem Grund gesagt worden: „Sprich zu jedem Menschen in Übereinstimmung mit seiner Fähigkeit zu verstehen." (Laut Überlieferung Mohammed zugeschrieben.) Gewinn und Nutzen zieht ein jeder in Entsprechung zu seiner Wahrnehmungsfähigkeit. Wenn ein Mann oder eine Frau nur zu grober Wahrnehmung fähig ist, wird er oder sie mit ihrer Hilfe Befriedigung suchen und finden. Es ist überliefert, daß Moses einen einfachen Schafhirten einen Gotteslästerer nannte, weil er hörte, wie der arme Mann sich erbot, Gottes Haar zu kämmen, Sein Gewand zu waschen und Seine Hand zu küssen. Gott wies Moses zurecht und lehrte dadurch indirekt, durch diese Erfahrung, bei dieser Gelegenheit, daß der Schäfer nicht Intelligenz und Erfahrung genug besaß, um zu begreifen, daß Moses über eine nichtkörperliche Gottheit gesprochen hatte. „So hast du einen meiner Diener von dem nächstmöglichen Ort zu mir, den er erreichen konnte, vertrieben. Bei allen Menschen gibt es Abstufungen: jeder wird wahrnehmen, was er wahrnehmen *kann* und auf der Stufe, auf der er es wahrnehmen kann."

Die Tarnkappe

Es lebte einmal in dem Land, das wir nicht sehen können und das in Wirklichkeit wirklicher ist als das Wirkliche, ein kleiner Junge, und sein Name war Kasjan. Sein älterer Bruder Jankas war intelligent und fleißig. Kasjan jedoch war weder fleißig noch faul. Er war weder intelligent noch dumm, nur: er war es gewohnt, sich mit jedem nur denkbaren Problem zu befassen, und dies so gut es in seinen Kräften stand. Keiner der beiden Brüder schien im Unsichtbaren Land große Fortschritte zu machen und so entschlossen sie sich, gemeinsam ihr Glück zu suchen. Eines Nachmittags verließen sie ihr Haus und es sollte nicht lange dauern, da hatte sie die Dunkelheit voneinander getrennt – was Jankas betrifft, so werden wir von ihm noch hören. Kasjan jedenfalls platzte bald mitten in eine Auseinandersetzung. Drei Männer so schien es, zankten sich über drei Gegenstände, die am Boden lagen. Sie trugen ihm ihren Zwist vor. Ihr Vater war gestorben und hatte ihnen einen spitzen Hut, die Kulah der Unsichtbarkeit, hinterlassen, einen fliegenden Teppich und einen Stock, der den Teppich, wenn man ihn damit schlug, zum Fliegen brachte. Jeder der drei wollte alle drei Gegenstände oder zumindest die erste Wahl für sich. Ihre Gründe waren, daß der eine der älteste, der andere der mittlere und der dritte der jüngste Sohn war, und ein jeder beanspruchte aus diesem Grund ein Vorrecht für sich. „Sie sind es allesamt nicht wert", dachte Kasjan, aber er erbot sich, zwischen ihnen zu vermitteln. Er wies sie an, vierzig Schritte weit zu gehen und sich dann umzudrehen. Bevor sie seiner Bitte entsprochen hatten, hatte er sich schon die Kulah aufs Haupt gesetzt, den Teppich bestiegen und ihn mit dem Stock berührt. „Teppich", befahl er, „bringt mich zu meinem Bruder Jankas, ganz gleich wo er sich befindet."

Nicht lange zuvor hatte ein mächtiger Anqa-Vogel seinen Bruder Jankas gepackt und ihn auf dem Minarett einer Moschee in Chorassan abgesetzt. Weil Kasjan jedoch zu jener Zeit glaubte, daß Jankas es zumindest zu einem Prinzen gebracht hatte, hörte der Teppich diesen Gedanken und – nach einem Flug mit unglaublicher Geschwindigkeit – landete sanft auf den Mauern des Königspalastes der Stadt Balkh in Chorassan. Der König, der seine Landung beobachtet hatte, kam augenblicklich heraus und sagte: „Vielleicht ist das der junge Mann, von dem die Weissagung berichtet, er könne meiner Tochter helfen und sie dennoch nicht begehren."

Kasjan grüßte den König und erklärte ihm, daß er auf der Suche nach seinem Bruder Jankas sei. „Bevor du dich damit befaßt", sagte der König, „möchte ich, daß du mir mit deinem scharfen Verstand und deiner besonderen Ausrüstung hilfst." Die Prinzessin, so stellte es sich heraus, verschwand regelmäßig des Nachts und kehrte am Morgen zurück, und niemand erfuhr je, wie das zuging. So war es geweissagt worden und so ist es geschehen. Kasjan sagte seine Hilfe zu und schlug vor, an ihrem Nachtlager Wache zu halten. In jener Nacht sah er durch seine halbgeöffneten Augen, wie die Prinzessin aufstand, um zu prüfen, ob er schlafe. Dann holte sie eine Nadel und stach ihn damit in den Fuß; er bewegte keinen Muskel, denn er hatte schon so etwas erwartet. „Ich bin bereit", sagte die Prinzessin und augenblicklich erschien ein furchterregender Geist, der sie auf seine Schultern nahm; gemeinsam entschwebten sie durch die Decke, ohne einen Kratzer zu hinterlassen. Kasjan rieb sich die Augen und stülpte eilig die Kulah der Unsichtbarkeit über. Dann setzte er sich auf den Teppich, schlug ihn mit dem Stock und rief: „Bring mich zur Prinzessin!" Es rauschte und pfiff, und schon fand sich Kasjan im Unsichtbaren Land jenseits des Unsichtbaren Landes wieder. Dort sah er die Prinzessin in Begleitung des Geistes. Sie spazierten durch Wälder voller Bäume und Edelsteinen. Kasjan brach ein Stück von einem Jadebaum mit diamantenen Früchten heraus. Dann streiften sie durch einen Garten mit unbekannten Pflanzen und unvergleichlich schönen Blumen. Kasjan steckte ein paar Samen in seine Tasche. Schließlich fanden sie sich am Ufer eines Sees, dessen Schilfrohr aus schimmernden Schwertern bestand. „Diese Schwerter können Geister wie mich töten", sagte der Geist zur Prinzessin, „aber nur ein Mann namens Kasjan kann das fertigbringen, so ist es prophezeit worden."

Kaum hatte er diese Worte vernommen, trat Kasjan hervor, ergriff eines der Schwerter aus dem Schilf und trennte den schrecklichen Kopf des Geistes von seinem Rumpf. Dann packte er die Prinzessin und schleppte sie auf den Teppich. Schon bald eilten sie geschwind zurück zum Palast des Königs von Balkh in Chorassan. Kasjan brachte die Prinzessin sogleich zum König, wobei er ihn ganz und gar nicht der Etikette entsprechend aus dem Schlummer riß. „Eure Majestät", sagte er, „hier ist Deine Tochter, ich habe sie aus den Klauen eines Dämonen auf die und die Art befreit." Und er berichtete, was ihnen widerfahren war, wobei er zum Beweis die Juwelen und die Samen hervorholte. Nach ihrer Befreiung erbot sich die Prinzessin, Kasjan zu heiraten. Aber der ließ sich ein paar Augenblicke Bedenkzeit und flog auf seinem Zauberteppich, um seinen Bruder Jankas zu suchen. Jankas schlief gerade in einer Karawanserei, weil er nur eine Anstellung als Lehrer in einem Seminar für die Ausbildung Geistlicher gefunden hatte, bei sehr schlechter Bezahlung. Als sie gemeinsam zum Hof zurückkehrten, war die Prinzessin augenblicklich von der männlichen Gestalt Jankas' gefangengenommen und sie entschloß sich, statt des Bruders doch lieber Jankas zu heiraten. „Genau das wollten auch wir vorschlagen", sagten Kasjan und der König. Und sie lebten glücklich bis an ihr Lebensende; denn das Königreich wurde Jankas und seiner Braut übergeben. Der König von Balkh und Kasjan jedoch begaben sich auf dem Zauberteppich in das Unsichtbare Land jenseits des Unsichtbaren Landes und machten es zu ihrem gemeinsamen Königreich.

Der König und der Wolf

Ein König entschloß sich einst, einen Wolf zu zähmen und ihn zum Schoßtier zu machen. Dieses Verlangen wurzelte in Unwissen und in dem Bedürfnis, sich bei anderen Bewunderung und Anerkennung zu verschaffen – eine weit verbreitete Ursache vieler Probleme in dieser Welt. Er veranlaßte, daß ein Wolfswelpe gleich nach seiner Geburt seiner Mutter weggenommen wurde und unter Hunden aufwuchs. Als der Wolf ausgewachsen war, wurde er zum König gebracht und viele Tage lang benahm er sich genau wie ein Hund. Die Menschen, denen dieser erstaunliche Anblick zuteil wurde, staunten und hielten den König für ein Wunderwesen. Sie handelten natürlich auch dieser Vorstellung gemäß, machten den König zum Berater in allen Dingen und schrieben ihm gewaltige Kräfte zu. Der König selbst glaubte, daß ein Beinahe-Wunder geschehen sei. Eines Tages hörte der König bei der Jagd ein Wolfsrudel näherkommen. Wie es auf ihn zulief, sprang der zahme Wolf auf, entblößte seine Fänge und lief zu ihnen, um sie zu begrüßen. Innerhalb von Minuten war er verschwunden und mit seinen natürlichen Gefährten vereint.

Hier liegt die Wurzel des Sprichwortes: „Ein Wolfsjunges wird immer ein Wolf werden, selbst wenn es unter den Söhnen der Menschen großgezogen wird."

Seine Exzellenz

Eine Reihe von Mißverständnissen und Zufällen sorgte eines Tages dafür, daß sich Mulla Nasrudin im Audienzsaal des Kaisers von Persien eingefunden hatte. Der Shahinshah war umrundet von selbstsüchtigen Edelleuten, Provinzgouverneuren, Höflingen und Speichelleckern aller Art. Das Haupt einer Gesandtschaft nach Indien sollte ernannt werden, und jedermann versuchte, seinen Anspruch darauf vorzutragen. Die Geduld des Herrschers war fast am Ende und er hob seinen Kopf über die impertinente Menge; in Gedanken rief er den Himmel um Hilfe bei der Frage, wen er denn nun erwähnen sollte. Seine Augen fielen auf Mulla Nasrudin. „Dieser Mann wird unser Gesandter", gab er kund, „so laßt mich nun in Frieden." Nasrudin wurde mit prächtigen Gewändern ausstaffiert und man vertraute ihm eine gewaltige Truhe an, gefüllt mit Rubinen, Diamanten, Smaragden und unschätzbar wertvollen Kunstwerken – das Geschenk des Shahinshah für den Großmogul. Die Höflinge jedoch hatten noch nicht aufgegeben. Ausnahmsweise einmal geeint durch diesen Affront gegen ihre Ansprüche entschlossen sie sich, den Sturz des Mulla zu betreiben. Zuallererst brachen sie in seine Gemächer ein, stahlen die Juwelen, die sie unter sich aufteilten, und ersetzten sie durch Erde, um das Gewicht auszugleichen. Dann sprachen sie bei Nasrudin vor, entschlossen, seinen Botschafterauftrag zu sabotieren, ihn in Schwierigkeiten zu stürzen, und im Verlauf auch seinen Herrn in Mißkredit zu bringen. „Gratulation, erhabener Nasrudin", sagten sie. „Was der Quell der Weisheit, der Pfau der Welt, befohlen hat, muß der Weisheit Essenz sein. Daher preisen wir Dich. Aber da sind noch ein paar Dinge, in denen wir Dir vielleicht einen Rat erteilen können, sind wir doch mit der Etikette diplomatischer Gesandter vertraut." „Ich wäre Euch dafür sehr verbunden", sagte Nasrudin. „Nun gut", sagte der Anführer der Intriganten, „zuallererst mußt Du Bescheidenheit üben. Um zu beweisen, wie bescheiden Du bist, darfst Du kein Zeichen von Eigendünkel an den Tag legen. Wenn Du Indien erreicht hast, mußt Du so viele Moscheen wie nur möglich besuchen und dort Kollekten für Dich selbst veranstalten. Zum zweiten mußt Du die höfische Etikette des Landes, in dem Du akkreditiert bist, beachten. Das bedeutet, daß Du den Großmogul mit ‚Vollmond' anredest." „Aber ist das nicht ein Titel des persischen Herrschers?" „Nicht in Indien." So machte sich Nasrudin auf den Weg. Der persische Kaiser sprach zu ihm vor dem Aufbruch: „Sei vorsichtig, Nasrudin. Halte Dich an die Etikette, denn der Mogul ist ein mächtiger Herrscher und wir müssen Eindruck auf ihn machen, ohne ihn auch nur im geringsten zu beleidigen." „Ich bin gut vorbereitet, Majestät", sagte Nasrudin. Kaum hatte er indisches Territorium betreten, besuchte Nasrudin eine Moschee und erklomm die Kanzel: „Ihr Menschen!" rief er, „seht in mir den Stellvertreter für Allahs Schatten auf der Erde! Der Achse der Weltenkugel! Zückt Eure Börsen, denn ich werde eine Kollekte machen." Dies wiederholte er in jeder Moschee, die er finden konnte, auf dem ganzen Weg von Belutschistan bis ins königliche Delhi. Er sammelte eine große Menge Geld. „Du kannst damit anfangen", hatten ihm seine Ratgeber mitgeteilt, „was Du nur willst. Denn es ist das Resultat intuitiven Wachstums und besonderer Gaben, und als solches wird seine Verwendung den ihm zugehörigen Bedarf schaffen." Das einzige, was sie damit bezweckten, war, den Mulla dafür, daß er Geld auf solch „schamlose" Weise einsammelte, der Lächerlichkeit preiszugeben. „Die Heiligen müssen von ihrer Heiligkeit leben", donnerte Nasrudin von Moschee zu Moschee. „Ich werde Euch nicht Rede und Antwort dafür stehen, noch erwarte ich das von Euch. Geld ist für Euch etwas, das gehortet werden muß, nachdem man danach strebte. Ihr könnt es für materielle Dinge eintauschen. Für mich ist es der Bestandteil eines Mechanismus. Ich bin der Repräsentant einer natürlichen Kraft des intuitiven Wachstums, der besonderen Gaben und der regelmäßigen Auszahlung." Nun, wir alle wissen ja, daß das scheinbar Böse sehr oft Gutes hervorbringt, und umgekehrt. Wer glaubte, daß Nasrudin nur seine eigenen Taschen füllte, der steuerte nichts bei. Aus irgendeinem Grunde florierten danach seine Geschäfte nicht mehr. Diejenigen, die man für leichtgläubig gehalten hatte und die ihr Geld spendeten, wurden auf geheimnisvolle Weise bereichert. Aber zurück zu unserer Geschichte.

Auf seinem Pfauenthron studierte der Herrscher in Delhi die Berichte, die ihm seine Höflinge täglich überbrachten und die vom Nahen des persischen Gesandten berichteten. Anfangs konnte er in ihnen keinen Sinn entdecken. Dann rief er seinen Rat zusammen. „Meine Herren", sagte er, „dieser Nasrudin muß wahrlich ein Heiliger sein oder unter göttlicher Führung stehen. Wer hat denn schon jemals gehört, daß einer das Prinzip verletzte: Strebe nie nach Geld und Reichtum ohne einleuchtenden Grund, damit deine Motive nicht falsch gedeutet werden können." „Möge Dein Schatten nie kleiner werden", antworteten sie, „oh unendliche Ausdehnung der Allweisheit, wir stimmen Dir zu. Wenn es in Persien solche Männer gibt, müssen wir vorsichtig sein, denn ihre moralische Überlegenheit gegenüber unserer materialistischen Einstellung ist offenkundig." Danach traf ein Läufer aus Persien ein mit einem Geheimschreiben, in dem die Spione des Mogul am Kaiserhof berichteten: „Mulla Nasrudin ist ein völlig unbedeutender Mann in Persien. Er wurde gänzlich willkürlich zum Gesandten erwählt. Warum der Shahinshah dabei nicht wählerischer vorgegangen ist, können wir nicht ergründen." Der Mogul rief seinen Rat zusammen. „Unvergleichliche Vögel des Paradieses!" sagte er zu ihnen, „ein Gedanke hat sich in mir manifestiert. Der persische Kaiser hat nach Willkür einen Mann erwählt, damit jener seine ganze Nation repräsentiere. Das kann bedeuten, daß er soviel Vertrauen zu den beständig hochwertigen Eigenschaften seiner Untertanen besitzt, daß sich *in seinen Augen jeder von ihnen dafür eignet, die heikle Aufgabe eines Gesandten zum erhabenen Hof in Delhi zum Erfolg zu bringen.* Dies beweist mir den Grad an Vollkommenheit, den sie erlangt haben, und die erstaunlich unfehlbaren, intuitiven Kräfte, die bei ihnen kultiviert werden. Wir müssen unsere Absicht, in Persien einzufallen, neu überdenken; solche Menschen können unsere Armee mit Leichtigkeit verschlingen. Ihre Gesellschaft ist auf einer ganz anderen Grundlage organisiert als die unsere." „Du hast recht – Allerhöchster Krieger der Grenzen!" riefen die indischen Edelleute.

Schließlich traf Nasrudin in Delhi ein. Er ritt auf seinem alten Esel, begleitet von seiner Eskorte, die mit den Säcken voll Geld, das er in den Moscheen gesammelt hatte, schwer beladen war. Die Schatztruhe hatte man auf den Rücken eines Elefanten gebunden, so groß und schwer war sie. Nasrudin wurde vor den Toren Delhis vom Zeremonienmeister begrüßt. Der Herrscher selbst saß mit seinen Edelleuten inmitten eines gewaltigen Hofes, der Empfangshalle für die Gesandten. Sie war mit einem niedrigen Eingangstor versehen worden. Folglich waren regelmäßig alle Botschafter gezwungen, von ihren Pferden abzusteigen; in die Allerhöchste Präsenz kamen sie also nur zu Fuß und mußten so den äußeren Eindruck von Bittstellern erwecken. Nur ein Gleichgestellter konnte sich zu Pferde in die Gegenwart eines Herrschers begeben. Kein Botschafter war bisher jedoch auf einem Esel eingetroffen, und so gab es nichts, was Nasrudin davon abhalten konnte, geradewegs durch die Tür und zum Podium des Königs zutraben. Der indische König und sein Gefolge wechselten bedeutungsvolle Blicke ob dieser Tat. Nasrudin stieg ungeniert ab, redete den König mit „Vollmond" an und ließ die Schatztruhe bringen. Als sie geöffnet wurde und die Erde zum Vorschein kam, gab es einen Augenblick der Verblüffung. „Besser, ich sage nichts", dachte Nasrudin, „weil es nichts gibt, was man sagen könnte, um diese Situation zu mildern." So blieb er stumm. Der Mogul flüsterte seinem Wesir zu: „Was hat das zu bedeuten? Ist das eine Beleidigung für die Allerhöchste Eminenz?" Unfähig, an so etwas zu glauben, dachte der Wesir angestrengt nach. Dann präsentierte er die Deutung: „Das ist eine symbolische Handlung, Eure Präsenz", murmelte er. „Der Gesandte will damit ausdrücken, daß er *dich* als den Herrn der Erde anerkennt. Hat er dich nicht als den ‚Vollmond' bezeichnet?" Der Mogul entspannte sich. „Wir sind mit den Gaben des persischen Shahinshah zufrieden, denn wir haben keinen Bedarf an Fülle und Reichtum; und wir wissen die metaphysischen Feinheiten dieser Botschaft zu schätzen." „Man hat mich angewiesen, zu bestätigen", sagte Nasrudin, wobei er sich an die ‚zentrale Phrase bei der Übergabe von Geschenken' erinnerte, die ihm die persischen Intriganten beigebracht hatten, „daß dies alles ist, was wir für Eure Majestät haben." „Das bedeutet, daß Persien kein weiteres Gramm Boden an uns herausgeben wird", flüsterte der Omendeuter dem Mogul zu. „Sage Deinem Herrn, daß wir verstehen", lächelte der Mogul, „aber da ist noch ein weiterer Punkt: Wenn ich der Vollmond bin – was ist dann der persische Kaiser?" „Er ist der Neumond", sagte Nasrudin ganz automatisch. „Der Vollmond ist reifer und gibt mehr Licht als der Neumond, der von beiden der jüngere ist", flüsterte der Hofastrologe zum Mogul.

„Wir sind's zufrieden", sagte der Mogul. „Du kannst nach Persien zurückkehren und dem Neumond sagen, der Vollmond lasse ihn grüßen." Die persischen Spione am Hof von Delhi sandten umgehend einen vollständigen Bericht von diesem Wortwechsel an den Shahinshah. Sie fügten hinzu, es sei bekannt geworden, daß der Mogulherrscher beeindruckt war und daß er sich aufgrund der Aktivitäten Nasrudins fürchtete, einen Krieg gegen die Perser zu beginnen.

Bei seiner Rückkehr empfing der Shahinshah den Mulla in voller Audienz. „Mein Freund Nasrudin, ich bin mehr als zufrieden", sagte er, „mit den Ergebnissen Deiner unorthodoxen Methoden. Unser Land ist gerettet, und das bedeutet, es wird keinen Versuch geben, dich wegen der Juwelen und der Kollekten zur Rechenschaft zu ziehen. Fortan sollst du den besonderen Titel eines *Safir* tragen – Botschafter." „Aber Eure Majestät", zischte der Wesir, „dieser Mann ist des Hochverrates schuldig, wenn nicht mehr! Wir haben den unumstößlichen Beweis, daß er einen Eurer Titel auf den Herrscher Indiens angewandt hat; so brach er den Treueschwur und brachte eines Eurer prachtvollen Attribute in Verruf." „So ist es", donnerte der Shahinshah, „klug haben die Weisen gesprochen: Jede Vollkommenheit besitzt eine Unvollkommenheit. Nasrudin, warum nanntest Du mich den ‚Neumond'?" „Ich kenne mich im Protokoll nicht aus", sagte Nasrudin, „aber was ich weiß, ist, daß der Vollmond im Niedergang begriffen ist, und daß der Neumond gerade aufblüht und seine volle Pracht noch vor sich hat." Des Herrschers Laune wandelte sich. „Ergreift Anwar, den Großwesir", brüllte er, „Mulla! Ich biete Dir den Rang des Großwesirs an!" „Was?" sagte Nasrudin. „Wie könnte ich das annehmen, nachdem ich mit eigenen Augen gesehen habe, was mit meinem Vorgänger geschehen ist?" Und was geschah mit den Juwelen und den Schätzen, die die verschlagenen Höflinge aus der Schatztruhe geraubt hatten? Das steht in einer anderen Geschichte. Wie der unvergleichliche Nasrudin gesagt hat: „Nur Kinder und Narren suchen Ursache und Wirkung in ein und derselben Geschichte."

Narren nur auszulachen reicht nicht

Es war einmal ein Narr, der fortgeschickt wurde, um Salz und Mehl einzukaufen. Er trug eine Schüssel zur Aufbewahrung der Einkäufe bei sich. „Paß auf", hatte der Mann gesagt, der ihn ausgesandt hatte, „daß du die beiden Dinge nicht vermischst – ich möchte sie getrennt voneinander." Nachdem der Ladenbesitzer die Schüssel mit Mehl gefüllt hatte und gerade dabei war, das Salz abzuwiegen, sagte der Narr: „Vermische es nicht mit dem Mehl, ich zeige dir, wo du es hintun kannst." Mit diesen Worten drehte er die Schüssel um, damit der nach oben gedrehte Schüsselboden eine Fläche bilden würde, auf die man nun das Salz häufen könne. Das Mehl fiel natürlich zu Boden, das Salz war jedoch gut aufgehoben. „Na gut", sagte der erste Mann, „aber wo ist das Mehl?" „Das müßte sich hier befinden", sagte der Narr und drehte die Schüssel um. Als er das tat, fiel das Salz zu Boden und das Mehl war natürlich auch verschwunden.

So ist es mit den Menschen. Sie tun das eine, das sie für richtig halten und machen dabei vielleicht etwas anderes zunichte, was gleichermaßen richtig ist. Wenn dies mit Gedanken statt mit Handlungen geschieht, dann ist der Mensch verloren, ganz gleich, für wie logisch er sein Denken – nachdem er darüber reflektiert hat – gehalten hat.

Sie haben nun über den Witz mit dem Narren gelacht. Möchten sie nicht ein wenig mehr tun und über ihre eigenen Gedanken so nachdenken, als wären sie das Salz und das Mehl?

Der glücklichste Mensch der Welt

Ein Mann, der eigentlich in ganz komfortablen Umständen lebte, suchte eines Tages einen Weisen auf, der in dem Ruf stand, allwissend zu sein. Er sprach zu ihm: „Erhabener Weiser, ich kenne keine materiellen Probleme und dennoch bin ich immer unausgeglichen. Über Jahre hinweg habe ich versucht, glücklich zu werden, auf meine innersten Gedanken eine Antwort zu finden und mit der Welt ins Reine zu kommen. Bitte gib mir einen Rat, wie ich von dieser Krankheit geheilt werden könte." Der Weise antwortete: „Mein Freund, was für einige verborgen ist, ist anderen offenkundig. Und wiederum, was für einige deutlich sichtbar ist, ist anderen verschlossen. Ich habe die Antwort auf Dein Leiden, aber es ist keine gewöhnliche Therapie. Du mußt dich auf Reisen begeben und den glücklichsten Menschen der Welt suchen. Wenn du ihn gefunden hast, mußt Du ihn um sein Hemd bitten und es anziehen." Rastlos machte sich der Mann daraufhin auf die Suche nach glücklichen Menschen. Einem nach dem anderen begegnete er und befragte ihn. Ein ums andere Mal erwiderten sie: „Ja, ich bin glücklich, aber es gibt noch einen glücklicheren als mich." Nachdem er viele, viele Tage lang ein Land nach dem anderen bereist hatte, fand er den Wald, von dem jeder behauptete, daß dort der glücklichste Mensch der Welt lebe. Er hörte aus den Bäumen ein Lachen herüberklingen und beschleunigte seine Schritte, bis er zu einem Mann kam, der auf einer Lichtung saß. „Bist Du der glücklichste Mensch der Welt, wie die Leute sagen?" fragte er. „Gewiß", sagte der andere Mann. „Ich heiße So und so und das und das ist meine Lage; das Heilmittel dafür, verordnet von dem erhabensten Weisen, besteht darin, Dein Hemd zu tragen. Bitte überlaß es mir, ich gebe Dir dafür alles, was ich besitze." Der glücklichste Mensch betrachtete ihn genau und dann lachte er. Er lachte und lachte und lachte. Als er sich ein wenig beruhigt hatte, sagte der rastlose Mensch, reichlich verärgert über eine solche Reaktion: „Hast du den Verstand verloren, daß du über ein solch ernsthaftes Anliegen lachst?" „Vielleicht", sagte der glücklichste Mensch, „aber wenn Du Dir die Mühe gemacht hättest, genau hinzusehen, dann wäre Dir aufgefallen, daß ich gar kein Hemd besitze." „Was soll ich denn jetzt tun?" „Du wirst nun geheilt sein. Das Streben nach etwas Unerreichbarem sorgt für die nötige Übung, das zu erreichen, was nötig ist: Wie ein Mann, der seine ganze Kraft sammelt, um über einen Fluß zu springen, so als wenn er viel breiter wäre. Er gelangt über den Fluß." Dann nahm der glücklichste Mensch der Welt seinen Turban ab, dessen Ende sein Gesicht verhüllt hatte. Der rastlose Mensch sah, daß es niemand anders als der große Weise war, der ihn zu Anfang beraten hatte. „Aber warum hast Du mir das nicht schon damals vor diesen langen Jahren gesagt, als ich Dich besucht hatte?" fragte der rastlose Mann verwundert. „Weil Du damals noch nicht bereit warst zu verstehen. Du brauchtest erst ganz bestimmte Erfahrungen, und die mußten Dir auf eine Weise vermittelt werden, die sicherstellte, daß Du sie auch durchmachen würdest."

Das Schaf und die Geldbörse

Ein Mann ging einst eine Straße hinunter, begleitet von seinem Schaf. Ein Dieb schlich ihm nach, schnitt den Strick durch und nahm das Schaf fort. Als der Mann merkte, was geschehen war, lief er auf der Suche nach seinem Tier hin und her. Nach kurzer Zeit gelangte er an einen Brunnen, wo er einen scheinbar verzweifelten Menschen antraf. Der Mann erkannte ihn nicht. Es war der gleiche Dieb wie zuvor. Er fragte ihn, was er denn hier tue. Der Dieb sagte: „Ich habe eine Börse in den Brunnen fallen lassen. Sie enthält fünfhundert Silbermünzen. Wenn du hineinspringst und sie mir zurückholst, gebe ich dir hundert Silberstücke." Der Mann dachte: „Wenn sich eine Tür schließt, können sich hundert andere öffnen. Diese Chance ist zehnmal soviel wert wie das Schaf, das ich verloren habe." Er entkleidete sich und sprang in den Brunnen. Und der Dieb nahm die Kleider und ging davon.

Der indische Vogel

Ein Kaufmann hielt einen Vogel in einem Käfig. Er wollte nach Indien reisen, in die Heimat des Vogels, und fragte ihn deshalb, ob er ihm etwas mitbringen könne. Der Vogel bat um seine Freiheit, aber das wurde ihm abgeschlagen. Da bat er den Kaufmann, stattdessen in Indien einen Dschungel aufzusuchen und den freien Vögeln dort von seiner Gefangenschaft zu berichten. Das tat der Kaufmann, und kaum hatte er zu Ende gesprochen, als ein Wildvogel von derselben Art wie sein eigener wie tot aus einem Baum zu Boden fiel. Der Kaufmann glaubte, dieser müsse ein Verwandter seines eigenen Vogels sein, und er war traurig, vielleicht schuld an seinem Tod zu sein. Als er nach Hause kam, fragte ihn der Vogel, ob er gute Nachrichten aus Indien mitbringe. „Nein," sagte der Kaufmann, „ich fürchte, ich habe schlechte Nachrichten. Einer deiner Verwandten brach tot zusammen und fiel vor meine Füße, als ich von deiner Gefangenschaft berichtete."

Kaum hatte er diese Worte gesprochen, da brach der Vogel des Kaufmanns zusammen und fiel auf den Boden des Käfigs. „Die Nachricht vom Tod seines Verwandten hat auch ihn getötet", dachte der Kaufmann. Betrübt hob er den Vogel auf und legte ihn auf die Fensterbank. Sogleich wurde der Vogel wieder lebendig und flog auf einen nahen Baum. „Nun verstehst du wohl", sagte der Vogel, „was du für ein Unglück hieltest, war in Wirklichkeit eine gute Nachricht für mich. Die Botschaft, der Rat, wie ich mich verhalten muß, um mich zu befreien, wurde mir von dir selbst, der mich in Gefangenschaft hielt, überbracht." Glücklich befreit flog er davon.

Sechster Teil

THEMEN
FÜR DIE EINZELMEDITATION

I
Einzelmeditationsthemen

Die *Einzelmeditationsthemen* sind aus den Aussprüchen und den Schriften der großen Sufi-Meister ausgewählt. Sufi-Lehrer meinen, daß sie jene Materialien enthalten, die für das Einzelstudium am besten geeignet sind. Von sekundärer Bedeutung ist ihre Verwendung in der Gemeinschaft, nachdem sie der Schüler gut verdaut hat.

Ein Sufi zu sein

Ein Sufi zu sein bedeutet, wegzuräumen, was du im Kopf hast – eingebildete Wahrheit, Vorurteile, Konditionierung – und sich dem zu stellen, was auf dich zukommen mag. *Abu Said*

Was kommen muß

Für alle jene, die in einer traditionellen, orthodoxen Religion die Wahrheit suchen:
>Solange nicht Schule und Minarett in den Staub gesunken sind,
>Wird unser heiliges Werk nicht vollbracht sein.
>Solange Gläubigkeit nicht Zurückweisung wird,
>Und Zurückweisung nicht Glaube,
>Solange wird es keinen wahren Gläubigen geben. *Abu Said*

Anbetung

Oh Herr!
>Wenn ich Dich aus Angst vor der Hölle anbete, wirf' mich hinein.
>Wenn ich Dich aus Verlangen nach dem Paradies anbete, verschließ' es vor mir. *Rabia*

Die Tür

Salih von Qaswin lehrte seine Schüler: „Wer beständig an die Türe klopft, für den wird sie geöffnet." Rabia hörte ihn eines Tages und sagte: „‚Sie wird geöffnet werden'? Die Türe war niemals geschlossen."

Gleich und gleich gesellt sich gern

Hassan von Basra besuchte Rabia. Er traf sie an, umringt von einer großen Zahl von Tieren. Als Hassan nähertrat, liefen sie fort. Hassan sagte: „Warum haben sie das getan?" Rabia antwortete: „Du hast Fleisch gegessen. Trockenes Brot war alles, was ich zu essen hatte."

Früchte und Disteln

Für einen Esel ist eine Distel eine köstliche Frucht. Der Esel frißt die Distel. Er bleibt ein Esel. *Habib El Adschami*

Als Avicenna Abu-Said begegnete

Als der Philosoph und der Sufi sich begegneten, sagte Avicenna: „Er sieht, was ich erkenne." Abu Said bemerkte: „Er erkennt, was ich sehe."

Der Ruf des Sufi

Höre auf den Ruf des Sufi in dieser Welt, so gut du kannst, aufrichtig und mit liebendem Herzen. Dann bist du in Sicherheit in dieser und in allen anderen Welten. *Salik Hamsavi*

Brot

Wenn du einen Derwisch zu Gast hast, bedenke, daß ihm ein Stück trockenes Brot genügt. *Harith Muhasibi*

Gewinn

Der größte Teil der Menschen weiß nicht, was er in eigenem Interesse wissen müßte. Er verabscheut, was ihm schließlich doch Gewinn bringen würde.

Al-Nasafi

Standpunkt

In den Augen der Sündigen und Boshaften bin ich schlecht; für die Guten – tue ich Gutes.

Mirsa Khan, Ansari

Lehrer, Lehren und Belehrte

Lehrer sprechen über Lehrinhalte.
Wahre Lehrer studieren auch ihre Schüler.
Aber am meisten sollten Lehrer studiert werden.

Musa Kasim

Dienen und Meisterschaft

Wer nichts vom Dienen weiß, weiß noch weniger von Meisterschaft.

Tirmidhi

Wahrnehmung und Erläuterung

Wer die Fähigkeit der Wahrnehmung besitzt, für den ist ein einziges Zeichen genug. Wer nicht wirklich achtsam ist, für den reichen tausend Erklärungen nicht aus.

Hadschi Bektash

An einen zukünftigen Derwisch

Mein Herz ist verwirrt von der Welt und was darin ist.
In meinem Herzen ist kein Raum außer für den *Freund.*
Wenn der Duft aus dem Rosengarten des Einsseins zu mir herüberweht,
Wird mein Herz wie eine Rosenknospe seine äußere Haut sprengen.
Sprich zu dem Einsiedler in seiner Einsamkeit und sage:
Weil schon der Rand unserer Gebetsnische den Schwung der *Augenbraue* besitzt,

Gibt es keinen echten Unterschied zwischen der Kaaba und dem Götzentempel
– Wohin du auch blickst, *Er* ist immer anwesend.
Nicht im Aussehen seines Bartes oder seines Kopfes findet sich das Sein eines Derwisch:
Der Pfad des Derwisch liegt in qualitativer Genauigkeit.
Ein Derwisch mag sehr wohl seinen Kopf ohne Bedauern rasieren,
Aber nur der ist ein Derwisch, der – wie Hafis – seinen Kopf aufgibt.
Hafis von Schiras

Sufismus

Sufusmus ist Wahrheit ohne Form. *Ibn El-Dschalali*

Werden, was man werden kann

Ein Sufi zu sein bedeutet, zu werden, was man werden kann, und nicht das zu verfolgen, was – zum unrechten Zeitpunkt – Illusion ist. Es bedeutet, sich bewußt zu machen, was möglich ist, und nicht zu glauben, daß einem jene Dinge bewußt sind, denen gegenüber man unachtsam ist.

Sufismus ist die Wissenschaft vom Beruhigen dessen, was beruhigt werden muß, vom Erwecken dessen, was erweckt werden muß; ohne dabei zu glauben, man könnte beruhigen oder erwecken, wo man es nicht kann, oder daß man es zu Zeiten tun müßte, wo dazu gar keine Notwendigkeit besteht.

Den Derwischpfad zu beschreiten bedeutet, eine verborgene Einheit anzustreben, und zwar trotz und nicht vermittels der Anforderungen, die die Verschiedenheit stellt.

Das bedeutet, die Mittel, die sich in der Verschiedenheit darbieten, in Betracht zu ziehen, ohne dabei anzunehmen, daß die Äußerlichkeiten der Verschiedenheit an sich von Bedeutung wären.

Dem Sein eines Sufi nähert man sich durch die Erkenntnis, daß Gewohnheit und vorgefaßte Meinung nur in bestimmten Lernbereichen Gültigkeit besitzen. Man nähert sich ihm nicht durch die Bildung von Gewohnheiten und durch das Urteilen mit Hilfe untauglicher Vorurteile. Das Gewahrsein von Belanglosigkeit muß sich in gleicher Weise entwickeln wie das vermutete Gewahrsein von Bedeutsamkeit; man darf sich nicht allein mit dem *Gefühl* von Bedeutsamkeit zufrieden geben.

Die Demütigen sind demütig, weil sie nicht anders können; und unter den Männern und Frauen sind jene die schlimmsten, die Demut aus Stolz üben, nicht als Mittel, um sich fortzuentwickeln.

Die Methode im Sufismus bestand schon immer darin, zu übernehmen, was von Nutzen ist, wann und wo es von Nutzen ist und bei wem es von Nutzen ist; nicht aus Ehrfurcht zu imitieren oder aus Nachahmungstrieb zu kopieren.

Der Erfolg des Menschen bei der Unternehmung, sich selbst auf ein höheres Niveau zu bringen, resultiert aus der richtigen Art von Anstrengung und aus der richtigen Methode; er stellt sich nicht ein durch bloße Konzentration auf die korrekte Absicht und auf die Worte anderer, die an wieder andere gerichtet sind.

Es ist, als ob da für das unwürdige Element in Ihnen eine Falle ausgelegt worden sei: Und zwar immer dann, wenn ein Mensch, eine Zeremonie, eine Organisation, eine Methode etwas zu besitzen scheinen – direkt empfunden oder durch Empfehlung –, was als auf alle Menschen anwendbar gilt oder was Sie stark anzieht, jedoch nicht auf die korrekte Weise.
Sayed Imam Ali Shah

Gut und Böse

„Sein" ist absolut gut.
Wenn es irgend etwas Böses enthält, dann ist es nicht Sein.
Shabistari

Heilmittel

Deine Medizin ist in dir, du bemerkst sie nicht.
Dein Leiden kommt aus dir, du registrierst es nicht.
Hadrat Ali

Die Welt

Die Welt besitzt kein Sein, außer als Erscheinung;
Von einem Ende zum anderen ist ihr Zustand nur Spiel und Theater.
Shabistari, Gulshan-i-Ras

Verordnung

Wenn es dein Lehrer verordnet, dann tränke deinen Gebetsteppich mit Wein. Der Suchende sollte nicht in Unkenntnis der Techniken der verschiedenen Stufen verharren.
Hafis

Sufi-Literatur

Es gibt drei Wege, etwas anzubieten.
Der erste Weg besteht darin, alles anzubieten.
Der zweite Weg besteht darin, anzubieten, was die Menschen wollen.
Der dritte Weg besteht darin, anzubieten, was ihnen am besten dient.
Wenn Du alles anbietest, kann sich Übersättigung einstellen.
Wenn Du anbietest, was die Menschen wollen, können sie daran ersticken.
Wenn Du anbietest, was ihnen am meisten dient, können sie Dich im schlimmsten Fall mißverstehen und vielleicht bekämpfen. Aber wenn Du ihnen auf diese Weise gedient hast, dann hat Du ihnen gedient, ganz gleich, welchen Anschein es an der Oberfläche haben mag, und auch Du mußt profitieren, ganz gleich, welchen Anschein es an der Oberfläche hat.

Adschmal von Badakschan

Untersuchung

Nur der Vogel versteht das Lehrbuch der Rose:
Nicht jeder Leser erkennt deshalb die innere Bedeutung des Geschriebenen.
Oh du, der du das Kapitel über die Liebe aus dem Buch der Erkenntnis begreifen möchtest –
Ich fürchte, du weißt nicht, wie du es mit Hilfe von Untersuchung auszuloten vermagst.

Hafis

Stummheit

Er nimmt jenen die Sprache, die das Geheimnis teilen:
Damit sie nicht noch einmal von des Königs Geheimnis künden.

Nisami

Die Perle

Was wissen denn die gewöhnlichen Menschen vom Wert der kostbaren Perle? Hafis (Beschützer), überlasse diese einzigartige Essenz nur den Auserwählten!

Hafis

Glück und Trauer

Wem immer ein wenig Erkenntnis zuteil wird, und sei sie noch so gering, ist glücklich. Wem immer sie genommen wird, ist traurig.
Ibn-Idris El-Shafai

Wahre Güte

Besser als nur in Deiner Einbildung gut zu sein ist es, sich mit denen zusammenzutun, die wirklich gut sind. Schlimmer als Böses zu tun ist es, sich mit denen zusammenzutun, die Böses vollbringen. *Bayasid*

Tod

Geh schlafen mit dem Gedanken an den Tod und steh auf mit dem Gedanken, daß du nicht lange leben wirst. *Uwais El-Qarni*

Kommentar zu einem Einsiedler

Er hat sich auf einem Berg niedergelassen,
so gibt es keine *Arbeit* für ihn.
Ein Mensch sollte am Marktplatz leben,
Und dabei immer noch mit der wahren Realität arbeiten.
Sahl

Die acht Eigenschaften eines Sufi

Acht Eigenschaften müssen in der Sufi-Tradition geübt werden. Der Sufi besitzt:
  Großzügigkeit, wie die Abrahams;
  Annahme des eigenen Loses, wie bei Ismael;
  Geduld, wie sie Hiob besaß;
  Die Fähigkeit, mit Hilfe von Symbolen zu kommunizieren, wie bei Zacharias;
  Entfremdung von seinen eigenen Leuten, wie bei Johannes;
  Wollenes Gewand, wie der Schäfermantel von Moses;
  Reisen, so wie Jesus unterwegs war;
  Demut, so wie Mohammed Demut des Geistes besaß.
Dschunaid von Baghdad

Wohin es ging

Ich sah ein Kind ein Licht tragen.
Ich fragte, woher es das Licht habe.
Das Kind löschte es und sagte:
„Sage Du mir, wohin es gegangen ist."

Hassan von Basra

Affinität

Menschen, die einander ähnlich sind, empfinden eine Verbundenheit. Die Anziehung zwischen Gegensätzen ist eine andere Sache. Aber Menschen, die einander ähnlich sind, werden von oberflächlichen Betrachtern oft für einander unähnlich gehalten. Beispielsweise kann der eine Gier nach Liebe empfinden, der andere Gier zu lieben. Der uninformierte oder an Äußerlichkeiten orientierte Denker wird sich sofort einbilden und öffentlich kundtun, daß es sich hier um Gegensätze handele. Wahr ist natürlich das Gegenteil. Der gemeinsame Faktor ist Gier. Beide sind gierige Menschen. Der berühmte Mensch und sein Anhänger sind manchmal gleich. Der eine möchte Aufmerksamkeit schenken, der andere Aufmerksamkeit auf sich ziehen. Beide sind von der Aufmerksamkeit besessen, beide fliegen miteinander, „Taube mit Taube, Falke mit Falke".

Simabi

Reichtümer

Strebe nach Wissen. Wenn du arm wirst, wird es deinen Wohlstand bedeuten: Wenn du reich wirst, wird es dich schmücken.

El-Subeir, Sohn von Abu-Bakr

Schülerschaft

Mit einem Führer kannst du wahrhaft menschlich werden.
   Ohne Führer wirst du hauptsächlich Tier bleiben.
   Wenn du immer noch sagen kannst: „Ich könnte mich keinem Menschen unterwerfen" –
   Bist du noch unwürdig für den Weg.
   Aber wenn du sagst „Ich möchte mich unterwerfen", in der falschen Weise –
   Dann wird dich der Weg nie finden, und du bist verloren.

Sulfikar, Sohn des Jangi

„Ich"

Wissen entwickelt sich vom:
„Was bin ich?"
Zum: „Ich weiß nicht, was ich bin."
Zum „Vielleicht bin ich nicht" zwischen „Ich werde mich finden",
zum „Ich werde mich finden" zwischen „Ich bin",
zum „Ich bin, was ich von mir erkenne, das ich bin",
zum „Ich bin". *Abu Hassan El-Shadhili*

Kleingeld

Wenn ein Mensch Bettler ist, dann betrachtet er Kleingeld als ein Vermögen. Das ist es nicht. Um sich aus seinem Bettlerdasein zu erheben, muß er sich über Kleingeld erheben, auch wenn es ihm als Mittel dient. Als Zweck verwendet wird es zum Zweck. *Ibn Iqbal*

Was sich um dich kümmert

Wissen ist besser als Reichtum. Um Reichtum mußt du dich kümmern.
Wissen kümmert sich um dich. *Ali*

Zerstörerisch

Drei Dinge im Leben sind zerstörerisch:
Zorn, Gier und Selbstüberschätzung. *Der Prophet*

2
Ein Sufi-Notizbuch

Über das Dienen

Dienen bedeutet Pflichterfüllung ohne Zögern und ohne Vergnügen. Der Pflichtgetreue ist weder ein ausgebeuteter Sklave noch erwartet er Belohnung. Von der Pflichterfüllung profitieren die Menschen entsprechend ihren Fähigkeiten. Wenn sie den unmittelbaren Genuß an der Pflichterfüllung und auch den unmittelbaren Widerwillen beiseite schieben können, sind sie in der Lage, aus den anderen Dimensionen des Dienens Gewinn zu ziehen. Diese Dimensionen sind es, die ihre Wahrnehmung läutern.

Über die Suche

Die Wahrheit zu suchen ist der erste Schritt auf dem Weg, sie zu finden. Nach der Suche kommt die Einsicht, daß auch die Wahrheit selbst den Suchenden sucht. Die dritte Stufe – diejenige, auf der der Sufi vom *Weg* selbst lernt – ist erreicht, wenn das Lernen in eine besondere Phase eintritt: Wenn der Suchende merkt, daß er Wissen in einem Bereich jenseits von „Suchen", „Finden" oder „Gesucht werden" erwirbt.

Über die Anstrengung

Anstrengung und Arbeit besitzen viele verschiedene Formen. Ein Grund für die Institution des Meisters besteht in seinem Wissen, wann die Arbeit und die Anstrengung des Schülers der Anleitung bedürfen und wann nicht. Er kennt auch die Art der Anstrengung und Arbeit, die jeder einzelne leisten sollte. Nur die Unwissenden verwechseln irgendeine Arbeit mit nutzbringender Arbeit, oder zusätzliche Anstrengung, wenn sie das Verlangen danach spüren, mit vielleicht nur geringer Anstrengung im richtigen Moment.

Über die Götzenanbetung

Es ist „Götzenanbetung", wenn zu einem bestimmten Zeitpunkt oder von einer bestimmten Person Aufmerksamkeit auf eine vermittelnde Person oder Sache gerichtet wird, wo dies nicht geschehen sollte. Es bedeutet, Form und Inhalt zu verwechseln. Fast alle Institutionen fördern die Götzenanbetung, ob sie es wissen oder nicht. Aus diesem Grund bedürfen potentielle Sufis der ständigen Aufmerksamkeit eines Mentors, der ihre Aufmerksamkeit entsprechend der vorhandenen Möglichkeiten lenkt.

Über das Schülersein

Auf dem Weg des Derwisch zählt die Phase des Schülerseins zu den wesentlichen Voraussetzungen. Aber man muß unterscheiden zwischen den Menschen, die sich nur einbilden, daß sie Schüler werden sollen – deren Gier auf versteckte Weise angestachelt worden ist –, und denen, die tatsächlich Schüler werden können, und wann und wo diese Phase nutzbringend durchlaufen werden kann.

Über die Meisterschaft

Die Art und Weise, in der ein Meister lehrt, ist für die Lernenden oft unbegreiflich. Das kommt im allgemeinen daher, daß sie versuchen, die Funktionsweise einer Sache zu verstehen, während sie vielmehr in Wirklichkeit ihrer Nutzeffekte bedürfen. Ohne diese Nutzeffekte werden sie niemals imstande sein, ihre Funktionsweise zu verstehen.

Über das Miteinander

Es gibt das Miteinander der Menschheit und es gibt das Miteinander im Kontext der Übertragung der Lehre. Wer in keiner Familie oder einer anderen Form des Miteinanders geborgen ist, wird sie auch zu Zeiten und an Orten suchen, wo ein Zusammenkommen für die Übertragung der Lehre geeignet wäre. Nur wenige Menschen kennen diesen Sachverhalt, zum Teil deshalb, weil dieses Wort – Umgang, Miteinander – im allgemeinen zur Kennzeichnung von *zwei* sehr unterschiedlichen Zuständen verwendet wird.

Über die Literatur

Bemerkungen mit begrenztem Anwendungsbereich werden oft als allgemein oder gar als universell anwendbar betrachtet. Wenn ein Lehrer sagt „Meidet Bücher", dann spricht er im Kontext eines bestimmten

Zeitpunktes und einer bestimmten Zuhörerschaft. Versager unter seinen Schülern sind jene, die Literatur fälschlich für den Schlüssel zum Verstehen halten und ihn zu bewahren suchen; oder sie tun das genaue Gegenteil und sagen dabei: „Der Meister hat Literatur abgelehnt, deshalb werden auch wir sie ganz und gar und allezeit ablehnen."

Über die Übungen

Wenn auch gut verborgen, so ist doch Gier die Haupteigenschaft derer, die sich einbilden, daß Übungen der Schlüssel zur Erkenntnis seien. Zwar sind sie bedeutsam, jedoch für sich allein betrachtet so irrelevant wie der Gebrauch der Hand ohne einen oder zwei ihrer Finger.

Über das äußere Erscheinungsbild

Der gewöhnliche Mensch beurteilt eine Person nicht nach ihren inneren Fähigkeiten, sondern nach ihren sichtbaren Handlungen, nach ihrem oberflächlichen Erscheinungsbild und nach dem, was die Menschen über diese Person zu sagen haben. Diese Methode eignet sich jedoch nur für bestimmte Urteilsformen, bei anderen versagt sie. Was ein Mensch zu sein scheint, wird dann davon anhängen, was man von ihm erkennt. Beispielsweise muß ein Mann, der einen nagelgespickten Knüppel trägt, kein Mörder sein, vielleicht ist er ein Elefantentreiber. Die Auserwählten verletzen die oberflächlichen Regeln der Welt der Erscheinungen oft, um vom Verhalten der Masse mit ihren künstlichen Maßstäben nicht berührt zu werden und auch manchmal, um denen, die dies durchschauen können, zu demonstrieren, daß Benehmen allein innere Werte nicht zu erkennen gibt.

Über Glaube und Religion

Die Menschen, die man als gläubig und religiös betrachtet, und die aus Gewohnheit unfähig sind, sich anders zu verhalten, kann man als religiös bezeichnen, aber man darf sie nicht als gläubig betrachten. Andererseits wenn dies Glauben ist, muß man ein anderes Wort für jene Art von Glauben finden, die nicht von den Eltern oder von der Umgebung einer Person ausgelöst worden ist.

Über die Liebe

Was im allgemeinen als Liebe bezeichnet wird, kann dem Liebenden und dem Objekt der Liebe Schaden zufügen. Wenn das die Wirkung ist, dann darf ein Sufi die Ursache nicht Liebe nennen. Sie muß als „Verhaftetsein" bezeichnet werden, bei dem der Anhängende unfähig zu irgendeinem anderen Verhalten ist. Liebe besitzt nicht nur unterschiedliche Intensität, sondern auch unterschiedliche Niveaus. Wenn ein Mensch glaubt, Liebe bedeutet ausschließlich das, was er bisher in seinem Leben empfunden hat, dann verschließt er sich damit jeglicher Erfahrung wirklicher Liebe. Wenn er jedoch wirkliche Liebe schon empfunden hat, wird er nicht den Fehler begehen, diese Erfahrung so zu verallgemeinern, daß man sie mit physischer Liebe oder Liebe durch Anziehungskraft gleichsetzen könnte.

Über das Studium in der Welt

Sufismus ist kein wissenschaftliches Studium. Seine Grundmaterialien sind fast jeder Form menschlicher Erfahrung entnommen. Buch und Feder sind in die Umwelt eingebettet und besitzen mit nichts Ähnlichkeit, wovon der Akademiker oder der Enthusiast auch nur zu träumen wagen. Weil diese Art Studium Rezitationen, Bücher und Anstrengungen mit einschließt, und weil Sufi-Lehrer als Lehrer bezeichnet werden, ist diese spezialisierte Kommunikation mit akademischem und imitativem Studium verwechselt worden. Deshalb spricht man von der Existenz eines „Sufi-Studiums" und eines „Gewöhnlichen Studiums". Die beiden unterscheiden sich voneinander. Der gegenwärtige Zustand ist mit jener Lage vergleichbar, die sich ergibt, wenn man die Maus und den Elefanten mit demselben Wort bezeichnet. Bis zu einem gewissen Punkt (sie sind Vierfüßler, grau und haben Schwänze) ist diese Ungenauigkeit ohne Belang. Darüber hinaus jedoch wird eine Unterscheidung zwischen den beiden nötig. Dieses Unterscheiden findet in einem Sufi-Kreis statt.

Über Derwisch-Versammlungen

Oberflächliche Schüler glauben, bei einem Derwisch-Treffen bekleide ein jeder eine ähnliche Rangstufe, oder jeder Derwisch könne bei jedem beliebigen anderen Derwisch-Treffen teilnehmen, und es gäbe zwischen diesen Treffen nur Gradunterschiede. In Wirklichkeit ist die Zusammensetzung des Kreises genauso wichtig wie der Kreis selbst. Deshalb kann eine Rangstufe auf dem *Weg* Gültigkeit für die eine Versammlung besitzen, für eine andere nicht. Das ist der Grund dafür, warum solche, die in dem einen Kreis Lehrer sind, Schüler in einem anderen werden. Ansammlungen interessierter Parteien, religiöse Enthusiasten und Möchtegern-Schüler, die sich zusammenfinden, werden oft fälschlich als „Derwisch-Kreise" bezeichnet. Vielleicht stimmt es, vielleicht aber auch nicht. Sie mögen Vorstufen für solche Kreise sein, Kreise (Halkas) sind es nicht.

Über die Unterschiede zwischen Schulen

Es ist schon viel gesagt und geschrieben worden über die Unterschiede der Meinungen, der Lehre und des Schrifttums bei den Sufis. Äußerlich mag es in der Tat Unterschiede geben, diktiert von der jeweiligen Umgebung, aber ein wesentlicher Unterschied existiert nicht. Über die Sufi-Widersprüche zu streiten ist so töricht wie der Streit, ob ein Mantel nun aus den Knospen von dieser oder von jener Baumwollpflanze gesponnen werden sollte. Exakt so weit reicht die Bedeutung eines solchen Streites.

Parabel, Sprachausdruck und Metapher

Wenn Ihr Lehrer in Ihrer Muttersprache mit Ihnen spricht, dann müssen die Schüler die von ihm benützten Ausdrücke als idiomatisch betrachten – sie sollen nicht nach dem Buchstaben analysiert werden. Wenn er Ihnen eine Parabel gibt, müssen Sie sie erst begreifen, bevor Sie sie anwenden. Wenn etwas metaphorisch ausgedrückt wird, ist es metaphorisch gemeint. Wörtliches sollte nicht metaphorisch verstanden werden.

Über höhere Verständnisebenen

Wenn Sie bei dem Versuch, etwas Unverständliches am Sufismus zu entwirren, den gewöhnlichen Intellekt verwenden, werden Sie in die Irre gehen, denn der Intellekt ist für diese Aufgabe zu einfallsreich. Verstehen stellt sich nur dann ein, wenn Sie das Flüchtige in Ihrem mentalen Griff behalten. Viele Prüfungen wurden deshalb nicht bestanden, weil sie zu subtil waren. Man muß sich der subtilen Dinge bewußt sein.

Über Verärgerung und Gleichgültigkeit

Niemand ist verärgert, ohne daß es dafür einen Grund gäbe. Wenn Sie andere verärgern, dann vielleicht deshalb, weil Ihr Gegenüber sich einbildet, Sie seien ein Ärgernis, oder vielleicht deshalb, weil Sie durch Ihr Verhalten oder durch Ihre Art zu sprechen verärgern. Wenn Sie oder ein anderer sich gleichgültig gegenüber einer Quelle des Ärgernisses verhalten, dann kann das sowohl lobens- als auch mißbilligenswert sein. Verärgerung kann keine Basis für Urteil bilden.

Über „Zustände"

Es gibt im Grunde dreierlei Arten von „Zuständen": vorgetäuschte oder eingebildete, echte und belanglose. Wie bei einem Arzt, so ist es der Scheich, der die Unterscheidung treffen kann, der am Symptom das Leiden oder den Gesundheitszustand erkennen kann. Er weiß auch, ob die Herbeiführung eines Zustandes wünschenswert ist oder nicht. Die Annahme, die An- oder Abwesenheit eines Zustandes bedeute allein schon etwas Gutes oder etwas Schlechtes, ist der Gipfel der Torheit.

Über Lesen, Hören und Anwesend sein

Zu bestimmten Zeiten kann die bloße Anwesenheit – ohne intensive Reaktionen – bei der Versammlung der Weisen den Gegenstand des Studiums bilden. Zu anderen Zeiten kann er im Lesen bestehen, dann wieder im Zuhören. Manchmal ist der Vorlesende oder der Vermittler ein Eingeweihter. Zu anderen Zeiten sollte er es unter keinen Umständen sein. Diese Wissenschaft ist geprüft und nur Tölpel machen Experimente mit ihr.

Über die Reue

Reue bedeutet Umkehr oder auch die völlige Aufgabe einer Sache, die bis dahin starke Anziehungskraft ausgeübt hat. Vergnügen an Reue ist in den meisten Fällen genauso schlimm wie der ursprüngliche Verstoß, und kein dauerhafter Fortschritt kann von demjenigen erwartet werden, der auf seine Besserung stolz ist. Die Reue der Unwissenden besteht darin, starke Reaktionen auf die Aufgabe einer Sache oder bei der Bitte um Vergebung für etwas zu empfinden. Es gibt eine höhere Form, die Reue der Weisen, die zu höherem Wissen führt und zur Liebe.

Über Hoffnung und Furcht

Die niedrigste Stufe im Sufismus besteht im Pendeln zwischen Furcht und Hoffnung (Furcht vor Gott und Hoffnung auf seine Vergebung). Wer in dieser Phase verharrt, gleicht dem Ball, der von einem Ende des Feldes zum anderen geschlagen wird. Nach einer gewissen Zeit entwickelt diese Erfahrung einen Nutzen, danach jedoch hat sie ihre Nachteile. Den *Pfad* zu beschreiten ohne die niedrigeren Eigenschaften von Furcht und Hoffnung ist das Ziel. Ohne Zuckerbrot und Peitsche auszukommen ist eine höheres Ziel. Einige bedürfen der Furcht und der Hoffnung; das sind diejenigen, die sie verordnet erhielten.

Pahlawan-i-Saif

Siebter Teil

VORTRAG IN DER GRUPPE

Vortrag in der Gruppe

Gruppenvorträge sind aus den verfügbaren Materialien auf der Basis ausgewählt worden, ihren größten Nutzen zu spenden, wenn sie in Gemeinschaft studiert werden. Sie werden jedoch auch in der Abgeschiedenheit bearbeitet. Wenn das geschieht, wird der Schüler angewiesen, die Vorträge in einer anderen als der angegebenen Reihenfolge zu studieren. Man hält die Wahl der Reihenfolge für einen Teil des Studiums selbst. Die hier angegebene Reihenfolge ist die der Rezitation in der Gruppe.

Der Preis

Eines Tages hatten zwei Derwische eine Auseinandersetzung. Ibrahim ben Adam sagte zu dem einen: „Das Leben in der Entsagung ist bei Euch verschwendet. Ihr habt es billig erhalten, deshalb könnt Ihr es nicht schätzen." Die Derwische spotteten und sagten: „Was für einen Preis, sprich, hast du denn entrichtet, um Derwisch zu werden?" Ibrahim sagte: „Ich habe es für das Königreich Balkh eingetauscht, und selbst jetzt noch betrachte ich es als einen geringen Einsatz, Bruder."

Der Gärtner

Ibrahim arbeitete einst als Gärtner, als er von seinem Herrn angewiesen wurde, einige Granatäpfel zu bringen. Als er sie brachte, erwiesen sie sich alle als sauer. Sein Arbeitgeber sagte: „Du bist mir nun schon so lange Zeit zu Diensten und weißt immer nocht nicht, welche Granatäpfel süß sind?" Ibrahim antwortete: „Ich bin bei dir beschäftigt, um sie zu bestellen, nicht um sie zu kosten; wie kann ich da feststellen, welche süß sind?" In diesem Augenblick erkannte der Besitzer des Obstgartens, daß jener Mann Ibrahim ben Adam sein mußte.

Die Karawanserei

Eines Tages ging Chidr in den Palast des Königs und trat vor seinen Thron. So seltsam war seine äußere Erscheinung, daß niemand wagte, ihn aufzuhalten. Der König – es war Ibrahim ben Adam – fragte ihn, wonach er suche.

Der Besucher sagte: „Ich wünsche einen Schlafplatz in dieser Karawanserei." Ibrahim antwortete: „Das hier ist keine Karawanserei, das ist mein Palast." Der Fremde sagte: „Wem gehörte er vor dir?" „Meinem Vater", sagte Ibrahim. „Und davor?" „Meinem Großvater." „Und diesen Ort, an dem die Menschen kommen und gehen, an dem sie verweilen und sich wieder auf die Reise machen, diesen Ort nennst du anders als eine Karawanserei?"

Das Buch

Ibrahim träumte eines Nachts, er sähe den Engel Gabriel. Der Engel hielt ein Buch in der Hand und Ibrahim fragte nach seinem Inhalt. Gabriel sagte. „In dieses Buch schreibe ich die Namen der Freunde Gottes." Ibrahim fragte: „Wird auch mein Name aufgenommen?" Der Engel antwortete: „Ibrahim, Du bist kein Freund Gottes." Ibrahim gab zurück: „Das stimmt, aber ich bin ein Freund der Freunde Gottes." Einige Zeit sagte der Engel nichts. Dann wandte er sich zu Ibrahim: „Ich habe die Anweisung erhalten, Deinen Namen an die Spitze dieser Liste zu setzen; denn Hoffnung wird aus Hoffnungslosigkeit geboren."

Religion

Alle Religion, so wie die Theologen und ihre Gegner dieses Wort verstehen, ist etwas anderes als das, wofür man es hält.

Religion ist ein Vehikel. Ihre Ausdrucksformen, ihre Rituale, ihre Moralsysteme und andere Lehrinhalte sind vorgesehen, um bestimmte erhebende Wirkungen zu erzielen, zu einem bestimmten Zeitpunkt und in bestimmten Gemeinschaften.

Aufgrund der Schwierigkeiten, diese Wissenschaft des Menschen aufrechtzuerhalten und zu pflegen, wurde die Religion als ein Mittel, sich der Wahrheit zu nähern, eingesetzt. Schon immer ist das Mittel für den Oberflächlichen zum Zweck geworden und das Vehikel zum Götzenbild, zum Idol.

Nur der Mensch der Weisheit und der Erkenntnis, nicht der Mensch des Glaubens und des Intellekts, kann das Vehikel wieder in Bewegung setzen.

Alauddin Attar

Gebet

Simakh, der Große Scheich, lehrte Folgendes über das Geheimnis des Betens: Der Mensch kann nur im Verhältnis zu seiner Kapazität beten. Wenn er allein ist, oder durch Bücher oder im Priesterseminar beten lernte, kann er die Realität des Gebetes nicht verstehen oder an ihr teilhaben. Wer zu beten gelernt hat, oder wer die Erleuchtung mit sich trägt, kann einen Teil davon einem anderen Menschen weitergeben: damit auch jener Mensch lernen und das Gebet in sich selbst entwickeln kann. Geschriebenes Gebet ist bedeutungslos.

Die Bedeutung von Kultur

Das sufische Verständnis von Kultur entspricht nicht dem des gewöhnlichen Menschen, der ihre Bedeutung einschränkt.

Scheich Abu Nasr Sarradsch spricht von drei Formen der Kultur:

Weltliche Kultur, die nur den Erwerb von Information, Meinungen und Gelehrsamkeit der üblichen und herkömmlichen Art bedeutet.

Religiöse Kultur, die sich ständig wiederholt, Regeln und Disziplin gehorcht und ethisch annehmbares Benehmen umfaßt.

Sufi-Kultur, die eine Entwicklung des Selbst umfaßt, eine Erkenntnis des Relevanten, Konzentration und Kontemplation, Kultivierung innerer Erfahrung und das Beschreiten eines Pfades der *Suche* und der *Nähe*.

Was der Sufismus lehrt

Der Sufismus lehrt, wie das Selbst zu läutern ist, wie man die eigene Moral verbessern und das eigene innere und äußere Leben aufbauen kann, um dadurch zur ewigen Glückseligkeit zu gelangen. Ihr Fachgebiet ist die Läuterung der Seele und ihr Zweck oder ihr Ziel ist die Erlangung ewigen Glücks und ewiger Segnung.

Scheich El-Islam Sakaria Ansari

Wählen

„Wählen" *(Istifa)* bedeutet die Leerung des Herzens von allen Dingen außer der Suche nach Vervollkommnung. Dies gleicht dem Visualisieren, daß der Körper leer sei, und daß ihn für einen Augenblick alle Gedanken verlassen haben. In diesem Zeitraum fluten die wahren Gedanken herein.

Hujwiri

Die Art und Weise, in der sie ihre Lehre vorstellen

Erwarte nicht, daß die Art und Weise, in der sie ihre Lehre vorstellen, voll und ganz deinem gewöhnlichen Verständnis entspricht. Eine Perle kann in einem Lederbeutel mitgeführt werden. Die Unwissenden rufen: „Dieses viereckige Objekt mit Klappe sieht der Halskette, die mir beschrieben wurde, gar nicht ähnlich." *Arif Yachja*

Als Antwort auf die Frage, warum ein gewisser Sufi-Scheich in den Augen des oberflächlichen Betrachters kein Leben religiöser Hingabe zu führen schien, antwortete Nisamuddin Auliya: „Könige halten ihre Schätze an einem von zwei möglichen Orten verborgen. Der erste und offenkundige ist die Schatzkammer, die beraubt, geleert oder usurpiert werden kann. Der andere und dauerhaftere befindet sich in der Erde, in einer Ruine, wo niemand danach suchen würde."

Ewige Sufi-Tradition

Andauernd, im Gedenken an den *Freund* – tranken wir Wein vor der Erschaffung des Weinstocks. *Ibn El-Farid*

Der Same des Sufi-Wissens

Der wahre Samen wurde zu Adams Zeiten erschaffen: Das Wunder des Lebens und der Existenz.
 Er keimte zu Noahs Zeiten: Das Wunder des Wachstums, der Errettung.
 Mit den Tagen Abrahams trieb er Zweige: Das Wunder der Ausbreitung, der Erhaltung.
 Die Zeit Moses' sah das Entstehen der Trauben: Das Wunder des Fruchttragens.
 Die Tage von Jesus sahen das Reifen der Ernte: Das Wunder des Schmeckens, der Freude.
 Mohammeds Zeit sah das Pressen des klaren Weins:
 Das Wunder des Ankommens, der Verwandlung. *Bayasid Bistami*

In der Gegenwart eines Weisen

Selbst wenn Du nur zugegen warst, schweigend, bei der Versammlung eines Weisen, hast Du mehr an Entwicklungsmöglichkeiten erlangt, als Du Dir mit Deiner gewöhnlichen Denkweise jemals vorstellen kannst.
Mirsa Asim

Das Ziel

Der verborgene Sinn im Sein ist wie ein sich ernährender Baum. Und die tief verborgene Frucht ist der Mensch, o Meister. Der Zweck des Astes – o Mensch ohne Lehrer – ist die gereifte Frucht, nicht nur ein weiterer Baum.
Ablahi Mutlaqtar

An den Prinzen

Oh glückliches Geschick, Du hast meinen Geist geadelt;
Mit diesem Buch hast Du mich erhoben.
Es war nicht meine Idee,
daß Du zum Gefährten meines Zustandes werden solltest.
Du öffnetest das Tor zu meinem Reich.
Du zeigtest mir den Schatz rechter Führung.
In dieser Botschaft, die Du dem König sandtest, trafen wir zusammen.
Als Du mich von abstrusen Gedanken abhieltest,
Sprach ich Worte von solcher Erhabenheit. Als der Blick des Königs darauf fiel,
Akzeptierte er es hundertfach...
Das *Halnama* von Arifi

Die Versammlungen der Weisheit

Ein Mensch wird sich mit Bücherwissen und Fakten anfüllen. Er oder ein anderer wird sich mit Übungen und Praktiken anfüllen. Beide haben das Gefühl von Leistung und Bedeutsamkeit. Aber um einen Topf zu füllen, brauchen wir einen Topf, etwas um ihn zu füllen und einen Sinn für Maß: Nur mit Hilfe der rechten Anwendung dieser Faktoren kann der Mensch wirklich erfolgreich zu Werke gehen bei seiner Aufgabe, zur wahren Erfüllung zu gelangen.

Nur so kann er sich selbst finden. Er kann auf mannigfache Weise *glauben*, er habe sich gefunden, oder sei gerade dabei, sich zu finden, oder ein anderer kann ihn für sich selbst finden. Wir können uns um solche Menschen nicht kümmern, außer daß wir um ihren Seelenfrieden und ihre körperliche Gesundheit besorgt sind.

Um jenes Maß, von dem ich spreche, zu erlangen und anzuwenden, muß ein Mensch die Versammlung der Weisheit entdecken. Nur hier, und nirgendwo sonst, kann dieses Maß erworben werden. So! Du hast deine Warnung erhalten. Geh nun und finde die Versammlung der Weisheit. Du wirst eine entdecken, deren *wahrer* Nutzen genau Deiner inneren Aufrichtigkeit entspricht. Wenn Du ein Heuchler bist, wirst Du Heuchlern in die Hände fallen, ganz gleich, was sie in Deinen Augen zu sein scheinen, oder was Du in ihren Augen zu sein scheinst, oder wie jene sich gegenseitig sehen.

Der Qalandar Bahadur Shah

Wie die Suche nach Erkenntnis zunichte gemacht wird

Sie wird durch Heuchelei zunichte gemacht.

Es gibt das, was der Mensch in seinem Inneren weiß. Er erkennt es nicht als das, was es wirklich ist. Er tut so, als ob er es erkennen könnte oder nicht. Er weiß nicht, daß er eine Vorbereitung bedarf.

Es gibt das, was der Mensch zu erkennen glaubt, aber in Wirklichkeit nicht erkennt. Er erkennt nur bestimmte Teile dessen, was er weiß. Dieses Halbwissen ist in gewisser Weise schlimmer als gar kein Wissen.

Es gibt auch das, was der Mensch nicht weiß, und was er zu keiner Zeit wissen kann. Er glaubt jedoch, daß er genau dies wissen müßte. Er sucht danach, oder nach etwas, was ihm wie dieses Etwas erscheint. Weil er keinen echten Maßstab besitzt, beginnt er zu heucheln.

Arbeitsthema der Asimia-Derwische

Das Vorspiel zur Erkenntnis

Oh Sufi! Wein wird erst nach vierzig Tagen klar.

Und ein Mensch muß erst Salomon werden, bevor sein Zauberring seine Arbeit tun kann.

Hafis

Symptome

Ein Mensch hat Kopfschmerzen, der andere sieht verschwommen. Beides wurde durch falsche Ernährung bewirkt.

Sage: „Eure Verdauung ist durcheinander", und beide werden dir antworten: „Weg mit Dir, du Narr! Wir suchen Linderung für Kopf und Auge, nicht Deine Absurditäten!"

Hamami

Erinnerung

Alles hängt von der Erinnerung ab. Man fängt nicht mit Lernen an, man beginnt bei der Erinnerung. Die Entfernung des ewigen Seins und die Schwierigkeiten des Lebens lassen einen vergessen. Aus diesem Grund hat Gott uns befohlen: „Erinnert euch!"

Scheich Ismail Hakki

Das Problem mit der Musik

Sorge dafür, daß Du Dich nicht zur Musik hin abrichtest, damit Du nicht von noch höherer Wahrnehmung abgehalten wirst.

Ibn Hamdan

Wirre Ausrufe

Wir äußern Seltsames gegenüber gewöhnlichen Menschen, weil unsere Erfahrungen nicht mit ihren gewöhnlichen Phrasen ausgedrückt werden können. Ich habe das, was unbeschreiblich ist, durch und durch kennengelernt und das, was es enthält, überflutet jede gewöhnliche Definition.

Ibn Ata

Das Atom

Spalte das Herz eines jeden Atoms: aus seiner Mitte wird eine Sonne für Dich erstrahlen. Wenn Du alles, was Du hast, der Liebe opferst, will ich ein Heide genannt sein, solltest Du auch nur ein Molekül Verlust erleiden. Die Seele, die durch das Schmelzfeuer der Liebe gegangen ist, wird Dich die Seele verwandelt schauen lassen. Wenn Du der Beengtheit der Dimensionen entfliehst und die „Zeit dessen, was keinen Ort besitzt" erkennst, dann wirst Du hören, was nie vernommen wurde, Du wirst schauen, was nie geschaut wurde; bis sie dich einem Ort überantworten, wo Du „eine Welt" und „Welten" als eins erkennst. Mit Herz und Seele sollst Du das Einssein lieben; bis du mit dem wahren Auge die Einheit schauen wirst...

Sayed Ahmad Hatif

Da bist Du

Das Flackern eines Lichtes in der Dämmerung der Wüste –
Da bist Du.
Das gequälte Ritual des Magiers, verrichtet in müder Pflichterfüllung –
Da bist Du.
Die Bewegung in Antwort auf eine andere Bewegung –
Da bist Du.
Nicht im Buch des Schriftgelehrten, aber im Lächeln darüber –
Da bist Du.
In der Anmut der Anmutigen, nicht in den Gedanken der Anmutigen –
Da bist Du.
Die Frage und die Antwort: zwischen diesen beiden, nicht in beiden –
Da bist Du.
Zwischen den stampfenden Schritten des Elefanten – Da bist Du.
In Harmonie, in Liebe, im Selbstsein, in Wahrheit, in Absolutheit – Da bist Du.
In der Perle, die der Austernliebhaber zurückwies – Da bist Du.
Die Unerklärlichkeit des fehlenden Rhythmus, des scheinbaren Wandels – Da bist Du.
Im Austausch, im Pulsieren, in Süße, in Stille und Rast: in der Übereinstimmung und in der Nichtübereinstimmung – Du bist da.
Die Glut, der Funke, die züngelnde Flamme, die Wärme und das Brennen; in der Entspannung und in der Erregung: Du bist da!

Haykali

Die Stufe der Wahrheit erlangen...

Niemand erlangt die Stufe der Wahrheit, bevor nicht tausend aufrichtige Menschen bezeugt haben, daß er ein Ketzer ist.

Dschunaid von Baghdad

Ein einziges Mal

Der Tod kommt nur ein einziges Mal zu Besuch. Sei deshalb auf sein Kommen vorbereitet.   *Abu-Shafiq von Balkh*

Gehorsam

Die niedrigste Form von Gehorsam bedeutet, für einen anderen zu handeln. Die höhere Form von Gehorsam liegt dann vor, wenn man von einem Tun abläßt, das auf Ausführung drängt. Die höchste Form von Gehorsam liegt in der Fähigkeit, überhaupt nicht zu handeln.

Wenn dies möglich wird, sind die anderen Formen von Gehorsam auch möglich. Sie alle zusammen formen das, was die Menschen in ihrem Unwissen für eine einzige Sache halten, „Gehorsam". Das erste, was es zu lernen gilt, ist dies: Was man gemeinhin Gehorsam nennt, ist immer Gewohnheit oder Sklaverei, gleichgültig, ob es Vergnügen bereitet oder nicht.

Anisa Imtihani

Der Pfad und das Tor

Ein Pfad und ein Tor haben keinerlei Bedeutung oder Nutzen mehr, ist erst einmal das Ziel in Sichtweite gerückt.

Hujwiri

Was zu tun ist und was man geschehen lassen soll

Alle Weisheit läßt sich mit zwei Zeilen ausdrücken:
Was für dich getan wird – laß zu, daß es getan wird.
Was du selbst tun mußt – sorge dafür, daß du es tust.

Chawwas

Sich selbst retten

Hast du die Geschichte vernommen, die unser unvergleichlicher Meister des Pfades, Maulana Rumi, erzählt hat? Sie ist es, die ich hier anspreche:

Es war einmal ein Mann, der einige Stück Vieh besaß und gehört hatte, daß Moses die Sprache der Tiere verstand. Er brachte ihn dazu, sie ihm beizubringen.

Mit diesem Wissen ausgestattet hörte er nun seinen Tieren zu. Der Hahn erzählte dem Hund, daß das Pferd bald sterben würde, und der Mann konnte ihn verstehen. Alsbald verkaufte er das Pferd, um keinen Verlust zu erleiden. Einige Zeit später wandte er sein Wissen ein weiteres Mal an und bekam zu hören, wie der Hahn dem Hund vom nahen Tod des Esels berichtete. Und so konnte er den Esel verkaufen, bevor er einen Verlust hatte. Als nächstes sagte der Hahn, daß der Sklave des Mannes bald sterben müsse. Schadenfroh verkaufte der Mann seinen Sklaven, um Geld zu sparen. Er war sehr zufrieden mit sich und bildete sich ein, dies sei der Nutzen von Wissen: dem Menschen bei seinen alltäglichen Angelegenheiten zu Hilfe zu kommen. Jetzt jedoch bekam er vom Hund zu hören, wie er dem Hahn von seinem eigenen nahen Tod erzählte. In Panik lief er zu Moses, um sich Rat zu holen, was er nun tun solle.

Moses sagte: „Du kannst jetzt hingehen und dich selbst verkaufen!"

Beachtet diese Lehre: Das Wissen, wie man die Eigenschaften anderer erkennen kann, hilft dem Menschen nichts in bezug auf seine größte Sorge – sich selbst.   *Anis Ahmad ibn El-Alawi*

Der tätowierte Löwe

Es war einmal ein Mann, der sich einen Löwen auf den Rücken tätowieren lassen wollte. Er suchte einen Tätowierkünstler auf und teilte ihm seinen Wunsch mit. Kaum jedoch spürte er die ersten wenigen Nadelstiche, da begann er zu jammern und zu stöhnen: „Du bringst mich ja um. Welchen Teil des Löwen machst du gerade?" „Ich bin erst beim Schwanz", sagte der Künstler. „Dann lassen wir den Schwanz weg", heulte der andere. Da machte der Künstler weiter. Und wieder konnte der Kunde die Stiche nicht ertragen. „Welcher Teil des Löwen ist es diesmal", schrie er, „denn ich kann die Schmerzen nicht ertragen?" „Jetzt arbeite ich am Ohr des Löwen", sagte der Tätowierer. „Laß uns einen Löwen ohne Ohren machen", keuchte der Schmerzgequälte. Der Tätowierer versuchte es noch einmal. Kaum hatte die Nadel die Haut durchbohrt, als sich das Opfer zu winden begann: „Welcher Teil des Löwen ist jetzt dran?" „Das ist der Bauch des Löwen", sagte der Künstler müde. „Ich möchte keinen Löwen mit Bauch", sagte der andere Mann. Verzweifelt und verärgert stand der Tätowierer eine Weile da. Dann warf er seine Nadel auf den Boden und rief: „Ein Löwe ohne Kopf, ohne Schwanz, ohne Bauch? Wer könnte so etwas zeichnen? Nicht einmal Gott hat das getan!"   *Rumi*

Evolution

Am Anfang trat er in die unbewegte Welt. Vom Mineralischen entwickelte er sich, hinein in den Bereich des Pflanzlichen. Jahre um Jahre lebte er so. Dann ging er in den tierischen Zustand über, jedoch ohne jede Erinnerung an sein Pflanzendasein – außer seinem Hingezogensein zum Frühling und zu den Blüten.

Das war dem angeborenen Drang des Kleinkindes zur Mutterbrust ähnlich. Oder wie die Affinität eines Schülers zu einem berühmten Meister. Wenn der Schatten vergeht, dann erkennen sie die *Ursache* für ihre Bindung an den Lehrer...

Von Bereich zu Bereich schritt der Mensch fort, bis er in seinem gegenwärtigen vernunftbegabten, kenntnisreichen und robusten Zustand anlagte; wobei er frühere Intelligenzformen vergaß.

Gleichermaßen wird er die gegenwärtige Form der Wahrnehmung hinter sich lassen. Es gibt noch tausend weitere Formen des Geistes...

Aber er ist eingeschlafen. Er wird sagen: „Ich hatte mein Erfülltsein vergessen, ich wußte nicht, daß Schlaf und Launen die Ursache meiner Leiden waren."

Er sagte: „Meine Erfahrungen im Schlaf haben keine Bedeutung."

Komm, laß diese Esel auf ihren Weiden.

Der Mensch erwirbt Organe, weil eine Notwendigkeit dazu besteht. Deshalb, oh Bedürftiger, vergrößere deine Notwendigkeit.

Rumi

Dunkel und Licht

Der Abend geht dem Morgen voraus und die Nacht wird zur Morgenröte. *Hafis*

Unsterblichkeit

Des Menschen Ehre ist seine Gelehrsamkeit. Weise Menschen sind Fackeln, die den Weg zur Wahrheit weisen. In der Erkenntnis liegt des Menschen Chance zur Unsterblichkeit. Der Mensch mag sterben, die Weisheit besitzt ewiges Leben. *Ali*

Narren und Bosheit

Die Torheit der Narren richtet mehr Schaden an, als die Bosheit der Übeltäter. *Der Prophet*

Menschen und Erkenntnis

Viele Bäume gibt es: Nicht alle tragen Frucht.
Viele Früchte gibt es: Nicht alle sind eßbar.
Auch gibt es viele Arten von Wissen: Doch nicht alle sind für die Menschen von Nutzen. *Jesus, Marias Sohn nach dem Buch von Amu-Daria*

Menschen und Könige

Könige herrschen über Menschen, weise Menschen herrschen über Könige. *Abu El-Aswad*

Wenn du Askese magst

Askese kann eine Schwäche sein, die Erfüllung eines Wunsches darstellen und aus einem Mangel an innerer Stärke geboren werden.

Hassan von Basra

Denk nach

Alle Menschen sind tot, bis auf die Gelehrten. *Sahl von Tustar*

Identität

Bayasid rief einst, als jemand an die Tür klopfte: „Wen suchst du?" Der Besucher sagte: „Bayasid". Bayasid antwortete: „Auch ich habe ‚Bayasid' seit drei Jahrzehnten gesucht und ihn immer noch nicht gefunden."

Was die Weisen tun

Der Weise ist jemand, der heute tut, was Narren drei Tage später tun werden.

Abdullah ibn Mubarak

Die Antwort

Hundert Briefe habe ich geschrieben, aber Du hast nicht geantwortet. Auch das ist eine Antwort.

Sauqi

Schlafen

Oh Du, der Du die Schwierigkeiten auf dem Pfad zur Auslöschung fürchtest – fürchte Dich nicht. Er ist so leicht, dieser Weg, das man ihn schlafend gehen kann.

Mir Jachja Kashi

Der Mensch

Mit hunderttausend Wahrnehmenden kreist das himmlische Gestirn um die Erde auf der Suche nach dem Menschen. Aber wo ist der Mensch?

Astrabadi

Der Hund und die Schläge

Ich beobachtete, wie eine Wache einem Hund mit einem Stock Schläge verabreichte. Der Hund heulte unter den Hieben. Ich sagte: „Hund, warum hat er dich geschlagen?" „Er kann den Anblick von jemandem, der besser ist als er, nicht ertragen." *Shibli*

Der Preis

Mein Freund, der Du sagst: „Warum Wein mit deinem Leben erkaufen?" – stell' diese Frage dem Mundschenk, der einen solch geringen Preis dafür verlangt. *Fighani*

Wir sind lebendig

Wir sind Wellen, deren Reglosigkeit das Nicht-Sein ist.
Wir leben, weil wir keine Rast kennen.
Abu-Talib Kalim

Was ist Tugend?

Schau Dich um und betrachte Menschen, die Tugenden besitzen. Du wirst entdecken, daß viele durch ihre Übungen nicht erhoben worden sind, wenn sie auch in einem solchen Ruf stehen. Tugenden zu üben ist für sich allein betrachtet fast nichts wert. Ein Faden verwandelt sich nicht in einen Edelstein, bloß weil er durch die Löcher in einer Reihe von Perlen führt. Ich konnte nicht lernen, geschweige denn lehren, bis ich erkannte, daß eine Wüstenei durch die Anwesenheit eines Schatzes in der Erde nicht fruchtbar wird. *Hamid Qalindos*

Wissen

Er, der weiß und nicht weiß, daß er weiß: Er schläft.
Laß ihn eins werden, Ganz. Laß ihn erwachen.

Er, der gewußt hat, aber nicht mehr weiß: Laß ihn aufs neue den Anfang aller Dinge schauen.

Er, der nicht wissen will, und doch sagt, er brauche das Wissen: Laß ihn in Sicherheit und zum Licht geführt werden.

Er, der nicht weiß, und weiß, daß er nicht weiß: Laß ihn durch diese Erkenntnis wissen.

Er, der nicht weiß, aber glaubt, daß er wisse: Befreie ihn vom Verwirrtsein durch solches Unwissen.

Er, der weiß und weiß, daß *er ist:* Der ist weise. Folgt ihm nach. Allein durch seine Gegenwart kann der Mensch verwandelt werden.

Ich, der ich weiß und nicht weiß, daß ich weiß: Laß mich eins werden, Ganz. Laß mich erwachen.

Ich, der ich gewußt habe, aber nicht mehr weiß: Laß mich aufs neue den Anfang aller Dinge schauen.

Ich, der ich nicht wissen will, und doch sage, ich brauche das Wissen: Laß mich in Sicherheit und zum Licht geführt werden.

Ich, der ich nicht weiß und weiß, daß ich nicht weiß:
Laß mich durch diese Erkenntnis wissen.

Ich, der ich nicht weiß, aber glaube, das ich wisse: Befreie mich vom Verwirrtsein durch solches Unwissen.

Er, der weiß und weiß, daß *er ist:* Der ist weise. Folgt ihm nach. Allein durch seine Gegenwart kann der Mensch verwandelt werden.

Wir, die wir wissen und nicht wissen, daß wir wissen: Laß uns eins werden, Ganz. Laß uns verwandelt werden.

Wir, die wir gewußt haben, aber nicht mehr wissen: Laß uns aufs neue den Anfang aller Dinge schauen.

Wir, die wir nicht wissen wollen und doch sagen, wir brauchen das Wissen: Laß uns in Sicherheit und zum Licht geführt werden.

Wir, die wir nicht wissen und wissen, daß wir nicht wissen: Laß uns durch diese Erkenntnis wissen.

Wir, die wir nicht wissen, aber glauben, daß wir wissen: Befreie uns vom Verwirrtsein durch solches Unwissen.

Er, der weiß und weiß, daß *er ist:* Der ist weise. Folgt ihm nach. Allein durch seine Gegenwart kann der Mensch verwandelt werden.

> Wie bei unseren Vorfahren,
> So bei unseren Nachfolgern.
> So mit uns.
> Wir bekräftigen dieses Unternehmen.
> So laß es geschehen.
>
> *Sarmoun-Rezitation*

Der Schwimmer

Im gewöhnlichen Leben findet der Mensch Schwierigkeiten vor und sucht das Glück. Er kann keine Befriedigung erlangen oder Schwierigkeiten auf Dauer überwinden, solange er im Zustand des Unwissens und der Unfähigkeit verharrt. Er kann jedoch einen Zustand erreichen, in dem er glaubt, seine Schwierigkeiten seien beseitigt, oder gar daß er Dinge weiß, die er nicht weiß. Das ist der Zustand derjenigen, die ihr Denken manipulieren oder die sich selbst gestatten, wegen der Verkrampftheit ihres Zustandes die Techniken und die Selbstgewißheit der Unwissenden zu übernehmen.

Der Mensch ist wie ein Schwimmer, der voll bekleidet ist und andauernd von seinen an ihm klebenden Kleidern behindert ist. Er muß erkennen, warum er nicht schwimmen kann, bevor man Schritte einleiten kann, die es ihm ermöglichen. Es ist keine Lösung für ihn, den Eindruck zu pflegen, daß er richtig schwimmt; denn das könnte zur Folge haben, daß er sich besser fühlt und ihn davon abhalten, das andere Ufer des Flusses zu erreichen. Solche Männer und Frauen ertrinken.
Latif Ahmad

Der Lehrer

Suche das Erscheinungsbild eines Lehrers, der nicht die Art Lehrer zu sein scheint, den der Denker oder der Fromme erwarten würde. Das hat den Grund, daß es unter den Denkern und den Frommen einige gibt, die ihn in jedem Fall erkennen würden. Aber diejenigen, die Verdienste und Eignung für den *Weg* besitzen und nicht an das Verhalten des Denkers und des Frommen gewöhnt sind, werden den Lehrer zurückweisen, wenn er das äußere Erscheinungsbild derer, die sie nicht verstehen, trägt.
Nadschmuddin Kubra

Der himmlische Apfel

Ibn-Nasir war krank und obwohl gerade keine Saison für Äpfel war, verlangte es ihn danach. Plötzlich holte Halladsch einen hervor. Jemand sagte: „In diesem Apfel ist ein Wurm. Wie kommt es, daß ein Apfel himmlischen Ursprungs so befallen sein kann?" Halladsch erklärte: „Genau weil er himmlischen Ursprungs ist, wurde er so befallen. Zu Anfang war er es nicht, aber als er in dieses Reich des Mangelhaften eintrat, mußte er natürlich an der Krankheit teilhaben, die diesem Ort eigentümlich ist."

Achter Teil

BRIEFE UND VORLESUNGEN

Briefe und Vorlesungen

Sufi-Lehrer treffen eine scharfe Unterscheidung zwischen Briefen und Vorlesungen, die für eine spezielle Zuhörerschaft gedacht sind, und zwischen denen, die ausschließlich literarischen, emotionalen und kulturellen Wert besitzen. Grundsätzlich wird behauptet, daß jede Sufi-Lehre ihrer eigenen Zeit angehört. Die Sufi-Botschaft in ihrer geschriebenen Form wird als nur begrenzt wirksam erachtet, sowohl was ihre Tiefe als auch was ihre Dauerhaftigkeit angeht. Der Grund dafür liegt darin, daß das, „was in das Reich der Zeit eingeführt wird, den Spuren der Zeit zum Opfer fällt". Folglich wird die Sufi-Tradition, wie in der Wellen-im-Meer-Metapher, die von den Sufis so oft verwendet wird, mit Hilfe aufeinanderfolgender Vorbild-Lehrer immer wieder erneuert. Diese Lehrer interpretieren Sufi-Schrifttum der Vergangenheit nicht nur neu; sie wählen aus, sie übernehmen, sie führen neu ein, und sichern so den schriftlichen Materialien ein Fortdauern ihrer dynamischen Funktion.

Sufi-Schüler können dazu ermutigt werden, sich mit den traditionellen Klassikern des Sufismus vertraut zu machen, oder auch nicht. Es ist jedoch der Sufi-Führer, der dem Kreis oder dem Schüler den Lehrplan andeutet: Jene Abschnitte der Klassiker, aus Briefen und Vorlesungen, aus traditionellen Regeln, die für eine bestimmte Phase einer Gemeinschaft, für eine bestimmte Gruppierung, für ein bestimmtes Individuum Gültigkeit besitzen.

Diese Verwendung von Materialien sorgt für eine scharfe Abgrenzung der Sufi-Gedankenwelt gegenüber allen anderen in der Geschichte verzeichneten Systemen. Diese Einstellung ist es, die die Sufi-Tradition davor bewahrt hat, in eine Priesterzunft und in Traditionalismus auszukristallisieren. Bei den ursprünglich sufischen Gruppen, in denen diese Fossilisierung tatsächlich stattgefunden hat, kann die ständig sich wiederholende Verwendung von Sufi-Materialien dem zukünftigen Sufi als Warnung davor dienen, daß eine solche Organisation sich „mit der Welt zusammengetan hat".

Der folgende Abschnitt enthält Materialien, die den zur Zeit gültigen Anwendungen entnommen wurden und von den zeitgenössischen Sufis der Schule der „Erneuerung kurzlebiger Materialien" für anwendbar auf die gegenwärtige Lage des Menschen gehalten werden.

Die Materialien selbst pendeln vor und zurück zwischen den Schriften und Aussprüchen der frühesten, geschichtlich belegten Sufi-Meister und auf sufischen Prinzipien basierende Lehren, die in unseren Tagen entworfen werden.

Vom Standpunkt der modernen Psychologie ist die Anmerkung von Interesse, daß Lerngruppen – im Sufismus wie anderswo – sich immer einer Herausforderung gegenübersehen. Diese Herausforderung besteht darin, ob sich die Gruppe schon früh auf bequemen Krücken stabilisiert (wie bestimmte Drills, Übungen, Lesestoffe, Autoritätsfiguren) oder ob die Gruppe genügend Stabilität in sich selbst besitzt, um nach einer Realität jenseits äußerlicher, sozialer Faktoren zu greifen.

Entscheidend ist dabei die Zusammensetzung der Gruppe. Wenn ihre Mitglieder bereits ein gesundes soziales Gleichgewicht besitzen, dann werden sie ihre Studienatmosphäre nicht zu einer Quelle der Stabilität und Sicherheit umfunktionieren müssen. Wenn sich ihre Mitglieder bereits physische und intellektuelle Befriedigung erworben haben, werden sie nicht versuchen müssen, diese aus ihrer Sufi-Gruppe herauszuholen.

Jene, die gesellschaftliche, intellektuelle und emotionale Stabilität erlangen wollen, sind die erfolglosen Kandidaten für die Sufi-Lehre in authentischen Schulen. Imitierende Schulen (sei diese Imitation nun wissentlich oder nicht) verwenden Äußerlichkeiten der Sufi-Tradition – einschließlich der Briefe und Vorlesungen im folgenden Kapitel – und operieren als getarnte sozial-psychologische Gruppierungen. Diese äußerst nützliche, wenn auch sufisch gesehen sterile Aktivität hat nichts mit dem Streben nach dem „höheren Wissen vom Menschen" zu tun.

Das soll nicht heißen, daß diese selbstdarstellerischen Gruppen, die viele Menschen für Sufi-Gruppen halten, für einen Anwärter sofort als rein soziale Gruppen erkennbar sind. Ganz im Gegenteil. Wenn der potentielle Schüler selbst noch der Sicherheit, des Abenteuers, der Katharsis oder des gesellschaftlichen und psychologischen Gleichgewichts bedarf, wird er sich nur allzu dankbar und ohne Fragen zu stellen zum niedrigeren Niveau der Aktivität hingezogen fühlen.

Der Grund dafür liegt darin, daß er auf das reagiert, was die Gruppe in der Praxis zu bieten hat, nicht auf das, was die Sufi-Tradition bieten kann.

Dann wiederum gibt es Gruppen von Suchenden, die sich nach alter Tradition versammelt haben, um sich die Praktiken und Theorien des Sufismus zu vergegenwärtigen in der Hoffnung, daß ihre Wünsche eines Tages mit dem Erscheinen eines echten Lehrers in Erfüllung gehen. Diese Studienbasis birgt mehr Gefahren als vielfach angenommen, denn wenn sich die Mitglieder einer Gruppe zum überwiegenden Teil aus Menschen rekrutieren, die sie für minderwertige psychologische Ziele ausnützen, dann wird die Gruppe als Ganzes dazu neigen, ihre Fähigkeit und ihre Sehnsucht verlieren, höhere Ebenen in den Materialien zu erkennen. In solchen Fällen hemmt das natürliche Aufkommen eines Sinnes für gesellschaftliche Dinge die höheren Ziele. Nur das Einbringen verschiedenartiger Menschentypen in die Gruppe, um wenigstens einen normalen Bevölkerungsquerschnitt zu gewährleisten, würde wahrscheinlich die Möglichkeiten dieser Gruppe wiederbeleben. Eine soziale Gruppe dieser Art steht jedoch solchen Neueinführungen fast definitionsgemäß feindlich gegenüber; Menschen, die anders zu denken scheinen, werden selbst als feindlich gesinnt oder untauglich betrachtet.

Was ist Sufismus?

Die Frage ist nicht „Was ist Sufismus?", sondern „Was kann man über den Sufismus sagen und lehren?" Der Grund für diese Formulierung liegt darin, daß es wichtiger als alles andere ist, den inneren Zustand des Fragestellers zu kennen und ihm die Dinge zu sagen, aus denen er Nutzen ziehen kann. Daher hat der Prophet (Friede und Segen sei mit ihm!) gesagt:

„Sprich mit einem jeden in Übereinstimmung mit seiner Fähigkeit zu verstehen."

Für den Fall, daß sein Verständnis fehlerhaft und falsch ausgebildet ist, können Sie einem Fragenden schon dann Schaden zufügen, wenn Sie ihm Tatsacheninformationen über die Sufi-Tradition geben. Hier ein Beispiel. Die vorhin genannte Frage wurde gestellt. Sie antworten: „Sufismus ist Entwicklung des Selbst". Der Fragende wird nun annehmen, daß eine Entwicklung des Selbst das ist, was er darunter versteht. Wenn Sie durchaus wahrheitsgemäß gesagt hätten: „Sufismus ist unaussprechlicher Reichtum", dann würden die Gierigen und Unwissenden aufgrund der Bedeutung, die sie dem Wort Reichtum beimessen, danach streben.

Aber lassen Sie sich nicht zu der Vorstellung verleiten, eine religiöse oder philosophische Formulierung würde den religiös oder philosophisch gesinnten Menschen nicht zu dem gleichem Irrtum der Begehrlichkeit verleiten, wenn er, wie er glaubt, ihre Deutung annimmt.

Idris ibn-Ashraf

Sich erinnern

Wenn wir sagen: „Du bist ein Tropfen Wasser aus einem unendlichen Meer", dann beziehen wir uns sowohl auf Deine gegenwärtige Individualität als Tropfen, als auch auf alle Deine früheren Individualitäten als aufeinanderfolgende Tropfen und Wellen und auch auf das große Band, das alle diese Phasen mit allen anderen Tropfen wie auch mit dem Großen Ganzen vereinigt. Wenn wir bei der Betrachtung dieses Ganzen vom Standpunkt der Großartigkeit eines ganzen Ozeans ausgehen, dann können wir einen flüchtigen Blick auf etwas von der Größe des Tropfens in seiner möglichen Funktion als bewußter Bestandteil dieses Ozeans erhaschen. Um die Beziehung zwischen diesem Tropfen und dem Meer zu begreifen, müssen wir aufhören, an das zu denken, was wir für die Interessen des Tropfens halten.

Dies kann uns nur gelingen, wenn wir vergessen, wofür wir uns selbst halten, und uns daran erinnern, was wir in der Vergangenheit einmal waren, und uns auch daran erinnern, was wir jetzt in diesem Augenblick sind, wie wir wirklich sind; denn die Beziehung zum Meer ist nur zeitweilig ausgesetzt, sie ist nicht endgültig gelöst. Diese zeitweilige Aussetzung ist es, die uns unverständliche, behelfsmäßige Annahmen und Vorurteile über uns selbst entwickeln läßt, die uns blind gegenüber der wahren Realität macht.

Übungen, die uns soeben oder kürzlich gemachte Erfahrung vergegenwärtigen sollen, sind dazu bestimmt, uns die Fähigkeit zu vermitteln, uns noch weiter zurückzuerinnern; uns zu erinnern an das, was nur zeitweilig ausgesetzt ist oder gerade ruht, und an das, wonach wir uns sehnen, ohne es jedoch zu erkennen.

Wenn diese wesentliche Übung des Erinnerns nicht zur Überbrückung der Kluft zur Erinnerung an unseren uralten, immerwährenden Pakt führt, dann stimmt eines von drei Dingen nicht: Der Lehrer, der Schüler oder die Umstände. Deshalb brauchen wir einen lebendigen Lehrer, einen erwachenden Schüler und stimmige äußere Umstände.

Sogar Bemerkungen wie die vorstehenden werden nur jene begreifen, die sie begreifen können. Ihre physische Aufbewahrung stellt nur einen winzigen Teil ihrer Realität dar. Entschlüssele sie mit einem Lehrer, nicht allein.   *Hadschi Bahaudin von Buchara*

Wissen – Handeln – Liebe

Liebe ist ein Weg zur Wahrheit, zum Wissen und zum Handeln.
Aber nur wer reale Liebe kennengelernt hat, kann sich diesen Dingen mit Hilfe von Liebe nähern. Die anderen haben bestimmte andere Gefühle mit denen realer Liebe verwechselt.

Am schwächsten sind jene, die die Liebe idealisieren und sich ihr nähern wollen, bevor sie ihr etwas geben oder etwas von ihr nehmen können.

Die Wahrheit ist ein Weg zur Liebe, zum Wissen und zum Handeln. Aber nur wer die reale Wahrheit entdecken kann, kann ihrem Pfad folgen als *Weg*. Andere (und sie befinden sich nicht schon deshalb im Recht, weil sie in der Mehrheit sind) bilden sich ein, sie könnten die Wahrheit finden, wenngleich sie nicht wissen, wo sie danach suchen sollen, weil das, was sie Wahrheit nennen, etwas Geringeres ist.

Wissen ist ein Weg zum Handeln, zur Liebe und zur Wahrheit. Aber weil es nicht die Art von Wissen ist, für die die Menschen sie halten, können sie keinen Gewinn aus ihr ziehen. Dieses Wissen ist überall, aber sie können es nicht sehen, und sie rufen danach, während es die ganze Zeit an ihrer Seite zu finden ist.

Auch Handeln ist ein Weg. Es ist ein Weg zur Liebe, zur Wahrheit und zum Wissen. Aber welches Handeln wo und wann? Handeln bei wem und zu welchem Ziel? Was ist das für eine Art von Handeln, die wir meinen, wenn wir sagen, es sei ein *Weg*? Es bedeutet ein solch andersgeartetes Handeln, daß es der Mensch ausführen kann, ohne sich dessen gewahr zu sein. Wiederum wird er so sehr in ein Handeln von anderer Art verstrickt sein, daß er das korrekte Handeln, dessen er bedarf, nicht zur Ausführung bringen kann. Obwohl man uns dafür vielleicht falsch beurteilt, bekräftigen wir dennoch als reale Tatsache das Folgende: Erhabene Wahrheit hat die Lehrer mit dem Verständnis vom Wissen der *Wege* gesegnet. Laßt uns daher nicht mehr plappern von „Ich suche die Liebe", „Ich begehre Wissen", „Ich suche die Wahrheit", „Mein Ziel ist Handeln", es sei denn, wir wollen, daß die Menschen unsere Leere erkennen, daß wir in Wahrheit nach dem Nichts suchen.

Liebe ist Handeln. Handeln ist Wissen. Wissen ist Wahrheit. Wahrheit ist Liebe.   *Rauf Masari, Niasi*

Symbole

Der Mensch ist ein Symbol. Auch ein Objekt oder eine Zeichnung ist ein Symbol. Dringe in die äußere Botschaft des Symbols ein, sonst versetzt Du Dich in Schlaf. Innerhalb des Symbols existiert ein Muster, das sich bewegt. Lerne dieses Muster kennen. Um das zu schaffen, brauchst Du einen Führer. Aber bevor er Dir helfen kann, mußt Du bereit sein, Aufrichtigkeit gegenüber dem Objekt Deiner Suche zu üben. Wenn Du nach Wahrheit und Wissen strebst, wirst Du sie erlangen. Wenn Du nur für Dich selbst nach etwas strebst, magst Du es erlangen, aber Du verlierst vielleicht alle höheren Möglichkeiten für Dich selbst.   *Khaja Pulad von Eriwan*

Das allein ist die Wahrheit

Wenn der Sufi sagt: „Das allein ist die Wahrheit", dann sagt er: „Zu diesem Zeitpunkt, bei diesem Menschen und zu diesem Zweck müssen wir unsere Aufmerksamkeit so konzentrieren, als wenn das allein die Wahrheit wäre."

Wenn er dies tut, hilft der Sufi dabei, Dir etwas beizubringen in gleicher Weise wie ein Schullehrer, der sagt: „Das ist A und das ist B, das allein ist die Wahrheit für dem Zeitraum, in den wir es studieren."

So lernt der Mensch lesen und schreiben. So lernt der Mensch Metaphysik. Empfindsame, jedoch unaufmerksame Menschen attackieren die Sufis häufig wegen dieses Verhaltens aufgrund ihres eigenen Mangels an Geduld und der Bereitschaft zur Zusammenarbeit. Wenn Du einem Arbeiter keine Chance gibst, seine Arbeit zu tun, kannst Du ihn wohl kaum der übermäßigen Hingabe an seine Arbeit bezichtigen.

Denke daran, wenn ein Hund bellt und Du Dich darüber ärgerst: es könnte sein, daß er eine Gefahr signalisieren möchte – während Du glaubst, daß er Dich anbellt. Du hast ihn mißverstanden.

Hakim Tahirdschan von Kafkas

Die Einheit des Wissens

Was ich als Sufi gelernt habe, können die Menschen aufgrund der Dinge, die ihnen schon beigebracht wurden, nicht würdigen. Das am einfachsten zu Begreifende im Sufismus ist für den gewöhnlichen Denker am schwierigsten. Es ist dies:

Alle religiösen Ausformungen sind mehr oder weniger verzerrte Variationen einer einzigen Wahrheit. Diese Wahrheit manifestiert sich bei verschiedenen Völkern, die eifersüchtig über sie wachen, ohne zu erkennen, daß sich ihre Manifestation in Übereinstimmung mit ihren eigenen Notwendigkeiten befindet. Sie kann nicht in der gleichen Form weitergegeben werden aufgrund der Unterschiede im Geist der verschiedenen Gemeinschaften. Sie kann nicht neu interpretiert werden, weil sie sich von Grund auf neu entwickeln muß.

Von Grund auf neu wird sie von jenen präsentiert, die sie konkret in jeder dem Menschen bekannten Form, ob religiös oder nicht, erfahren können.

Diese Erfahrung unterscheidet sich sehr von dem, was die Menschen dafür halten. Die Person, die all dies nur aus logischen Gründen für wahr hält, hat nicht die gleiche Basis wie ein Mensch, der die Erfahrung gemacht hat, daß es wahr ist. *Khwaja Salahudin von Buchara*

Jetzt wo ich tot bin

Jetzt wo ich tot bin, sollt ihr etwas über die Wahrheit des Sufi erfahren. Hättet ihr diese Information, direkt oder indirekt, erhalten, als ich noch sichtbar unter euch weilte, wäre dies bis auf wenige nur Futter für eure Habgier und eure Vorliebe für Wundertaten geworden. So sollt ihr denn erfahren, daß die Taten eines Sufi-Meisters für die Welt und die Menschen in ihr, groß und klein, vom Betrachter meist nicht erkannt werden.

Ein Sufi-Lehrer verwendet seine Fähigkeit zu lehren und zu heilen, die Menschen glücklich zu machen, im Einklang mit den besten Gründen für den Einsatz dieser Kräfte. Wenn er keine Wunder demonstriert, heißt das nicht, daß er keine vollbringt. Wenn er es ablehnt, dich in der Weise zu begünstigen, wie du es dir wünschst, dann nicht deshalb, weil er nicht dazu in der Lage ist. Er begünstigt dich in Übereinstimmung mit deinem Verdienst, nicht als Antwort auf deine Forderungen. Er hat eine höhere Pflicht, die er erfüllt.

Viele unter euch erhielten ihr Leben verwandelt, sind aus Gefahren errettet worden, haben Chancen erhalten – nichts davon habt ihr als Begünstigung erkannt. Dennoch sind euch diese Begünstigungen zuteil geworden. Obwohl viele von euch nach einem erfüllteren Leben Ausschau halten, würden sie überhaupt kein Leben mehr besitzen, wenn nicht die Anstrengungen der Gemeinschaft der Freunde gewesen wären. Viele Arme unter euch wären mit Fluch beladen, wenn sie reich wären. Viele unter euch sind immer noch reich durch die Gegenwart eines Menschen der Weisheit. Viele unter euch, die in meiner Schule waren, glauben, daß sie von mir unterrichtet worden sind. Tatsächlich wart ihr physisch bei unseren Versammlungen zugegen, während ihr in einer anderen Versammlung unterrichtet wurdet. Alle diese Dinge sind eurer herkömmlichen Denkweise so fremd, daß ihr noch nicht in der Lage seid, sie zu erkennen.

Meine Aufgabe war es, euch zu begünstigen. Euch diese Begünstigung sichtbar zu machen, ist die Aufgabe anderer.

So ist dies eure Tragödie: während ihr darauf gewartet habt, daß ich euch Wunder vorführe und wahrnehmbare Veränderungen in euch herbeiführe, habt ihr Wunder erfunden, die ich nie vollbracht habe, und eine Loyalität entwickelt, die völlig wertlos ist. Und ihr habt euch „Wandel", „Hilfe" und „Unterricht" eingebildet, die nie stattgefunden haben. Der „Wandel", die „Hilfe" und der „Unterricht" sind dennoch da. Nun findet heraus, was sie wirklich bedeuten.

Wenn ihr weiter in dem Denken und Handeln fortfahrt, was euch zu denken und zu tun aufgetragen habe, dann arbeitet ihr mit den Materialien von gestern, die ihren Nutzen schon überlebt haben.

Mirsa Abdul-Hadi Khan von Buchara

Baraka*

Ihr, die ihr von Baraka sprecht, seid vielleicht sogar die Feinde von Baraka. Und daß ein Mann oder eine Frau der Feind dessen ist, was er lieben möchte, gehört zum Menschsein – jedoch nur zu einer bestimmten Art von Menschen.

Im allgemeinen Sprachgebrauch ist Baraka etwas, was den Menschen durch göttliches Wirken in Sicherheit bringt. Das ist wahr; „sicher" jedoch nur zu einem bestimmten Zweck. Im normalen Sprachgebrauch wiederum verwenden die Menschen das Wort Baraka, um dadurch etwas zu erlangen. Das ist die pure Gier. Die Abergläubischen erflehen die Baraka vom Grab eines Heiligen. Sie existiert dort auch, aber sie erhalten dort keine Baraka, solange nicht die korrekte Absicht vorhanden ist.

Baraka haftet Dingen wie auch Menschen an, aber sie überträgt sich nur an diejenigen, die ihrer würdig sind. In der Praxis existiert Baraka überhaupt nicht.

Wenn keine echte Baraka da ist, ist der Durst der Menschen nach ihr so groß, daß seine Emotionalität seinen Hoffnungen und seinen Ängsten die Eigenschaft von Baraka zuschreiben wird. So wird er etwa Stolz, Traurigkeit und starke Gefühle empfinden und ihnen den Namen Baraka geben. Ein Gefühl tendiert besonders dazu, fälschlich als Baraka bezeichnet zu werden: Das Gefühl, das von etwas Sicherem, Vertrautem und Erregendem ausgeht.

Aber nur die Sufis besitzen wahre Baraka. Sie bilden den Kanal für sie, so wie die Rose der Kanal für ihren Duft ist. Sie können dir Baraka übertragen, jedoch nur dann, wenn du ihnen treu bist, was bedeutet, daß du dem treu bist, was sie repräsentieren.

Wenn du nach Baraka strebst, mein Freund, dann suche den Sufi. Erscheint er dir brutal, dann ist er geradeheraus und aufrichtig, und darin besteht seine göttliche Baraka. Gibst du dich mit Einbildung zufrieden, dann wirst du Gemeinschaft mit denen pflegen, die dir nur Selbstvertrauen verschaffen und dich aus deiner Niedergeschlagenheit heben. Nimm dir das, wenn es das ist, was du brauchst. Aber nenn' es nicht Baraka. Um Baraka zu erlangen, mußt du vorbehaltlos geben, was du hast, bevor du empfangen kannst. Empfangen bevor du gibst ist Illusion und sündhaftes Denken. Wenn du schon gegeben hast, gib' noch einmal – und in diesem Geist.

Scheich Shamsudin Siwasi

---

* Im Deutschen oft mit „Segen" und „besondere Eigenschaft" wiedergegeben.

Wissen

Wissen wird im allgemeinen mit Information verwechselt. Weil die Menschen nach Information und Erfahrung streben, nicht nach Wissen, finden sie kein Wissen.

Wissen an jemanden zu übertragen, der dafür bereit ist, kann man nicht verhindern. Jemanden Wissen zu vermitteln, der dafür nicht bereit ist, ist unmöglich. Du kannst, wenn du es besitzt und wenn er dazu fähig ist, jemanden dazu ausrüsten, Wissen zu empfangen.

Sayed Nadschmuddin

Über das Eintreten in die Welt und das Verlassen der Welt

Oh Mensch, du trittst ein in die Welt, weinend, wie ein verlassener Säugling.

Oh Mensch, du verläßt dieses Leben beraubt, weinend wiederum, voll Trauer.

Lebe deshalb dieses Leben so, daß nichts davon wirklich verschwendet ist.

Du mußt dich an dieses Leben gewöhnen, da du nicht daran gewöhnt warst.

Nachdem du dich daran gewöhnt hast, mußt du dich daran gewöhnen, ohne es auszukommen.

Meditiere über diese Behauptung.

Stirb deshalb, „bevor du stirbst", um mit den Worten des Geläuterten zu sprechen. Vollende den Kreis, bevor er für dich vollendet wird.

Bis du es tust, solange du es nicht getan hast – erwarte Bitterkeit am Ende, wie sie am Anfang herrschte; in der Mitte, wie sie am Ende herrschen wird.

Du konntest das Muster nicht erkennen, als du eintratest; und als du eintratest – sahst du ein anderes Muster.

Als du dieses scheinbare Muster sahst, wurdest du davon abgehalten, die Fäden des kommenden Musters zu sehen.

Solange du nicht beide erkennst, wirst du unzufrieden bleiben.

Wem gibst du die Schuld? Und *warum* beschuldigst du?

Hashim der Sidqi, über Rumi

Mit Berühmtheiten studieren

Die Menschen neigen zu dem Wunsch, bei berühmten Lehrern zu lernen. Gleichwohl gibt es zu allen Zeiten Menschen, denen die Öffentlichkeit keinen hohen Rang zuweist und die genauso wirksam lehren.
Ghasali

Ein Lehrer mit kleiner Gefolgschaft, oder scheinbar ohne jede Gefolgschaft, kann der richtige Mann für dich sein. In der Natur schwärmen die Ameisen nicht aus, um in der Hoffnung auf Gewinn Elefanten zu besuchen. Ein berühmter Meister ist möglicherweise nur für fortgeschrittene Gelehrte von Nutzen.
Badakshani

Wenn dich ein Lehrer von hohem Ruf anweist, unter jemandem zu studieren, der scheinbar in keiner Weise herausragt, dann weiß er, was du brauchst. Von einem Rat wie diesem fühlen sich viele Schüler gekränkt; tatsächlich ist er nur zu ihrem Vorteil.
Abdurachman von Bengalen

Ich habe gelernt, was ich gelernt habe, erst nachdem mich mein Lehrer von der Gewohnheit befreit hat, mich an das anzuhängen, was ich als Lehrer oder Lehre betrachtet habe. Manchmal durfte ich über lange Zeiträume hinweg überhaupt nichts tun. Manchmal mußte ich Dinge studieren, die in meinem Denken, so sehr ich es auch versuchte, keinerlei Verbindung zu höheren Absichten aufwiesen.
Sikiria ibn El-Jusufi

Wer sich von Äußerlichkeiten anziehen läßt, wer nach den äußeren Kennzeichen der Meister sucht, wer sich bei seinen Studien auf Gefühle verläßt, wer jedes Buch liest, das ihm gerade ins Auge fällt – der ist ein Teichläufer der Tradition; solche Menschen sausen auf der Oberfläche hin und her. Weil sie Worte wie „tiefgründig" und „bedeutsam" verwenden, glauben sie fälschlicherweise, daß sie diese Erfahrungen kennen. Das ist der Grund dafür, warum wir in der Praxis sagen, daß sie nichts wissen.
Talib Shamsi Ardabili

Sorge dafür, daß du Magenbeschwerden nicht mit etwas anderem verwechselst. Du besuchst vielleicht einen berühmten Menschen oder liest sein Buch und du fühlst dich dabei angezogen oder feindselig gestimmt. Sehr oft ist das nur eine Magenverstimmung des Studenten.
Mustafa Qalibi von Antiocha

Sollte ich noch einmal von neuem den Pfad beschreiten, dann würde meine Bitte lauten: „Lehre mich, wie ich lernen kann und was ich studieren soll." Und sogar noch davor: „Laß mich wahrhaft wünschen, zu lernen wie man lernt, als echte Absicht, und nicht nur in Selbstverstellung."
Khwaja Ali Ramitani,
gesprochen zu einer Delegation aus dem Jemen

„Unterschiede" in der Sufi-Lehre

Wenn ein Sufi-Unternehmen entsteht, werden es viele Menschen nicht erkennen können. Das sind die Sufi-Formalisten, die Techniken kopieren und das für den *Weg* selber halten. Da die Form der Zeit angepaßt ist, wie ein alter Mantel, werden alle jene, die nur den alten Formen nacheifern, unfähig sein, die Formen des gegenwärtigen Zeitpunkts, in dem sie leben, zu erkennen.

So wurde beispielsweise Halladsch von einigen Menschen gesteinigt, die sich selbst für Sufis hielten, bevor sie seine Bedeutung erkannten. So kam es auch, daß einige sagten, als der Sufi-Weg erstmals in Moscheen gepredigt wurde: „Das ist Ketzerei"; andere wiederum: „Das ist ein nicht für die Öffentlichkeit bestimmtes Geheimnis". Erstere waren engstirnige Kleriker, die anderen engstirnige Konformisten mit den Äußerlichkeiten der Sufi-Tradition.

Sufi-Schulen sind wie Wellen, die sich an Felsen brechen: aus dem gleichen Meer, in verschiedenartiger Gestalt, mit dem gleichen Ziel.
Achmed El-Badawi

Wonach strebst du – nach äußerem Schein oder nach der Wirklichkeit?

Uwais El-Qarni stand allein in der Wüste, auf einen Stab gestützt. Er begegnete dem Propheten in keiner körperlichen Gestalt; dennoch kannte er das Geheimnis der Gefährten. Und niemand bestreitet, daß er ein Sufi-Heiliger war: Möge Gott seine Mysterien heiligen!

Dhun-Nun der Ägypter sprach in Rätseln und lehrte mit Hilfe der ägyptischen Hieroglyphen. Niemand bestreitet, daß er unser Lehrer war.

El-Halladsch und Suhrawardi, ermordet von den staatlichen Autoritäten, weil sie zu jener Zeit unpopuläre Dinge sagten: beide waren unsere Lehrer.

Unser Meister Bahaudin von Buchara verwendete keine Worte bei seinen Gesprächen mit dem Herzen. Doch er sprach so wahr wie ein Mensch nur jemals gesprochen hat.

Achmed el-Rifai lud sich selbst und seinen Nachfolgern den Namen eines Scharlatan und Exhibitionisten auf. Im geheimen war er mit uns vereint.

Die Menschen hielten Dschaladudin und Faridudin Attar für bloße Poeten. Hafis sprach vom Wein, Ibn El-Arabi von der Frau, Ghasali schien zu behaupten, alles sei nur Allegorie.

Niemand bestreitet, daß sie eins sind. Alle mit unserem heiligen Werk befaßt.

Shabistari sprach von der Götzenverehrung; Maulana Chishti hörte Musik; Khaja Ansar war ein religiöser Führer. Omar Chaijám, Abi Chair und Rumi verleugneten religiöse Formen.

Aber unter den Menschen des *Weges* bestreitet keiner, daß sie alle eins waren.

Jussuf Qalandar durchstreifte das Angesicht der Erde.

Scheich Shattar verwandelte Menschen mit einem einzigen Blick.

Ali el-Hujwiri wurde als bloßer Aufklärer angesehen.

Alle wie einer mit unserem heiligen Werk befaßt.

Abdul-Qadir von Dschilan aus Persien, und Salman und Saadi; Abu-Bakr aus Arabien, und Nuri und Dschafari, Baba Farid und Ben-Adam, die Afghanen; Mulla Dschami aus Chorassan, Hadschi Bektash, der Türke, Nisamudin von Indien, Jussuf von Andalusien.

Alle wie einer mit unserer heiligen Pflicht befaßt.

Der oberflächliche Geist fragt, welches Verhalten der Sufis läßt auf Meisterschaft schließen? Welche Gestalt haben die Übungen, auf die wir stolz sein können? Welcher Pfad wird ein geeigneter Pfad für mich sein? Wo sind die Orte, in denen die Lehrer geboren werden? Welche Gewohnheiten und Gewißheiten führen den Menschen zur Wahrheit?

Laßt ab, ihr Narren! Bevor es zu spät ist – entscheidet euch: wollt ihr den äußeren Schein studieren oder die Wirklichkeit?

Nawab Jan Fishan Khan

Der Sufi-Pfad

Sufismus ist die Lehre wie auch die Bruderschaft der Sufis; sie sind Mystiker, die den Glauben teilen, daß innere Erfahrung nicht nur einen Bereich des Lebens darstellt, sondern das Leben selbst. Sufi bedeutet „Liebe".

Auf niedrigerer Ebene sind ihre Mitglieder in Zirkeln und Logen organisiert. In der höheren – Sakina (Ruhezustand) – Form sind sie untereinander mit der Baraka (Segen, Kraft, Heiligkeit) verbunden und ihre Interaktion mit dieser Kraft beeinflußt ihr Leben in jeder Weise.

Sufismus ist eine Lebensart, von der ihre Mitglieder glauben, sie sei das Wesen und die Realität aller religiösen und philosophischen Lehren. Sie führt zur Vervollkommnung von Mann und Frau mit Hilfe der Institution der Schülerschaft, der Meditation und der Praxis.

Letztere wird als „Realität leben" bezeichnet.

Den Sufis zufolge ist Weisheit und Vollendung scharf zu unterscheiden von Intellektualismus, Wissenschaft und dergleichen, die nur Werkzeuge sind. Der *Pfad* lehrt, in welchem Maße diese Werkzeuge eingesetzt werden können; und auch, wie Handeln und Schicksal miteinander verschmolzen werden können.

„Sufismus", sagt ein Lehrer „ist der Pfad, den Sufis im täglichen Leben und Arbeiten einschlagen in Übereinstimmung mit einer Form, die nicht wie andere Formen ist: er führt sie zu einer vollständigen Entwicklung ihrer mentalen, physischen und metaphysischen Kräfte. Zu Anfang werden sie in Gruppen unter der Leitung eines Führers (Lehrer) organisiert, solange bis die ständig sich selbst erneuernde Verbindung hergestellt ist. Diese Vereinigung wird Bruderschaft, Orden, der *Weg* oder der *Pfad* genannt. Sie kann auch das ‚Gebäude' genannt werden, in Analogie dazu, daß die Gemeinschaft der Mitglieder etwas baut. Der Lehrer wird Meister, Scheich, Weiser, Wissender, Führer, Anführer, Ältester oder Vorsteher genannt. Der Schüler heißt Angeleiteter, Verehrer, Liebhaber oder Bittsteller. Die Loge wird Kloster, Tempel, Einsiedelei etc. genannt. Sie kann eine physische Form besitzen oder auch nicht." Zusätzlich zu der Tatsache, daß die Sufi-Tradition ein eng mit dem Alltagsleben vermengtes metaphysisches System darstellt, behauptet der Sufismus, daß ihre Mitglieder in den von ihnen erwählten Berufen herausragen.

Der Sufismus wird nicht mit Hilfe langweiliger „A bis Z"-Lehrbuchmethoden und Lehren vermittelt, sondern durch das Zusammenspiel des Geistes des Lehrers und der Belehrten. Wenn diese Beziehung solide genug hergestellt ist, dann macht der Sufi auf eigene Faust weiter und wird zum „Vollkommenen Menschen". *Insan-i-Kamil*

Der Sufismus wird nicht gepredigt, manchmal wird er sogar durch Vorbild und Führung gelehrt, die den normalen Geisteskräften des Lernenden unbekannt sind. *Salim Abdurachman*

Der Sufi

Er kann wie Chidr, der Grüne, sein, der in verschiedenen Tarnungen und mit dir unbekannten Hilfsmitteln die Erde bereist. Wenn es seine „Stufe" ist, begegnet er dir an einem Tag als Schafhirt, am anderen nimmt er bei einem König einen Schluck aus einer goldenen Schale. Wenn er dein Lehrer ist, dann läßt er dich von seinem Leuchten profitieren, ob du es zu diesem Zeitpunkt weißt oder nicht.

Wenn du ihm begegnest, wird er auf dich einwirken, ob du es weißt oder nicht.

Was er sagt und tut, mag dir widersprüchlich oder gar unverständlich erscheinen. Aber es hat seinen Sinn. Er lebt nicht vollständig in deiner Welt.

Seine Intuition ist die der Rechtgeleiteten, und zu allen Zeiten arbeitet er im Einklang mit dem Rechten Weg.

Er mag dir Unbehagen verursachen. Das ist beabsichtigt und notwendig. Er mag Gutes mit Bösem vergelten, oder Böses mit Gutem. Was er aber wirklich tut, ist nur den wenigen bekannt.

Du hörst vielleicht, daß ihn einige Menschen angreifen. Du wirst entdecken, daß nur wenige Menschen dies wirklich tun.

Er ist bescheiden und erlaubt dir, was du entdecken mußt, langsam zu entdecken.

Wenn du ihm zum ersten Mal begegnest, scheint er ganz anders zu sein als du. Er ist es nicht. Er scheint dir sehr ähnlich zu sein. Er ist es nicht.

Salik

Die Märtyrer

Mansur El-Halladsch wurde lebendig in Stücke gerissen, er ist der größte Sufi-Märtyrer. Aber kennst du den Namen dessen, der ihn hinschlachtete? Suhrawardi wurde von Gesetz wegen ermordet, aber wie hieß sein Henker? Ghasalis Bücher wurden den Flammen überantwortet, aber durch wessen Hände? Niemand erinnert sich an die Namen dieser Menschen, denn die Sufis weigern sich, die Namen der Niederträchtigen zu wiederholen. Jeder aber kennt die Namen von Ghasali, von Mansur und Suhrawardi.

Aber betrachtet es einmal von der anderen Seite. Wir erinnern uns an die Namen unserer großen Lehrer und wir ehren sie. Aber erinnern wir uns auch an das, was sie lehrten? Wie viele Menschen, keine Sufis, die die bloße Erwähnung dieser drei dafür ehren, daß sie für ihre Arbeit den höchsten Preis bezahlt haben, wie viele dieser Menschen machen sich die Mühe zu fragen, was diese Männer denn so Wichtiges getan haben?

Vielleicht kennen wir die Namen der Ungläubigen nicht, aber ihre Nachfolger haben sich an uns gerächt; weil sie Halladsch mit einem Achselzucken abgetan haben, weil sie ihren Gegner Ghasali in ihre eigenen Reihen übernommen haben, und weil sie so tun, als sei Suhrawardi nur besessen gewesen. Sie haben sich an der Menschheit gerächt, indem sie sie vergessen haben. Sollen wir sie ein für allemal siegen lassen?

Wer unter uns wird dem Pfad folgen und dadurch den Schul-Wissenschaftlern und den Klerikern ins Gesicht sagen: „Genug davon, Bruder, Ghasali, Suhrawardi und Mansur leben noch!"? *Itibari*

Lehren der Sufis

Viele Menschen üben Tugenden oder pflegen Umgang mit klugen und berühmten Menschen im Glauben, dies wäre schon das Streben nach Selbstvervollkommnung. Sie machen sich etwas vor. Im Namen der Religion sind einige der schlimmsten Barbareien begangen worden. Einige seiner schlimmsten Taten beging der Mensch bei dem Versuch, Gutes zu tun.

Der Fehler liegt in der absurden Annahme, daß das bloße Verbundensein mit etwas Wertvollem dem nicht verwandelten Individuum einen entsprechenden Gewinn bringt.

Dazu ist viel mehr nötig. Der Mensch muß nicht nur im Kontakt zum Guten verharren: Er muß im Kontakt zu einer Form des Guten stehen, die seine Funktion verwandeln und ihn gut machen kann. Ein Esel, dessen Stall eine Bücherei ist, lernt dadurch nicht lesen und schreiben. Dieses Argument macht einen der Unterschiede deutlich zwischen der Sufi-Lehre und dem Versuch einer Praxis der Ethik und Selbstvervollkommnung bei anderen Unternehmungen.

Dieser Punkt wird vom Leser oder vom Studenten im allgemeinen vernachlässigt. Talib Kamal sagt: „Der Faden wird nicht schon deshalb geadelt, weil er durch die Edelsteine führt." Und: „Meine Tugenden haben mich nicht besser gemacht, genauso wenig wie eine Wüstenei durch die Gegenwart eines Schatzes fruchtbar wird."

Ein Schatz ist ein Schatz. Aber wenn er dazu dienen soll, eine Ruine zu neuem Leben zu erwecken, muß er auf eine ganz bestimmte Weise genutzt werden. Moralisieren kann einen Teil dieses Prozesses bilden. Die Mittel, einen Menschen zu verwandeln, sind aber dann immer noch nötig. Diese Mittel sind es, die das Sufi-Geheimnis bilden.

Andere Schulen befinden sich sehr oft nicht in der Lage, über die erste Stufe hinausblicken zu können; sie haben sich durch die Entdeckung von Ethik und Tugend berauschen lassen und schließen deshalb daraus, daß es Allheilmittel sein müssen. *Abdal Ali Haidar*

Was für ein seltsam Ding ist doch der Mensch

Stellen Sie sich für einen Augenblick vor, Sie seien ein Wesen, grundsätzlich anders als die menschlichen Wesen. Vom Menschen unbemerkt betreten Sie eine seiner Behausungen. Wie würden Sie sich als Beobachter Ursachen und Absichten seines Tuns erklären? Stellen Sie sich vor, Sie hätten keinerlei Erfahrungen mit der Menschheit. Der Mensch, den Sie beobachten, legt sich nieder und schläft. Sie kennen keinen Schlaf, weil Sie nicht seine Natur besitzen. Wie könnten Sie begreifen, was er getan hat und warum? Sie wären genötigt, zu sagen: „Er ist tot"; oder vielleicht: „Er ist verrückt geworden"; oder wiederum: „Das ist eine religiöse Glaubensregel." Sie wären gezwungen, die Handlungen dieses Menschen dem naheliegendsten Handeln Ihrer eigenen Welt zuzuordnen, weil Ihnen das Material fehlt, worauf Sie das Geschehen beziehen könnten.

Während wir diesen Mann immer noch beobachten, bemerken wir, daß er aufwacht. Was ist geschehen? Wir könnten denken: „Er ist auf wundersame Weise zum Leben erwacht", oder ähnliches. Er geht zum Waschbecken und wäscht sich. Wir sagen: „Wie seltsam!"

Jetzt kocht er etwas in einem Topf und Schweiß bildet sich auf seiner Stirne. „Ein religiöser Brauch... oder vielleicht ist er der Sklave dieses seltsam hüpfenden, leuchtendes Etwas, Feuer genannt, und er muß ihm auf diese Weise dienen..."

Kurz, alles was er tut, erscheint verrückt, unvollständig und durch Ursachen motiviert, die in unserer Einbildung entstehen – wenn wir jener Besucher sind, der bei der Beurteilung menschlicher Aktivität seinen eigenen oder gar keinen Maßstab verwendet.

So verhält es sich auch mit dem Derwisch. Er lacht und er weint. Er ist freundlich, er ist grausam. Er bereut, spricht von Wein, meidet die Menschen und geht sie dann besuchen. Er dient dem Menschen und sagt, er diene Gott. Sie sprechen von Gott und er protestiert und sagt, sie würden nichts wissen. Was soll man von einem solchen Menschen halten?

Er ist ein Mensch aus einer anderen Welt. Sie schreiben sein Handeln jener Art von Handeln zu, die Ihnen vertraut ist; sein Wissen jener Sache, die Sie Wissen nennen; seine Gefühle vergleichen Sie mit dem, was Sie dafür halten. Sein Ursprung, sein *Pfad,* sein Schicksal: Sie betrachten es von nur einem Standpunkt aus.

Was für ein seltsam Ding ist doch der Mensch!

Aber es gibt einen Weg, ihn zu verstehen. Verzichten Sie auf alle vorgefaßten Meinungen darüber, was unser Derwisch sein könnte. Folgen Sie seinen Erklärungen oder seinen Symbolen des Sufi-Pfades. Seien Sie demütig, denn Sie sind ein Lernender von nierigerem Rang als alle Lernenden; denn sie müssen die Dinge erkennen, die allein es

Ihnen ermöglichen zu lernen. Nein, den Pfad der Qalandari kann ich Sie nicht lehren. Aber ich habe Sie gewarnt. Gehen Sie und suchen Sie den Sufi auf, und erbitten Sie zuallererst Vergebung für Ihre Unachtsamkeit, denn Sie haben schon zu lange geschlafen.

Predigt von Qalandar Puri

Versammlungen

Imam Ghasali hat in seiner *Wiederbelebung der Wissenschaften von der Religion* verzeichnet, daß nur wenige der Meister Baghdads, obwohl es Dutzende von ihnen gab, eine große Zuhörerschaft hatten. Unter diesen großen Meistern jedoch finden sich einige, deren Lehren die tiefgehendste Wirkung erzielten.

Darüberhinaus lehren viele Eingeweihte, ohne bekannt zu werden, und viele weithin Bekannte, deren Schüler unbekannt sind und bleiben.

Versammlungen neigen, wie ein Meister korrekt vermerkte, immer zu dem, was wir die Bildung eines Stammes nennen. Der Mensch liebt es, sich zu versammeln. Versammlungen zu fördern ist gefährlich, solange nicht das Wissen klar und deutlich zutage tritt, wie man bloßes Sich-Versammeln auf Kosten der Bildung einer korrekten Versammlung von Menschen, in denen sich der Geist bewegen kann, verhindern kann.

Abd-El-Madjid Tanti

Imitationen und Aufrichtigkeit

Von Zeit zu Zeit bilden Quacksalber, Scharlatane, Heuchler und Illusionisten die Mehrheit derjenigen, die in dem Ruf stehen, spirituelle Lehrer zu sein. Weil diese Heuchler so weit verbreitet und zahlreich sind, beurteilen die Menschen jeden Weisen danach, ob er sich wie sie verhält.

Sie haben das falsche Prinzip übernommen. Sie betrachten hunderte von Austern und sie können daraus lernen, eine Auster zu erkennen, wenn ihnen wieder einmal eine begegnet. Sie können mit Hilfe dieser Methode nicht erkennen, welche Auster eine Perle enthält.

Das geringe Niveau des menschlichen Denkens ist in Wirklichkeit der Komplize des falschen Sufi.

„Wie soll ich einen echten Sufi erkennen?" fragen sie.

Ich sage: „Werde aufrichtig, denn gleich und gleich gesellt sich gern. Wären Sie wirklich aufrichtig, würden Sie nicht diese Frage stellen müssen. Weil Sie unehrlich sind, verdienen Sie nicht mehr als das, was Sie bekommen."

Haidar-i-Sirdan

Mensch und Lehrer

Ein Baumeister erhielt von einem gütigen Menschen den Auftrag, ein Haus zu konstruieren und auszubauen, um es dann den Bedürftigen zur Verfügung zu stellen.

Der Baumeister begann mit der Arbeit; aber bald sah er sich von Menschen umringt. Einige von ihnen wollten lernen, wie man Häuser baut. Nur wenige jedoch besaßen die nötigen Fähigkeiten. Einige der Leute machten dem Baumeister Vorhaltungen und sagten: „Du wählst nur die aus, die Du magst!" Andere schmähten ihn und sagten: „Du baust diese Haus für Dich selbst."

Der Architekt sprach zu ihnen: „Ich kann nicht jedem etwas beibringen. Und dieses Haus baue ich für bedürftige Menschen."

Sie antworteten: „Du hast Deine Entschuldigung erst nach der Anklage vorgebracht, und das nur, um eine Antwort zu haben."

Er sagte: „Aber was ist, wenn es die Wahrheit ist? Kann man es dann immer noch Lüge nennen?"

Sie sagten zu ihm: „Das ist reine Wortklauberei. Wir hören da nicht zu."

Der Baumeister fuhr mit seiner Arbeit fort. Einige seiner Helfer begannen so sehr an dem Haus zu hängen, daß er sie zu ihrem eigenen Besten fortschicken mußte. Seine Gegner riefen:

„Jetzt zeigt er Flagge. Schaut, was er seinen einzigen echten Freunden antut: Er wirft sie hinaus!"

Einer der Freunde des Baumeisters erklärte: „Er hatte einen guten Grund dafür. Es war zu ihrem eigenen Wohl."

„Warum spricht er dann nicht für sich selbst und erklärt uns das alles ganz genau?" riefen sie.

Der Baumeister opferte Zeit, die er für den Hausbau gebraucht hätte, ging selbst zu ihnen und sagte: „Ich bin hier, um Euch zu sagen, was ich getan habe und warum."

Sofort riefen sie: „Seht ihr, er hat gemerkt, daß uns sein gekaufter Handlanger nicht überzeugen kann, jetzt kommt er persönlich, um uns zu täuschen! Hört gar nicht auf ihn!"

Der Baumeister ging zurück zu seiner Arbeit, während ihm die anderen nachriefen: „Seht ihr, jetzt schleicht er sich davon... er kann uns nicht verwirren, wir sind klardenkende Menschen."

Einer der Leute dachte ein wenig fairer als die anderen und sagte zu ihnen: „Könnten wir in dieser Angelegenheit nicht zu einer Übereinkunft kommen? Vielleicht versucht der Architekt wirklich, etwas Gutes zu tun. Andererseits, wenn nicht, könnten wir vielleicht auf der Basis von Tatsachen, nicht von Meinung, zu einer Entscheidung kommen."

Einige der Leute stimmten zu, obwohl die Mehrheit dagegen war.

Diese Mehrheit teilte sich in diejenigen, die glaubten, der gerecht eingestellte Mann sei vom Baumeister bezahlt, und in die andere Hälfte, die ihn für nicht sehr intelligent hielt.

Die wenigen traten nun zum Baumeister und sagten: „Zeige uns doch den Auftrag deines mildtätigen Arbeitgebers, damit wir überzeugt werden können."

Aber als ihnen der Auftrag vorgelegt wurde, stellte sich heraus, daß keiner von ihnen lesen konnte.

„Holt jemanden, der lesen kann, und ich wäre entzückt darüber, daß wir das alles endlich zum guten Ende bringen können", sagte der Baumeister.

Einige dieser wenigen gingen voll Empörung fort und sagten: „Wir haben um einen Beweis gebeten und alles was er tut, ist von Lesen und Schreiben zu murmeln..."

Andere machten sich auf die Suche und kehrten mit schlauen und gewieften Analphabeten zurück, die so taten, als ob sie lesen könnten.

Sie alle glaubten, daß kein Mensch der Welt lesen könne, und forderten große Summen Geldes vom Baumeister als Preis dafür, daß sie seine Vollmacht bestätigen. Er weigerte sich, sich mit ihnen zu verschwören.

Man muß wissen – des Lesens und Schreibens kundige Menschen sind in diesem Land sehr selten. Sie besitzen nicht das Vertrauen der Bevölkerung oder haben andere Dinge zu tun.

So ist es faktisch. Die Menschen interpretieren die Situation ganz nach ihrem Gutdünken. *Mudir Ali Sabri*

Gehorsam

Wenn Sie nicht gehorsam sein können, können Sie nichts lernen. Gehorsam ist ein Bestandteil von Aufmerksamkeit.

Sie müssen ihrem Lehrer gehorchen. Durch die Ausübung dieses Gehorsams werden Sie lernen können, wie unaufrichtig Ihr Denken ist.

Zu lamentieren und angeblich den Ungehorsam bereuen mag man als ein löbliches Unterfangen betrachten. Löblich ist es jedoch nur für die Unwürdigen: für jene, die sich kein höheres Ziel stecken können. Wenn sie eine Verabredung haben und Sie kommen zu früh zu Ihrem Lehrer, dann sind Sie gierig. Wenn Sie zu spät kommen, sind Sie ungehorsam.

Wenn ihr Lehrer andeutet, daß Sie für eine bestimmte Zeitspanne nicht studieren sollen oder wenn er Sie gar zu vernachlässigen scheint, dann geschieht das aus einem bestimmten Grund. Dies ist oft geschehen, wenn das Studium bei einer Person zur Obsession geworden ist.

Der Versuch, ihn zu einem anderen Verhalten Ihnen gegenüber zu bewegen, ist ein Akt des Ungehorsams.
Sholavi berichtet:
Meinen Meister habe ich zum ersten Mal mit sechzehn Jahren kennengelernt. Er stimmte zu, mich zu lehren und gab mir drei Aufgaben. Ich begegnete ihm nicht wieder, noch hörte ich von ihm, bis ich 42 Jahre alt geworden war. Bei dieser Gelegenheit waren seine ersten Worte: „Du kannst jetzt mit deiner Arbeit beginnen."

Umm El-Hassan

Wachstum, Verfall und Erneuerung

Die wahre Lehre beginnt mit den Hütern, mit den Herren der Erkenntnis und des Verstehens. Sie beginnt nicht mit Liebe, Anstrengung oder Aktion, weil wahre Liebe, Anstrengung und Aktion erst durch wahre Erkenntnis ermöglicht werden.

Aber wenn eine zu große Zahl auch nur in geringem Maße begehrliche Menschen in einer Gemeinschaft auftauchen oder in ihr verweilen, verwandeln sie Methoden in Glaubenssysteme, und *glauben*, was sie praktizieren sollten.

Zwei Zustände gibt es, die zum Untergang einer Gruppe führen können. Im ersten existiert ein zu hohes Maß an Unaufrichtigkeit bei den Verantwortlichen. Im anderen sorgt ein wenig Unaufrichtigkeit, verteilt auf alle Mitglieder, dafür, daß das Äquivalent für einen oder mehrere völlig unaufrichtige Mitglieder entsteht.

Der Faktor Unaufrichtigkeit bremst das Vorankommen der Verantwortlichen und der anderen gleichermaßen. Nur forschende Selbstprüfung kann ihnen dies enthüllen. Ohne diesen Mangel würden sie und die Gemeinschaft ans Ziel gelangen. Natürlich ist es wohlbekannt, daß je höher der Grad an Eigendünkel ist, sein Opfer desto weniger imstande ist, ihn aufzudecken, oder auch nur zu betrachten.

Um zum Verhalten der infizierten Gruppe zurückzukehren:
Diese Individuen und ihre Anhänger wählen Formen des Denkens und Handelns für sich, die den größten Teil der Hoffnung auf menschliche Erfüllung ersticken. Sie mögen versuchen, eine dauerhafte Organisation mit dem Ziel der Erleuchtung zu bilden. Wahrscheinlich werden sie jedermann den gleichen Übungen und Regeln unterwerfen. Sie vergessen die ursprüngliche Absicht und verwandeln Praktiken und Geschichten, die eigentlich die Funktion haben, etwas zu veranschaulichen, in eine Form historischer Materialien, die sie zu lehren versuchen. Wenn sie Literatur und zeitgenössische Memoiren von Lehrern („Meistern") besitzen, werden sie verwendet, um den Glauben an ihre eigene Rechtmäßigkeit und die Korrektheit ihrer Prozeduren zu stützen. Häufig benutzen sie eine einzige Methode der

Interpretation von Literatur und Tradition, wobei sie die Menschen dressieren und ihnen die Erleuchtung unmöglich machen. Das *Zentrum* ist in dieser Phase effektiv verschwunden. Die Arbeit ist stattdessen zu einer Art Königreich geworden, das auf das Bewahren ausgerichtet ist, ohne daß jemand mehr weiß, was es bewahren soll. Die Anführer und ihre Anhänger kleben starr an seinem Rumpf und machen es zu einem Ort der Nachahmung, der geringwertige oder irrelevante äußere Formen konserviert. Im allgemeinen frönen sie dabei, natürlich verdeckt, roher Emotionalität.

Gleichzeitig kommt es zu einer überstarken Verehrung für Menschen, Gruppen und Legenden, sowie zu einer feindlichen Gesinnung gegenüber anderen, und manchmal zu Ungeduld. Was ursprünglich eine Einheit bildete, splittert sich nun auf in Gruppen mit im allgemeinen nutzlosen, gegensätzlichen Interpretationen und Betonungen, und ungenauen Glaubensregeln. An diesem Punkt ist fast jede Realität und jede Chance, diese Realität zu erreichen, verschwunden.

Die Gemeinschaft ist effektiv überfallen und eingenommen worden, ohne daß diese Entwicklung von ihren Mitgliedern registriert worden wäre. Die kontinuierliche Verwendung von Worten, äußerlichen Aspekten, biographischen Reminiszenzen und anderen Facetten des ursprünglichen Wissens durch diese „lahme" Gemeinschaft kann diese Wahrheit total decken. Sicher ist nur, daß ihre Mitglieder anhand dieser Symbole glauben, sich weiterhin auf dem richtigen Weg zu befinden.

Ihre einzige Hoffnung auf Rettung besteht in der Übung einer konzentrierten Anstrengung zur Entwicklung von Aufrichtigkeit.

Dieser anatomische Prozeß ist einer der Gründe dafür, warum die *Hüter* von Zeit zu Zeit auftauchen und den Besitzern von Ohren die Erneuerung der Hohen Tradition mit Hilfe angemessener Arbeit ankündigen müssen. Den Verirrten werden solche Worte zu diesem Zeitpunkt natürlich fremd oder feindselig klingen, wie die Sprache der Vernunft in den Ohren von Geisteskranken: absurd.

Eine Konsequenz dieser Lage wird darin bestehen, daß die Hüter unabsichtlich verschiedentlich sowohl überenthusiastische Unterstützung, als auch Opposition in unterschiedlichen Teilen ihrer Zuhörerschaft auf sich ziehen. Beide Reaktionen, wenn auch erwartet, sind keine besonders vielversprechenden Zeichen und gleichermaßen störend wie Apathie.

In gemeinsamer Arbeit müssen beide Parteien diese Tendenzen überwinden, wenn die Wiederbelebung der Lehre Erfolg haben soll. Dies ist die Geschichte eines jeden Zeitalters auf dieser Erde. Die einzige echte Variable bildet hier die Zeitspanne, in der sich dieses Verhalten zeigt.

Wer nur ein geringes Wissen besitzt und glaubt, daß er mehr weiß, als die Menschen des Alltags, ist nicht weniger offen gegenüber Lehre und Vernunft als die Menschen, die keinerlei Informationen über die Tradition besitzen. Diese Ironie stellt eine weitere Komplikation dar.

Und dennoch sind sie fähiger, auf dem *Weg* Fortschritte zu machen, wenn sich erst die äußere Schale des Alterns aufgeweicht hat.

Manchmal bewahren sie ein Potential, dessen Anwesenheit uns die Chance läßt, eine Rettung anzubieten. An der Förderung und Unterstützung dieser Pflicht, gegründet auf unser Wissen von der Tradition, der Lehre und der Zustände der Parteien (Gruppen), liegt es, daß wir Fähigkeit, Aktion, Liebe und Anstrengung üben können.

Wenn die Schale der Menschen und Gruppierungen zu sehr verhärtet ist, werden solche Individuen und Gemeinschaften wie steinharte Nüsse bleiben, die ein reißender Fluß achtlos mit sich fortschwemmt.

Das Wasser des Mitleids und des Verständnisses wird sie nicht genügend aufweichen können, um sie zu einem Sämling sprießen zu lassen, bevor sie einen Damm erreichen, wo sie sich alle aufhäufen, verlassen und zu ihrem Unglück ohne jedes Verstehen.

Nawab Mohammed Ali Shah, Nishan-i-Ghaib

Lesen in der Sufi-Philosophie

Alles und jedes zu lesen ist für den Sufismus so, wie wenn jemand Bücher aller Art zu den verschiedensten Themen lesen würde, ohne dazu überhaupt die Voraussetzungen zu besitzen. So etwas ist katastrophal und kann wie bei einer willkürlichen medizinischen Behandlung einen Menschen noch mehr verderben als er es zu Beginn schon war.

Sufi-Schriften richten sich daher immer an eine spezielle Leserschaft. Diese Leserschaft ist in Buchara anders als in Basra, in Spanien anders als in Afrika.

Dennoch kann man den Wert einer von einem Sufi speziell ausgewählten Sammlung von Sufi-Lesestoff nicht hoch genug einschätzen. Der Nutzen umfaßt:
- Die Auswahl von Passagen, die einer bestimmten Gemeinschaft helfen, ihren Weg zu finden.
- Die Vorbereitung des Schülers auf die Erleuchtung, die vom Meister persönlich übertragen wird, wenn die Zeit dazu reif ist.
- Ein Korrektiv gegen die Monotonie der alltäglichen ständigen Wiederholung von Doktrin und Praxis, die uns unwissentlich abstumpft.
- Ein Korrektiv gegen die ständige Reizüberflutung, die unser tägliches Los darstellt und die uns manipuliert, ohne daß wir es merken. Lest deshalb, was für euch vorbereitet wurde, damit ihr den Segen ewiger Glückseligkeit empfangen mögt.

Hadrat Bahaudin Nasqshband

Neunter Teil

DIE SUFI-TRADITION IN FRAGE UND ANTWORT

1. Sufismus und Islam (Mohammed Ali El-Misri)

2. Tiefe Erkenntnis (Rais Tschaqmaqsadeh)

*Antworten auf Fragen,
die Sufis aus Kairo und Buchara vorgelegt wurden*

I
Sufismus und Islam

Frage 1: Welches sind die Grundlagen des Sufismus?
Antwort: Die wichtigste Grundlage des Sufismus ist der Glaube. Der islamische Glaube (Iman) hat sechs Säulen. Das sind: Gott existiert. Es gibt Engel. Es gibt Propheten. Es gibt einen Tag der Wiederherstellung. Es gibt das Schicksal.

Frage 2: Wie soll man diese Dinge verstehen, da keines davon von den meisten Menschen einer normalen Überprüfung unterzogen werden kann?
Antwort: Sie werden im Geist verzeichnet und im „Herz" erfahren.

Frage 3: Worin besteht die Vollendung des Sufismus?
Antwort: In der Wahrnehmung der genannten Feststellungen im „Herzen".

Frage 4: Worin besteht der Unterschied zwischen den Verwandelten und den anderen Menschen?
Antwort: Das Verständnis der Verwandelten ist etwas anderes als das, was die gewöhnlichen Menschen Erkenntnis nennen.

Frage 5: Was verstehen Sie unter dem Wissen der gewöhnlichen Menschen?
Antwort: Es ist nachahmend; es wird erlernt mit Hilfe einer Ausbildung durch den Lehrer; es wird für real gehalten, obwohl es das nicht ist.

Frage 6: Wie entwickelt man den echten Glauben?
Antwort: Dadurch, daß man mit Hilfe bestimmter Übungen auf dem *Pfad* anlangt, der nur einer von 72 möglichen, dem Menschen offenstehenden Pfaden ist. Es ist möglich, zum wirklichen *Pfad* aufzusteigen, aber wenn man vorher einem imitativen folgte, ist es schwer.

Frage 7: Welchen äußerlichen religiösen Formen folgen die Verwandelten?

Antwort: Die Mehrheit folgt den Regeln des Islam und der Menschen der Tradition, sowie des Direktoriums für das Ritual, das von Scheich Mataridi von Samarkand eingerichtet worden ist. Diejenigen, die den Übungen des Islam in die Vier Großen Schulen folgen, werden im allgemeinen als die Menschen der Errettung bezeichnet.

Frage 8: Auf die Frage, welcher Sekte er angehöre, antwortete Bayasid Bistami: „Ich gehöre zur Sekte Gottes." Was bedeutet das?
Antwort: Alle oben erwähnten konfessionellen Unterschiede werden als der Sekte Gottes zugehörig betrachtet.

Frage 9: Die Sufis sprechen von sich selbst als Phänomen, Idee, Tier und Pflanze. Warum?

Antwort: Der Prophet hat gesagt, daß der Mensch am Tag der Wiederherstellung in der Gestalt des einen oder anderen Tieres erweckt wird in Entsprechung zu seinen hervorstechendsten Eigenschaften. Seine Gestalt scheint sich in die eines Tieres oder in eine andere Gestalt zu verwandeln, der er innerlich ähnelte, nicht in seine menschliche Form. In seinem Schlafzustand hält sich der Mensch für menschlich; er kann sich jedoch entsprechend seiner vorherrschenden Tendenzen als Schaf, als Affe oder als Schwein sehen. Ein Mißverstehen dieser Tatsache hat den Glauben produziert, daß das menschliche Leben in ein tierisches (Seelenwanderung) übergeht; unwissende Menschen ohne entwickelte Wahrnehmung haben dies so interpretiert.

Frage 10: Sufis verwenden Symbole und befürworten Vorstellungen, die sich im Gegensatz zu den etablierten gesellschaftlichen Grundforderungen befinden und die dem Jargon, der normalerweise für die höheren Dinge zur Anwendung kommt, fremd sind. Sie sprechen von Geliebten, Weingläsern etc. Wie kann man das verstehen?
Antwort: Für den Sufi ist Religion, so wie sie der normale Mensch begreift, eine grobe, an Äußerlichkeiten orientierte Angelegenheit. Ihre Symbole sind für bestimmte Zustände kennzeichnend. Sie sind genauso legitim wie die Verwendung des Wortes „Gott" für eine Sache, die völlig unbekannt ist, vorausgesetzt, man läßt die Illusion von dieser „Sache" unberücksichtigt, die durch Emotionen hervorgerufen wird.

Frage 11: Wie kann der Koran die Augenbraue der Geliebten sein?
Antwort: Wie kann er Zeichen aus Kohle und Gummi auf einem Stück Papier von Holz aus einem Sumpf sein?

Frage 12: Derwische sagen, sie sähen Gott. Wie ist das möglich?
Antwort: Das ist nicht buchstäblich wahr; es ist kennzeichnend für bestimmte Zustände.

Frage 13: Kann ein Individuum nicht an seinen Äußerlichkeiten und Manifestationen erkannt werden?
Antwort: Ein Individuum nicht; nur seine Äußerlichkeiten und seine Manifestationen kann man erkennen. Wenn Sie jemanden auf sich zukommen sehen, könnten Sie sagen: „Ich habe Said gesehen"; aber Sie haben nur das erkannt, was Sie von den Äußerlichkeiten und der Oberflächlichkeit Saids gesehen haben.

Frage 14: Nach Moslemglauben ist es gotteslästerlich, wenn Derwische sagen: „Wir fürchten nicht die Hölle, noch streben wir nach dem Paradies".
Antwort: Das ist es nicht, was sie meinen. Sie wollen damit sagen, daß der Mensch nicht mit Hilfe von Angst und Gier dressiert werden sollte.

Frage 15: Sie stellen fest, daß es zwischen dem äußerlichen Verhalten und dem Glauben der Sufis und ihren inneren Wahrnehmungen keinen Widerspruch gibt. Wenn das so ist, warum bestehen die Sufis dann darauf, gewisse Dinge vor anderen zu verbergen?
Antwort: Was verborgen gehalten wird, wendet sich nicht gegen das gute Benehmen, sondern gegen das gewöhnliche Verständnis des Menschen. Der fortgeschrittenste Gelehrte kann das, was er nicht erfahren hat, nicht verstehen, und es verbirgt sich deshalb vor ihm.

Frage 16: Würde ein Mensch nur den religiösen Glauben kennen und nicht die besondere Wissenschaft der Sufis, wäre dann sein religiöser Glaube geringer als der der Sufis?
Antwort: Nein, sein Glaube wäre vollkommenster religiöser Glaube, er kann nicht weniger wert sein als der religiöse Glaube eines Sufi.

Frage 17: Was ist der Unterschied zwischen den Propheten, den Heiligen, jenen, die zur höchsten Erkenntnis gelangt sind, und den großen Eingeweihten?
Antwort: Wenn sie religiösen Glauben besitzen, ist ihr Glaube gleichwertig. Ihre Unterschiede liegen im Wissen, nicht in ihren Gefühlen. Ein König ist seinen Untertanen darin gleich, daß er zwei Augen, eine Nase und einen Mund besitzt. Seine Eigenschaften und seine Funktion unterscheiden ihn.
Mohammed Ali El-Misri

2
Tiefe Erkenntnis

Frage 1: Seit wann existiert die Sufi-Tradition?
Antwort: Der Sufismus existiert seit Anfang der Zeiten. Er wurde auf sehr verschiedenartige Weisen praktiziert; weil sich ihre äußeren Schalen unterscheiden, ließen sich die Uninformierten zu der Annahme verleiten, sie wären in ihrem Wesen verschieden.

Frage 2: Ist der Sufismus die innere Bedeutung des Islam, oder hat er eine weitgespanntere Anwendung?
Antwort: Sufismus ist das Wissen, mit dessen Hilfe sich der Mensch selbst verwirklichen und Permanenz erlangen kann. Die Sufis können mit Hilfe eines jeden Vehikels lehren, gleich welchen Namen es trägt. Religiöse Vehikel haben im Laufe der Geschichte verschiedene Bezeichnungen angenommen.

Frage 3: Warum sollte jemand den Sufismus studieren?
Antwort: Weil er zu seinem Studium erschaffen wurde; es stellt seinen nächsten Schritt dar.

Frage 4: Dennoch glauben viele Menschen, daß Lehrsysteme, die nicht den Namen Sufismus tragen, ihren nächsten Schritt darstellen.
Antwort: Das ist jener menschlichen Eigenart zuzuschreiben, zwei Formen von Verständnis zu besitzen: das Höhere Verständnis und das Geringere Verständnis. Das Geringere Verständnis bedeutet, daß ein Mensch zwar verstehen möchte, stattdessen aber nur eine Überzeugung entwickelt, daß ein bestimmter Pfad der allein wahre sei. Das Geringere Verständnis ist der Schatten des Höheren Verständnisses. Wie ein Schatten ist es eine Verzerrung der Wirklichkeit, die nur einen Teil der ursprünglichen Wirklichkeit bewahrt.

Frage 5: Lockt die Tatsache, daß Sufis berühmte und geachtete Persönlichkeiten waren, die Menschen nicht zum Studium der Tradition?
Antwort: Die Sufis, die der Öffentlichkeit bekannt wurden, stellen nur einen kleinen Teil der Gesamtheit der Sufis dar: jene, die sich vom Prominentsein nicht fernhalten konnten. Das Hingezogensein zu ei-

ner hochgeschätzten Persönlichkeit durch einen potentiellen Schüler ist ein Teil des Geringeren Verständnisses. Später mag er es besser wissen.

Frage 6: Gibt es einen Konflikt zwischen dem Sufismus und anderen Denkmethoden?
Antwort: Den kann es nicht geben, weil der Sufismus alle Denkweisen mit einschließt; jede besitzt ihren Nutzen.

Frage 7: Beschränkt sich der Sufismus auf eine bestimmte Sprache, eine bestimmte Gemeinschaft, auf eine bestimmte geschichtliche Periode?
Antwort: Das offen sichtbare Gesicht des Sufismus zu jeder gegebenen Zeit, Ort und Gemeinschaft kann sich sehr oft unterscheiden, weil sich der Sufismus in einer Gestalt präsentieren muß, die für jeden Menschen wahrnehmbar sein muß.

Frage 8: Ist dies der Grund dafür, warum es Sufi-Lehrer mit so vielen verschiedenen Systemen gegeben hat, die in so vielen verschiedenen Ländern aufblühten?
Antwort: Nur dies ist der Grund.

Frage 9: Dennoch unternehmen die Menschen Reisen, um Lehrer in anderen Ländern zu besuchen, deren Sprachen sie oft nicht einmal verstehen.
Antwort: Solches Tun kann nur auf der Ebene des Geringeren Verständnisses von Nutzen sein, solange es nicht auf besondere Anweisung zu einen bestimmten Zweck ausgeführt wird.

Frage 10: Gibt es einen Unterschied zwischen dem, was ein Mann oder eine Frau für ihr inneres Leben herausfinden möchten, und dem, was sie herausfinden müssen?
Antwort: Ja, fast ohne Ausnahme. Es ist die Funktion des Lehrers, für die korrekte Durchführung in Antwort auf *Notwendigkeiten,* nicht auf Wünsche, zu sorgen. Wünsche gehören in den Bereich des Geringeren Verständnisses.

Frage 11: Ist ihre Unterscheidung in Höheres und Geringeres Verständnis allen Sufis gemein?
Antwort: Nichts, was sich in Worte fassen läßt, ist allen Sufis gemein.

Frage 12: Was ist allen Formen des Sufismus gemein?
Antwort: Die Anwesenheit des Lehrers, die Fähigkeit der Schüler, die Eigenarten des einzelnen, die Interaktion der Mitglieder der Gemeinschaft, die *Realität* hinter den äußeren Formen.

Frage 13: Warum weihen einige Sufi-Lehrer Schüler in mehrere unterschiedliche Orden ein?

Antwort: Weil diese Orden Lehrgebäude repräsentieren, die dafür entwickelt wurden, mit den Menschen entsprechend ihrer persönlichen Eigenheiten umzugehen. Die Menschen unterscheiden sich voneinander.

Frage 14: Aber es kann doch nur ein nützliches und zur Erkenntnis führendes Unterfangen sein, Informationen über die Sufis und ihre Lehre zu sammeln?
Antwort: Diese Frage entstammt dem Geringeren Verständnis. Informationen über das Tun eines Sufi-Unternehmen können einem anderen Unternehmen Schaden zufügen.

Frage 15: Warum gibt es so wenige Hinweise für die Schulen von Ahmad Jasavi von Turkestan und von Ibn El-Arabi von Andalusien?
Antwort: Weil im Bereich des Höheren Verständnisses nach getaner Arbeit die Werkstatt aufgelöst wird. *Rais Tschaqmaqsadeh*

Die Weisheit der Welt im Verlag Herder

Anthony de Mello

Warum der Vogel singt
Geschichten für das richtige Leben
4. Auflage, kartoniert. ISBN 3-451-20046-5

Kalila und Dimna

Vom sinnreichen Umgang mit Freunden
Die Fabeln des Bidpai neu erzählt von Ramsey Wood.
Mit einer Einführung von Doris Lessing
256 Seiten, Leinen gebunden. ISBN 3-451-20396-0

Jakob J. Petuchowski

Es lehrten unsere Meister
Rabbinische Geschichten
5. Auflage, gebunden. ISBN 3-451-18492-3

Tausend Tore in die Welt
Märchen als Weggeleit
Herausgegeben von Otto Betz
320 Seiten, gebunden. ISBN 3-451-20509-2

Elie Wiesel

Geschichten gegen die Melancholie
Die Weisheit der chassidischen Meister
144 Seiten, Paperback. ISBN 3-451-20040-6

Elie Wiesel

Was die Tore des Himmels öffnet
Geschichten chassidischer Meister
144 Seiten, gebunden. ISBN 3-451-19114-8

Hazrat Inayat Khan

Das Lied in allen Dingen
Sufi-Erzählungen und Gleichnisse vom Glück der Harmonie
144 Seiten, gebunden. ISBN 3-451-20344-8

Verlag Herder Freiburg · Basel · Wien